QUATRIÈME ÉDITION

GUIDES ROUTIERS RÉGIONAUX

À L'USAGE DES

Cyclistes et des Automobilistes

JURA & SUISSE

L'OBERLAND BERNOIS

PAR

A. DE BARONCELLI

Prix : 2 fr. 50

PARIS
—

CHEZ TOUS LES LIBRAIRES

TABLE DES PRINCIPALES LOCALITÉS

Les hôtels précédés d'un * sont particulièrement recommandés.

GUIDES ROUTIERS RÉGIONAUX

A L'USAGE DES

Cyclistes et des Automobilistes

JURA & SUISSE

L'OBERLAND BERNOIS

PAR

A. DE BARONCELLI

Prix : 2 fr. 50

PARIS

—

GUIDES BARONCELLI

LES ENVIRONS DE PARIS, dans un rayon moyen de 140 kilomètres, avec les itinéraires détaillés des forêts de Rambouillet, de Fontainebleau, de Chantilly et de Compiègne, 18e édition. . . . . . **5 fr.** »

LA FRANCE, guide routier à l'usage des cyclistes et de la locomotion automobile, indicateur des distances avec annotations, contenant la nomenclature générale des routes qui relient tous les Chefs-Lieux de Département et d'Arrondissement, nouvelle édition. **5 fr.** »

LE JURA ET LA SUISSE, l'Oberland Bernois. . . . . **2 fr. 50**

L'AUVERGNE ET LES CAUSSES DES CÉVENNES. . . . . **2 fr.** »

LE MORVAN ET LA BOURGOGNE, vallées de la Cure et du Cousin, la Côte-d'Or. . . **2 fr.** »

LE DAUPHINÉ ET LA SAVOIE, rives du lac de Genève, 2e édition . . . . **2 fr.** »

LES ARDENNES françaises et belges et **LE GRAND-DUCHÉ DE LUXEMBOURG. 2 fr.** »

LES PYRÉNÉES, de Bayonne à Perpignan. **2 fr.** »

LA BRETAGNE, plages bretonnes, 3e édit. **2 fr.** »

LA NORMANDIE, plages normandes, 3e édit. **1 fr. 75**

LES VOSGES, région française des lacs et des stations thermales, 2e édition. . . . . **1 fr. 75**

LA TOURAINE ET L'ANJOU, châteaux des bords de la Loire, 1e édition. . . . . . **1 fr. 75**

En préparation:

LA VENDÉE ET LA CHARENTE INFÉRIEURE,
plages de l'Océan.

LA PROVENCE,
stations d'hiver du littoral méditerranéen.

PRÉFACE

———

Ayant souvent constaté combien de cyclistes et d'automobilistes, à la veille d'entreprendre une excursion un peu prolongée, sont embarrassés sur le choix du voyage et pour établir d'avance leurs étapes, nous espérons pouvoir les aider en publiant un itinéraire spécial pour chacune des principales régions les plus intéressantes de la France et des pays limitrophes.

C'est dans cette intention que nous présentons aujourd'hui, aux touristes cyclistes et automobilistes, le guide du **Jura et de la Suisse**, le dixième de la série en cours de publication.

Afin de rendre accessible notre itinéraire en venant le rejoindre de n'importe quelle direction, nous l'avons tracé circulaire, de telle sorte que si l'on prend pour point de départ une ville quelconque située sur son parcours, on puisse revenir à cette ville, après avoir fait le voyage entier et visité les curiosités de la région.

Toutefois, voulant rendre l'ouvrage très portatif, nous nous sommes bornés à donner la description de la route au point de vue purement vélocipédique, à indiquer les distances exactes qui séparent les localités, à signaler les bons hôtels (toujours se présenter avec notre guide) et enfin à partager les étapes journalières de la façon qui nous a paru la plus rationnelle.

Quant aux longueurs des côtes et des espaces pavés, nous adopterons, pour les mesurer, le temps de marche à pied nécessaire pour franchir ces passages, à raison d'environ 4 ou 5 kilomètres à l'heure, aussi exprimerons-nous leur durée en minutes et en heures.

Néanmoins, beaucoup de cyclistes, légèrement chargés, pourront gravir en machine plusieurs des rampes ainsi mentionnées; le renseignement du temps, pour les monter à pied, s'adressant particulièrement aux touristes non entraînés.

Pour des renseignements plus complets concernant les villes, les monuments et les musées, nous conseillons aux touristes de se munir du **Guide Joanne** correspondant à la contrée qu'ils visitent.

Le cycliste, préférant bien voir en détail et sans fatigue, désirant séjourner quelques heures dans les localités qui offrent de l'intérêt et voulant conserver de son excursion un souvenir durable, saura ne pas aller vite et suivra à la lettre nos étapes; cependant, s'il se sent de force, rien ne l'empêchera de les doubler, mais nous ne saurions l'y engager, à moins qu'il se contente d'impressions fugitives, résultat inévitable d'un voyage fait trop à la hâte.

TABLE MÉTHODIQUE

PLAN DU VOYAGE

DOLE

Mouchard, Salins, Champagnole, Mouthe,
Pontarlier.
Ou Champagnole, Saint-Laurent-du-Jura, Morez.
Ou Salins, Arbois, Poligny,
Voiteur, La grotte de Baume-les-Messieurs, Voiteur,
Lons-le-Saunier,
Clairvaux, Saint-Laurent-du-Jura, Morez,
Le col de la Faucille.
Gex, Genève.
Ou Clairvaux, Saint-Claude, Mijoux,
Le col de la Faucille,
Ou Le col de la Faucille, Mijoux, Chézery,
Lancrans. Bellegarde.
Ou Chézery, Nantua, Bellegarde, Genève.

GENÈVE

Morges, Lausanne, Vevey, Montreux, Chillon,
Aigle,
Les Diablerets, Le col de Pillon, Gessenay,
Zweisimmen,
Thoune, Interlaken, Brienz,
Meiringen, Le col du Brünig, Lucerne,
Escholzmatt, Berne, Neuchâtel.

Le col des Verrières, Pontarlier,
Ornans, Besançon, Quingey.
Ou Ornans, Epeugney, Quingey,
Mouchard.

(Pour ce voyage, consulter les feuilles de la carte de France du Ministère de la Guerre, au 200.000°, portant les N°s 42, 42 bis, 48, 49, et la carte de la Suisse de G. H. Dufour, au 250.000°, en 4 feuilles, ou la même carte, au 100.000°, en 25 feuilles. En vente chez H. Barrère, 21, rue du Bac, Paris).

Nota. — Le cycliste venant de Paris se rendra à Dôle, soit par le chemin de fer (40 fr. 55 ; 27 fr. 35 ; 17 fr. 80), soit par la route. Dans ce dernier cas, il devra suivre l'itinéraire ci-dessous (*V.* les guides des *Environs de Paris* et du *Morvan et de la Bourgogne*) :

DE PARIS A DOLE (362 kil.)

Par **Charenton-le-Pont** (2), Maisons-Alfort (2), Villeneuve-Saint-Georges (8), Montgeron (3 — Hôt. de la *Chasse*), Lieusaint (11), **Melun** (13 — Hôt. du *Grand-Monarque*), Sivry (7), **Le Châtelet-en-Brie** (4 — Hôt. du *Châtelet*), Panfou (8), Valence-en-Brie (2), **Montereau** (9 — Hôt. du *Grand-Monarque*), Cannes (4), **Villeneuve-la-Guyard** (7 — Hôt. de la *Souche et de la Poste*), Champigny (5), La Chapelle-Champigny (2), Villemanoche (2), **Pont-sur-Yonne** (3 — Hôt. de l'*Ecu*), Saint-Denis (8), **Sens** (4 — Hôt. de *Paris*), Rosoy (5), **Villeneuve-sur-Yonne** (9 — Hôt. du *Dauphin*), Armeau (5), Villevallier (3), Villecien (3), Saint-Aubin (1), **Joigny** (4 — Hôt. de la *Poste*), La Roche (7), Le Canal (2), Esnon (6), **Brienon** (3 — Hôt. du *Centre*), Avrolles (5), **Saint-Florentin** (5 — Hôt. de la *Porte-Dilo*), Germigny (4), **Flogny** (9 — Hôt. *Cassemiche*), La Chapelle-Vieille-Forêt (1), Cheney (7), Dannemoine (1), **Tonnerre** (5 — Hôt. du *Lion-d'Or*), La Grange-Aubert (1), Lezinnes (10 — Aub. de l'*Union*), **Ancy-le-Franc** (7 — Hôt. de la *Poste*), Cusy (2), Fulvy (3), Nuits-sous-Ravières (4), Aisy (8), Buffon (4), Saint-Remy (2), **Montbard** (4 — Hôt. de l'*Ecu*), Marmagne (3), Fain-les-Montbard (3), Seigny (5), Les Laumes (4 — Hôt. de la *Gare*), Pouillenay (4), Posanges (12), **Vitteaux** (3 — Hôt. de l'*Ecu*), Grosbois (10), Aubigny (4), **Sombernon** (5 — Hôt. du *Lion-d'Or*), Pont-de-Pany (9 — Hôt. de la *Gare*), La Cude (8), Plombières (5), **Dijon** (6 — Hôt. de la *Galère et des Négociants*), Fauverney (10), **Genlis** (7 — Hôt. de la *Côte-d'Or*), **Auxonne** (14 — Hôt. du *Grand-Cerf*), Sampans (11) et **Dôle** (5 — *V.* page 17).

RENSEIGNEMENTS CONCERNANT LA SUISSE

Douane. — Pour les formalités à remplir par les cyclistes ou par les automobilistes à la douane suisse, V. page 65.

Heure. — La Suisse a adopté l'heure de l'Europe centrale en avance de 55 minutes sur celle de France.

Hôtels. — Dans ce guide, le choix des hôtels recommandés en Suisse s'est porté sur une catégorie de bonnes maisons où le touriste, qui ne recherche pas le luxe des grands établissements, se trouvera bien à des prix raisonnables. Autant que possible convenir de ceux-ci d'avance, et, si l'on doit demeurer plusieurs jours à l'hôtel, il y aura avantage de demander les conditions de la pension.

Repas. — Les deux principaux repas ont lieu à midi et, le soir, entre 7 h. et 8 h. Généralement le repas de midi est très copieux; tandis que celui du soir n'est souvent qu'un modeste souper. Dans quelques hôtels, le vin (un carafon) est compris dans le prix du repas, mais ordinairement il se paie à part; dans ce cas, si l'on ne veut pas prendre une bouteille entière, demander trois décilitres du vin du pays.

Taxe. — En Suisse, les taxes sur les bicyclettes varient suivant chaque ville. Certaines villes n'en ont pas, d'autres les ont fixées à 2 ou 5 francs une fois payés ou annuellement. Les étrangers *de passage* ne sont soumis au paiement d'aucune taxe. Ceux résidant plus de huit jours sont tenus de se munir d'une plaque numérotée moyennant versement du montant de la taxe lequel leur est remboursé au moment de leur départ contre remise de la plaque.

Circulation. — Les règlements sur la circulation des bicyclettes varient suivant les cantons, toutefois les obligations générales consistent dans le port : de la lanterne allumée à la chute du jour, du frein et du signal d'avertissement; on doit croiser à droite.

Une allure très modérée est de rigueur dans la traversée des villes et des villages suisses sous peine d'amende ou de séquestre de la machine.

Les routes suisses de montagne, suffisamment bonnes comme terrain, sont généralement étroites et sinueuses, aussi faut-il faire attention quand on rencontre des diligences ou des voitures de louage, les postillons et les cochers ne prenant pas la peine de s'écarter pour les cyclistes; d'ailleurs, d'après le règlement, ceux-ci doivent descendre de machine 50 m. avant de croiser une diligence. Aux descentes, l'emploi des traînes-fagots est rigoureusement défendu.

Certaines routes de montagne sont interdites à la circulation des automobiles : toutes celles des passages des Alpes; les routes des vallées latérales du canton du Valais y compris le Simplon, mais on peut aller jusqu'à Brigue par la grande route de la vallée du Rhône; toutes les routes du canton des Grisons sans exception.

Des modifications seront apportées prochainement aux règlements ci-dessus.

DIVISION DU TEMPS

Le voyage du Jura et de la Suisse demande trente-huit jours environ. Si l'on ne veut visiter que la partie suisse, l'excursion peut se faire en vingt-quatre jours ; dans ce cas se reporter ci-dessous à la division du temps du *10ᵉ jour*, en prenant Bellegarde comme point de départ.

Dans le nombre des journées de voyage ne sont pas comprises la plupart des excursions recommandées au départ des villes ; ces excursions, facultatives, exigent des journées supplémentaires.

1ᵉʳ Jour. — Visite de la ville de Dôle. Dîner et coucher à Dôle.

2ᵉ Jour. — Départ de Dôle. Déjeuner à Mont-sous-Vaudrey. Dîner et coucher à Salins.

3ᵉ Jour. — Excursion à la source du Lison. Déjeuner au moulin du Lison. Visite de la cascade du Gout de Conche. Dîner et coucher à Salins.

4ᵉ Jour. — Dans la matinée, visite de la ville de Salins. Départ de Salins après le déjeuner. Dîner et coucher à Champagnole.

5ᵉ Jour. — Excursion à Nozeroy. Déjeuner à Nozeroy. Visite de la source et de la perte de l'Ain. Dîner et coucher à Champagnole.

6ᵉ Jour. — Excursion à Doucier et à la vallée du Hérisson. Déjeuner à Ilay. Visite des gorges et des cascades du Hérisson. Dîner et coucher à Champagnole.

7ᵉ Jour. — Départ de Champagnole. Visite de la cascade de La Billaude. Déjeuner au Pont-de-la-Chaux. Dîner et coucher à Morez.

> *Ou 4ᵉ Jour.* — Départ de Salins. Déjeuner aux Planches-près-Arbois. Visite des sources de la Cuisance. Arrivée à Poligny. Promenade à la culée de Vaux. Dîner et coucher à Poligny.
>
> *5ᵉ Jour.* — Départ de Poligny. Déjeuner à Voiteur ou à l'hôtel de la grotte de Baume-les-Messieurs. Visite de la grotte et de l'abbaye de Baume. Visite du château du Pin. Dîner et coucher à Lons-le-Saunier.
>
> *6ᵉ Jour.* — Excursion à Doucier et à la vallée du Hérisson. Déjeuner à Doucier. Visite des gorges et des cascades du Hérisson. Dîner et coucher à Lons-le-Saunier.

7ᵉ *Jour.* — Départ de Lons-le-Saunier. Passage à Pont-de-Poitte ; visite du saut de la Saisse. Déjeuner à Clairvaux. Passage à Bonlieu ; visite du lac de Bonlieu. Diner et coucher à Morez.

Ou 7ᵉ *Jour.* — Départ de Lons-le-Saunier (comme ci-dessus). Déjeuner à Clairvaux. Diner et coucher à Saint-Claude.

8ᵉ *Jour.* — Dans la matinée, visite de la ville de Saint-Claude. Départ de Saint-Claude après le déjeuner. Passage à Mijoux. Diner et coucher au col de la Faucille.

9ᵉ *Jour.* — Départ du col de la Faucille. Déjeuner à Genève.

Ou 8ᵉ *Jour.* — Départ de Saint-Claude après le déjeuner (comme ci-dessus). Diner et coucher à Mijoux.

9ᵉ *Jour.* — Départ de Mijoux. Déjeuner à Chézery. Diner et coucher à Bellegarde.

10ᵉ *Jour.* — Dans la matinée, visite de la perte du Rhône. Départ de Bellegarde après le déjeuner. Diner et coucher à Genève.

Ou 9ᵉ *Jour.* — Départ de Mijoux. Déjeuner à Chézery. Diner et coucher à Nantua.

10ᵉ *Jour.* — Départ de Nantua. Déjeuner à Bellegarde. Visite de la perte du Rhône. Diner et coucher à Genève.

8ᵉ Jour. — Départ de Morez. Déjeuner aux Rousses. Diner et coucher au col de la Faucille.

9ᵉ Jour. — Départ du col de la Faucille. Déjeuner à Genève. Visite de la ville de Genève. Diner et coucher à Genève.

10ᵉ Jour. — Visite des musées de la ville de Genève. Déjeuner, diner et coucher à Genève.

11ᵉ Jour. — Départ de Genève. Déjeuner à Coppet. Diner et coucher à Morges.

12ᵉ Jour. — Départ de Morges. Déjeuner à Lausanne. Visite de la ville de Lausanne et du port d'Ouchy. Diner et coucher à Lausanne.

13ᵉ Jour. — Départ de Lausanne. Passage à Vevey. Déjeuner à Montreux. Dans la journée, ascension des Rochers de Naye. Diner et coucher à Montreux.

14ᵉ Jour. — Départ de Montreux. Visite du château de Chillon. Déjeuner à Aigle. Diner et coucher aux Diablerets.

15ᵉ Jour. — Départ des Diablerets après le déjeuner. Traversée du col de Pillon. Diner et coucher à Zweisimmen.

16ᵉ Jour. — Départ de Zweisimmen après le déjeuner. Diner et coucher à Thoune.

17ᵉ Jour. — Dans la matinée, visite de la ville de Thoune. Départ de Thoune après le déjeuner. Arrivée à Interlaken. Promenade sur le Hœhwegg. Dîner et coucher à Interlaken.

18ᵉ Jour. — Dans la matinée, promenade au Hohbühl. Déjeuner à Interlaken. Dans la journée, promenade à l'Abendberg. Dîner et coucher à Interlaken.

19ᵉ Jour (facultatif). — Départ d'Interlaken pour Mürren. Dîner et coucher à Mürren.

20ᵉ Jour (facultatif). — Départ de Mürren. Déjeuner à l'Obere-Steinberg. Dîner et coucher à Lauterbrunnen.

21ᵉ Jour (facultatif). — Départ de Lauterbrunnen. Déjeuner à la Petite Scheidegg. Ascension d'une partie de la Jungfrau par le chemin de fer électrique. Dîner et coucher à Grindelwald.

22ᵉ Jour (facultatif). — Départ de Grindelwald. Dîner et coucher soit à Interlaken, soit à Meiringen.

23ᵉ Jour. — Départ d'Interlaken. Arrivée à Brienz. Traversée du lac en bateau à vapeur. Déjeuner à l'hôtel de Giessbach. Visite de la cascade du Giessbach. Retour à Brienz en bateau. Dîner et coucher à Meiringen.

24ᵉ Jour. — Dans la matinée, promenade à la cascade et à la gorge de l'Alpbach. Déjeuner à Meiringen ou à l'hôtel Reichenbach. Dans la journée, excursion à la cascade du Reichenbach et à la gorge de l'Aar. Dîner et coucher à Meiringen.

25ᵉ Jour. — Départ de Meiringen. Passage du col du Brünig. Déjeuner à Giswil. Dîner et coucher à Lucerne.

26ᵉ Jour. — Visite de la ville de Lucerne. Déjeuner, dîner et coucher à Lucerne.

27ᵉ Jour. — Tour du lac des Quatre-Cantons en bateau à vapeur. Déjeuner soit sur le bateau, soit à Flüelen ou à Altdorf. Retour par le bateau et s'arrêter à Vitznau pour monter en funiculaire au Rigi. Dîner et coucher au Rigi.

28ᵉ Jour. — Descente du Rigi à Vitznau et retour en bateau à Lucerne. Dîner et coucher à Lucerne.

29ᵉ Jour. — Départ de Lucerne. Déjeuner à Malters. Dîner et coucher à Escholzmatt.

30ᵉ Jour. — Départ d'Escholzmatt. Déjeuner à Langnau. Dîner et coucher à Berne.

31ᵉ Jour. — Visite de la ville de Berne. Déjeuner, dîner et coucher à Berne.

32ᵉ Jour. — Départ de Berne. Déjeuner à Mühleberg ou à Kerzers. Dîner et coucher à Neuchâtel.

33ᵉ Jour. — Visite de la ville de Neuchâtel. Déjeuner, dîner et coucher à Neuchâtel.

34ᵉ Jour. — Départ de Neuchâtel. Déjeuner à Rochefort. Diner et coucher à Pontarlier.

35ᵉ Jour. — Excursion au saut du Doubs. Déjeuner à Villers-le-Lac. Diner au buffet de Gilley. Coucher à Pontarlier.

36ᵉ Jour. — Départ de Pontarlier. Déjeuner au Chalet de la source de la Loue. Visite de la source de la Loue. Diner et coucher à Ornans.

37ᵉ Jour. — Départ d'Ornans. Déjeuner à Besançon. Visite de la ville de Besançon. Diner et coucher à Besançon.

38ᵉ Jour. — Départ de Besançon. Déjeuner au Comice-de-Busy ou à Quingey. Diner et coucher à Mouchard.

Ou 37ᵉ Jour. — Départ d'Ornans. Déjeuner à Epeugney. Diner et coucher à Mouchard.

SIGNES ET ABRÉVIATIONS

Alt.	Altitude.	G.	Gauche.
Aub.	Auberge.	H.	Heure.
B⁴.	Boulevard.	Hab.	Habitants.
Ch.	Chemin.	Hôt.	Hôtel.
Ch.-l. d'arr.	Chef-lieu d'arrondissement.	Kil.	Kilomètre.
Ch.-l. de c.	Chef-lieu de canton.	M.	Mètre.
Ch.-l. de dépᵗ.	Chef-lieu de département.	Min.	Minute.
		R.	Route.
Dr.	Droite.	V.	Voyez.

Les chiffres suivis du signe '
indiquent *un nombre de minutes*.
Exemple : 12', soit douze minutes.

Les chiffres, entre parenthèses, indiquent les *distances kilométriques* séparant les localités.
Exemple : **(20.6)**, soit vingt kilomètres six cents mètres.

GUIDE DU JURA

ET DE LA SUISSE

VILLE DE DOLE

Dôle, autrefois capitale de la Franche-Comté jusqu'en 1648, aujourd'hui chef-lieu d'arrondissement du département du Jura, compte 14.437 habitants.

Hôtel et café recommandés : — *Hôtel et café de Genève*, 23, rue *Dusillet* et 15, rue *Carondelet*.

Arrivée à Dôle. — Le cycliste, arrivant par le chemin de fer, devra suivre l'itinéraire ci-dessous pour se rendre à l'hôtel de *Genève* (distance : 700 m.) :

Sortant de la gare, incliner à g. On passe devant le Monument élevé aux défenseurs de la ville en 1871, puis l'on suit, en face, l'avenue de la *Gare* qui, un peu plus bas, croise le b⁴ de la *Liberté*. Parvenu à la place *Boyvin*, descendre vis-à-vis la rue *Boyvin*, très rapide, aboutissant à la rue de la *Sous-Préfecture*. Ici, tourner à dr., puis de suite à g. dans la rue de *Besançon*, pour prendre, presqu'aussitôt à dr., à l'angle de la maison portant le n° 43, une courte ruelle communiquant avec la rue *Dusillet*; on arrive ainsi au chevet de l'église Notre-Dame, en vue de l'hôtel de *Genève*.

Visite de la ville de Dôle (environ 3 h.). — A la sortie de l'hôtel de *Genève*, se diriger à g. vers la place *Nationale*, en longeant la partie O. de l'église Notre-Dame, à laquelle est adossée une fontaine, surmontée d'une statue de la Paix. Pénétrer dans l'église par le grand portail, situé vis-à-vis le Marché couvert et la Mairie, cette dernière reconnaissable à sa tourelle carrée.

Sortir de l'église Notre-Dame par le même grand portail et traverser à dr. la petite place *Royale*, en face de la statue de la Paix. On rejoint ainsi la rue de *Besançon*, qu'on descend à g. (à g., au n° 53, la Cave d'Enfer fut le réduit témoin de la résistance désespérée des Dôlois contre l'armée de Charles d'Amboise en 1479).

Parvenue à une étroite place triangulaire (bureau de la Poste et du Télégraphe), la rue de Besançon bifurque : la branche de g. prend le nom de *Grande-Rue* (anciennes maisons aux n°° 35, 39 et 40), la branche de dr. continue sous le nom de rue des *Arènes*; suivre cette dernière à dr.

La rue des Arènes passe devant une fontaine, ornée d'une statue d'enfant, à g., et laisse à dr. la rue du *Mont-Roland* qu'on prendra au retour. Plus loin, remarquer à dr. deux vieilles maisons (n°° 32 et 36), et, à g. (n° 39), l'entrée du Palais de Justice, autrefois un couvent des Cordeliers (cloître avec jardin). On suivra la rue des Arènes jusqu'à hauteur d'une fontaine monumentale située à dr.

Revenir ensuite sur ses pas et prendre à dr. la rue du *Vieux-Château* conduisant à la place du même nom; à l'extrémité de cette place, au bord de la terrasse, belle vue. De la place du Vieux-Château, regagner la rue des Arènes par la ruelle *Maillard*, à dr., et, plus bas, dans la rue des Arènes, prendre à g. la rue du *Mont-Roland*. Dans cette rue, on voit dans la cour de la maison portant le n° 5, à dr., la Tour de Vergy; à côté, au n° 7, s'élève l'ancien Hôtel de Balay avec fenêtres grillées à l'espagnole.

Un peu plus loin, quitter la rue du Mont-Roland et suivre à dr. la rue du *Collège*, qui passe sous un arceau dépendant du célèbre collège de l'Arc dont l'entrée se trouve à dr., avant l'arceau (Musée de peinture, ouvert le dimanche, de 2 h. à 4 h.; les autres jours s'adresser au concierge; gratification).

La rue du Collège croise l'avenue de la *Gare* et aboutit sur la place de la *Sous-Préfecture*, d'où la rue du même nom, à dr., ramène à la rue de *Besançon*. Cette rue, à g., mène à la place *Jules-Grévy*, décorée de la statue de l'ancien président de la République.

Ici, traverser à dr. la promenade du *cours Saint-Maurice*, où est érigée à g. la statue de Louis Pasteur, et, à l'extrémité de l'avenue, descendre les allées en zigzag conduisant au pont du canal *du Rhône au Rhin* (à g. petite fontaine du Lion d'Attiret).

De l'autre côté du pont se trouve la *promenade du Pasquier*, précédée du pavillon de l'ancien tir des Chevaliers de l'Arquebuse. Repassant le pont on suit à g. le quai, puis la rue *Pasteur*, encore à g. (au n° 43, maison natale de Pasteur).

La rue Pasteur aboutit au bas de la *Grande-Rue*. Ici, tourner à g., et, parvenu au pont du canal, passer à dr., devant le portail de l'ancien hôtel de *France* (jadis couvent de Bernardines), pour remonter la rue *Saint-Jacques*, en bordure du bel édifice de l'Hôpital, à g. Prendre ensuite la première rue à dr., la rue des *Dames d'Ounans*; on coupe la rue *Vieille-Boucherie* et l'on s'engage vis-à-vis dans une très étroite ruelle, à l'angle d'une maison avec tourelle, qui ramène à la *Grande-Rue*. Traverser celle-ci et gravir en face la rue *Saint-Georges* pour regagner l'église Notre-Dame, sur la place *Nationale*.

DE DOLE A SALINS

Par Villette-les-Dôle, Parcey, Névy-les-Dôle, Souvans, Mont-sous-Vaudrey, Ounans, Chamblay, Ecleux, Villers-Farlay, Mouchard et Pagnoz.

Distance : **13** kil. **600** m. *Côtes :* **1** h. **6** min.

Nota. — Route à peu près plate jusqu'à Villers-Farlay, à l'exception de la côte de Parcey et des petites montées de Mont-sous-Vaudrey. Dépassé Villers-Farlay, on entre dans la région montagneuse du Jura. Le paysage devient pittoresque et la contrée s'accidente; nombreuses côtes et descentes, mais relativement courtes.

Pour l'emploi de chaque journée de voyage, se reporter à la *Division du Temps*, page XIII.

Au départ de l'hôtel de *Genève*, on traverse la rue *Dusillet*, et, par la ruelle, faisant face à l'hôtel, on rejoint la rue de *Besançon*, qu'il faut descendre à g. Plus loin, parvenu à la petite place où se trouve le bureau de la Poste, continuer à g. par la *Grande-Rue*; au bas de celle-ci, on franchit les deux ponts du canal et du *Doubs*.

La r. de Salins, négligeant à dr. le ch. de Crissey (3.5), passe au-dessus du ch. de fer et gravit, entre des acacias, la côte (6') du fg de la *Bédugue*; localité où se détache à g. (**1.2**) le ch. de Montbarrey (16).

Après le hameau du Poiset (**0.9**), la r. ondule en plaine (Côtes : 2' et 1'), puis descend au village de Villette-les-Dôle (**3**). Trajet uni et plat jusqu'à Parcey (**2.5**) où l'on franchit un pont suspendu sur la *Loue*.

De l'autre côté du pont, forte côte (10') dans la *forêt de Rahon* pour atteindre la bifurcation, dite de l'*As de Pique* (**1.7**). Ici, abandonner la r. de Lons-le-Saunier (42) et continuer à g. Descente rapide, que partagent deux raidillons, vers Névy-les-Dôle (**1.9**), gracieux village entouré de verdure. La r., au pied de coteaux, remonte insensiblement la vallée-plaine de la Louc et passe à Souvans (**2.7**).

Plus loin, à l'entrée du gros village de Mont-sous-Vaudrey (**3.9** — Hôt. du *Jura*), on croise le ch. de fer et on laisse à dr. le ch. de Chaussin (16). Entre les deux montées (2' et 3') de la rue *Léon-Guignard*, se détache à dr. (**0.3**) le ch. de Poligny (19). Continuant tout droit on atteint, à la sortie de la localité, une bifurcation de r. (**0.2**); ici, négligeant la r. d'Arbois (15), à dr., suivre celle de Mouchard, à g.

La r. descend traverser la rivière de l'*Hameçon*, dans le voisinage d'une fabrique, puis se déroule à travers une grande plaine, laissant à g. (**1.5**) le ch. de Mont-barrey (4); à dr., la ligne indécise, encore éloignée, des montagnes du Jura estompe l'horizon.

Après Ounans (**3.4**), au croisement du ch. de Mont-barrey (3.5) à La Ferté (6.5), on aperçoit à dr. le beau *château de Saint-Maurice*, situé sur un coteau couvert de bois; ensuite on rencontre les villages de Chamblay (**2.0**), d'Ecleux (**3.1**) et de **Villers-Farlay** (**0.5** — Ch.-l. de c. — 676 hab. — Aub. *Aliscant*).

A la sortie de Villers-Farlay, la r. infléchit plus à l'E. et commence à pénétrer dans la région montueuse du Jura. Série de fortes ondulations; trois côtes (4', 3' et 2'), puis descente rapide et traversée du vallon de la *Lurine*. On monte (8' et 2') à travers les *bois de Largillat* pour redescendre ensuite vers Mouchard. Dans le lointain s'arrondit la croupe du *Mont-Begou*.

A l'entrée de **Mouchard** (Hôt. *Girard* — gare importante d'embranchement), on laisse à g. (**1**) le ch. de Cramans (4), puis, au milieu du bourg (**0.6**), le ch. d'Arbois (9), à dr. La r. passe sous la voûte du ch. de fer et, un peu plus loin (Côte : 3'), au-dessus de la voie; à g., se détache (**0.7**) le ch. de Quingey (16 — V. page 189).

Continuant à dr., on descend vers le village de Pagnoz
(**1.1**), au pied d'une haute colline que couronnent à g.
les ruines du *château de Vaugrenans*.

Au milieu de Pagnoz, vis-à-vis une fontaine, se trouve à g.
l'entrée du ch. qui conduit au hameau de Vaugrenans, où habite
le fermier possesseur de la clef (1 fr.) des **ruines du château
de Vaugrenans** (2). D'après la légende, ces ruines serviraient
de demeure au fameux serpent ailé, appelé la *Vouivre*.

Au delà de Pagnoz, la r. gravit une forte rampe
(10'), puis descend au milieu d'un paysage sévère de
montagnes aux cimes de plus en plus élevées ; à dr. se
détache (**2**) un faux ch. vers Salins. Au bas de la côte,
au hameau de Saint-Joseph, on franchit la *Furieuse*,
en négligeant à g. (**1**) un autre ch. venant de Quingey
(15) ; passage pittoresque près d'une petite cascade.
On monte (3') pour passer sous le viaduc à six arches
de la ligne du ch. de fer et pénétrer dans une gorge rocheuse où la rivière alimente de nombreux moulins.
On traverse une seconde fois la Furieuse à l'entrée du
fg *Saint-Pierre*, qui précède Salins, en laissant à dr.
(**2.3**) le **chemin d'Arbois** (12) ; à g., le *Mont-Poupet*
dresse ses quatre pointes, tandis qu'à dr. la *montagne
de Saint-André* fait face à la *montagne de Belin*, toutes
deux hérissées de forts (*V.* page 23).
Ayant franchi de nouveau la rivière (Côte : 2'), on
tourne aussitôt à dr., après le pont, pour monter (5') le
b^d *Gambetta* qui mène dans **Salins** (Ch.-l. de c. —
5.607 hab. — Café des *Bains* — Etablissement thermal
— Centre d'excursions — Bons vins), curieuse petite
ville allongée au bord de la rive dr. de la Furieuse, sur
une étendue de trois kil.
Parvenu devant la grille du jardin de l'*Etablissement
thermal*, suivre à g. la rue de la *Liberté*. On traverse
la place d'*Armes*, au centre de la localité, où s'élève
l'Hôtel de Ville, et l'on continue par la rue de la *République* (autrefois l'ancienne rue du *Bourg-Dessus*) pour
atteindre l'hôtel des *Messageries*, situé à g., au n° 17 (**1.1**).

Visite de la ville de Salins (environ 2 h. 1/2). — Sortant de l'hôtel des *Messageries*, suivre à g. la rue de la *République* ; on passe devant la fontaine du Vigneron, située vis-à-vis

l'entrée de l'Ancienne saline Nationale, à dr. au n° 6 (intéressante à visiter; ouverte au public le mardi et le vendredi, de 1 h. à 5 h.; les autres jours en demandant la permission au Directeur; gratification, 50 c.), et, un peu plus loin, devant le Théâtre édifié dans un bâtiment qui sert aussi de halle.

Parvenu à la petite place *Max-Buchon*, ornée à g. d'une fontaine avec deux cygnes, on peut se rendre par la rue *Béchet*, à dr., à la *promenade des Cordeliers*, sur la rive g. de la Furieuse. En montant à g., derrière la fontaine aux cygnes, la rue d'*Orgemont*, puis aussitôt à dr. l'escalier de *Poupet*, on atteint une ruelle qui conduit, à dr., à l'église Saint-Anatoile (belle vue sur la ville et la montagne Saint-André).

A la sortie de l'église Saint-Anatoile, suivre à dr. la rue des *Clarisses*, bordée d'une balustrade en fer; elle descend à la place *Saint-Jean* où sont situés la caserne Cler (si l'on veut visiter le fort Saint-André, *V.* page 23, il faut en demander la permission au commandant de place, à cette caserne) et le Collège; ce dernier renferme le Musée (ouvert le dimanche, de 2 h. à 4 h.; les autres jours s'adresser au concierge; gratification).

En face du collège, descendre les escaliers de pierre et, au bas des marches, prendre la rue *Considérant*, la deuxième à dr., qui ramène à la place d'*Armes*, celle-ci ornée de la statue du général Cler et d'une fontaine monumentale. Se dirigeant au fond de la place vers l'Hôtel de Ville, dans lequel est enclavée la chapelle de Notre-Dame-Libératrice, on passe à dr. sous des arcades pour gagner, par la rue des *Bains*, la petite place des Bains; sur cette place se trouvent: à dr., au n° 2, l'entrée de l'Etablissement thermal (eaux iodo-sodochloro-bromurées, employées en bains dans le traitement du lymphatisme et de la scrofule) et, à g., au n° 1, l'entrée d'un petit Casino.

La rue des Bains laisse à g. une fontaine, longe à dr. le jardin de l'établissement thermal et aboutit vis-à-vis la bifurcation des rues de la *Liberté* et *Gambetta*. Ici, monter à dr. la rue de la Liberté jusqu'à hauteur d'une fontaine surmontée d'un buste mutilé, puis gravir, à dr. de cette fontaine, l'escalier d'*Arion*. Au sommet des degrés, la rue, à dr., mène à l'église Notre-Dame.

De l'église Notre-Dame, revenir sur ses pas et, laissant à g. l'escalier d'Arion, continuer par la rue *Charles-Magnin* qui regagne la rue de la Liberté. Celle-ci, devant soi, passe à côté de l'église Saint-Maurice et aboutit à la *promenade de la Barbarine*, vis-à-vis l'entrée de la r. de Nans; à dr., on remarque une vieille tour, qui dépendait de l'ancienne enceinte fortifiée, et le Monument élevé aux combattants de 1871.

Traverser à g., en biais, la promenade de la Barbarine, pour redescendre à la rue *Gambetta* qui ramène à g. vers la ville.

**Excursions recommandées au départ de Salins. —
Le fort Belin** (à pied : 2 h., aller et retour).

Itinéraire : sur la petite place du *Vigneron*, à g., en sortant de
l'hôtel des *Messageries*, prendre, vis-à-vis, la rue *Vigneron* et
continuer par la rue d'*Orgemont* jusqu'aux escaliers de *Poupet*
qu'on gravira à g. Au sommet des escaliers, tourner dans la ruelle à
dr., puis à g., le long de la balustrade en fer, enfin encore à dr.
pour longer l'église Saint-Anatoile.

Dépassé l'église, négligeant un premier ch. à dr., on prendra,
seulement quelques m. plus loin, près d'un tilleul, le sentier qui
monte en zigzag, en partie sous des sapins. Après avoir traversé
une plate-forme gazonnée, garnie de bancs, on atteint les bâtiments
du Tir ; ici, continuer le ch. à dr. Un peu plus haut, on laisse à
g. le sentier par lequel on descendra, au retour du *fort du Haut-
Belin*, et l'on se dirige à dr. vers le pont-levis qui précède l'entrée
du *fort du Bas-Belin*, ces deux forts aujourd'hui déclassés et
abandonnés.

Un escalier fortifié de 470 marches relie le fort du Bas-Belin au
fort principal du Haut-Belin (Alt. : 581 m.). On pénètre dans ce
dernier par une cage d'escalier très sombre, puis, ayant traversé
tout le fort, on franchit un autre pont-levis, donnant accès à g. vers
une porte de sortie d'où part le sentier qui redescend à Salins. Un
ch. fortifié, long de deux cents m., conduit encore du fort du Haut-
Belin à la *redoute de Grelimbach*, située plus à l'E.

Le fort Saint-André (à pied : 1 h. 45', aller et retour —
si l'on tient à visiter l'intérieur du fort, il faut demander une autorisation au commandant de place, à la caserne Cler, à Salins ;
V. page 22. Dans l'après-midi le sentier qui monte au fort se trouve
à l'ombre).

Itinéraire : Prendre derrière l'Hôtel de Ville une rue à g. qui
franchit la Furieuse. De l'autre côté du pont, dans le f^g Saint-
Nicolas, gravir le sentier à dr. qui s'élève entre les vignes. A mi-
côte, un banc en pierre permet de se reposer ; très belle vue sur
Salins. Plus haut, on passe devant trois superbes marronniers et l'on
rejoint la r. stratégique de voiture, beaucoup plus longue, qui
monte par Bracon. Tourner à dr. sur cette r. pour gagner le *fort
Saint-André* (Alt. : 598 m.).

**Le pont du Diable, la source du Lison, Nans-sous-
Sainte-Anne, la cascade du Gout de Conche** (47 kil.
600 m., aller et retour. — Côtes et parties à faire à pied : 8 h. 11').

Magnifique excursion mais un peu fatigante. Partir de Salins de
très bon matin afin d'arriver pour l'heure du déjeuner à la source
du Lison dont on visitera les curiosités naturelles soit avant, soit
après le repas.

Cette excursion peut se faire également en voiture de louage (prix : 15 fr.). Si l'on emploie ce moyen de transport, avoir soin d'exiger du cocher qu'il vous conduise jusqu'au moulin du Lison.

Itinéraire : Au départ de l'hôtel des *Messageries* suivre à g. la rue de la *République* (Côte : 2'), prolongée par la place *Aubarède,* la rue *Préval* (Côte : 2') et la rue *Louis-Pasteur.*

A la sortie de Salins (**1.3**), laissant à g. le ch. du f^t de Blegny, et, à dr., la r. de Champagnole, on gravira vis-à-vis la r. de Levier qui s'élève par de nombreux contours sur les versants découverts du vallon de Champtave. Longue côte de cinq kil. quatre cents m. (1 h. 1/2) pour atteindre Cernans ·**5**). On descend ensuite sur un plateau borné au loin par les lignes boisées de la *forêt du Jura;* légères ondulations, une côte (4').

Près de Dournon, village situé à g. en dehors de la r., on laisse de ce côté (**2.9**) le ch. du Crouzet (7.5 — *V.* ci-dessous), par Sainte-Anne et le pont du Diable.

> Ce ch. raccourcit de huit cents m., mais, étant assez mal entretenu, il vaut mieux passer par Villeneuve-d'Amont (*V.* ci-dessous) quitte à faire un petit détour, avant le Crouzet, pour aller visiter le site du pont du Diable.

La r. descend doucement, puis s'élève par une côte de deux kil. et demi (10') dans les *bois de Chalem.* Parvenu en vue du village de **Villeneuve-d'Amont** on abandonne (**5.3**) la r. de Pontarlier, par Levier (*V.* page 26), pour prendre à g. le ch. du Crouzet. Ce ch., qui semble ramener en arrière, ondule au milieu des prairies (Côte : 3'), puis, infléchissant vers l'E., traverse un petit col pour descendre rapidement au village du Crouzet (**3**).

> A l'entrée du village, le premier ch. à g., qui monte (1'), rejoint celui de Dournon (*V.* ci-dessus), par le pont du Diable et Sainte-Anne. Sur ce ch., après une descente et un raidillon (1'), il faut continuer à dr. pour atteindre le *pont du Diable* (**1.5**), jeté à une hauteur considérable au-dessus d'un sauvage et profond ravin. Retour au Crouzet (**1.5** — Côte : 15').

A partir du Crouzet la r. devient très pittoresque; elle descend rapidement en lacets, sous bois, dans le magnifique bassin de Nans dont les prairies et les sapinières sont entourées d'énormes crêtes rocheuses. Après un premier tournant (**2**), on laisse à g. un ch. qui mène aux maisons de Migette (0.4), sur l'emplacement des ruines d'une antique abbaye. Un kil. plus bas, si l'on est à bicyclette, on descendra à pied (7') le ch. de char, qui se détache encore à g. (1) de la r. de Nans, et qui conduit au moulin du Lison.

> Les automobilistes devront continuer par la r. jusqu'au village de Nans (**1.3**) où ils remiseront leur voiture à l'auberge *Velut.* Ils iront ensuite à pied de Nans à la source du Lison.

Les personnes qui font l'excursion en voiture peuvent être conduites jusqu'au moulin du Lison avant de passer par Nans ; mais il faut une voiture légère et ne pas craindre les cahots.

Le ch. de char descend au fond de la vallée et mène au *moulin du Lison* (**0.6** — Auberge) où l'on s'arrêtera pour visiter le *creux Billard*, la *source* et la *cascade du Lison*, et la *grotte Sarrasine* (env. 2 h. — se faire accompagner pour éviter de perdre du temps). On déjeunera ensuite soit au moulin du Lison, soit à Nans (*V.* ci-dessous).

On se rend au Creux-Billard, situé derrière le moulin, par un sentier montant en zigzag sous bois. On descend ensuite au fond du gouffre à travers des roches. Ce site, très étrange, est un des plus curieux du Jura.

De retour au moulin, on se dirige vers la caverne d'où sort le *Lison* avant de former la belle cascade qui tombe devant le moulin. Un couloir naturel mène à un gros pilier, dit la *chaire à prêcher*, qui partage la caverne en deux parties, d'où l'on peut apercevoir la *source* du Lison.

Revenant encore vers le moulin, on traversera un peu en aval la rivière pour se diriger ensuite par un étroit vallon vers la grotte Sarrasine, d'où s'échappe le *bief Sarrasin* qui se jette dans le Lison. Cette grotte, précédée d'un magnifique éboulis de roches moussues, est abritée sous une formidable niche cintrée appelée le *manteau de Saint-Christophe*.

Du moulin du Lison à Nans le ch. de char continue dans les mêmes conditions de mauvais entretien (à pied : 25') puis rejoint la bonne r. à l'entrée du charmant village de **Nans-sous-Sainte-Anne 1.7** — Aub. *Velut* — Fabrique de faïences artistiques dites *Cailloutons*). Devant l'église, on laisse à dr. la r. d'Ornans (*V.*, en sens inverse, page 185) pour continuer à g. par celle de Salins.

On franchit le Lison et ses prairies pour remonter ensuite le vallon du *bief de Foure*, en partie ombragé sous les sapins de la *forêt de Ferlans* ; longue côte de trois kil. huit cents m. (1 h.) ; au sommet de la rampe, se détache à dr. (4.5) le ch. de Saraz (4) et d'Alaise (6.5).

Alaise, petit village situé au milieu de montagnes boisées, est célèbre par les discussions soulevées à son sujet entre les archéologues, dont quelques-uns cherchèrent à prouver que la célèbre ville gauloise disparue d'*Alésia* se trouvait à Alaise et non à Alise-Sainte-Reine dans la Côte-d'Or (*V.* Guide du *Morvan et de la Bourgogne*). Aujourd'hui cette dernière supposition a prévalu, toutefois les antiquités découvertes aux environs d'Alaise prouveraient qu'il y eut encore là un important *oppidum* gaulois.

Dépassé le ch. de Saraz, la r. descend ; à dr., dans une clairière, on aperçoit un chalet habité par un garde. Deux nouvelles côtes, d'un kil. et demi chacune (15), sont suivies de deux descentes. On passe au hameau des Baraques-de-Vernet (2.8), qui domine à g. le bassin de prairies de Saizenay, puis l'on atteint, près d'une auberge (1.2), l'embranchement du ch. de Myon (8) et du Gout de Conche, à dr.

Si l'on veut visiter la jolie cascade du Gout de Conche, on devra suivre le ch. de Myon (Côte : 15') dont la rampe douce remonte, à travers bois, le vallon du Vausaillin. Après un parcours d'environ trois kil., entre des hêtraies, on devra abandonner (3) le ch. de Myon pour prendre à dr. le premier ch. de char, mal indiqué, qui descend, toujours sous bois, jusqu'au pont sous lequel tombe la cascade du Gout de Conche (0.8 — à pied : 8'). Pour bien voir la cascade, il faut encore faire cent m. sur le ch., après le pont, puis descendre à g. (0.1) un sentier qui mène dans le fond du vallon au bord même de la rivière (20', aller et retour). Ici, on doit encore passer sur les roches et s'avancer jusqu'au milieu du cours d'eau afin d'avoir une vue complète de la cascade qui forme deux chutes.
Retour à la r. de Salins (3.9 — Côtes : 25').

La r. de Salins s'élève (6') et laisse à dr., à hauteur de la *borne 4.3* (0.1), le meilleur sentier qui puisse conduire au sommet du *Mont-Poupet*.

Le sentier facile du **Mont-Poupet** mène à une première ferme (1.3), située entre deux hauts rochers ; de là, on gagne le Châlet (1), seconde ferme, au-dessous du point culminant du Mont-Poupet (Alt. : 853 m. — Splendide panorama s'étendant jusqu'au Mont-Blanc et, plus près, sur la chaîne du Jura et les plaines de la Franche-Comté).

La r. descend à présent en lacets sur le flanc des grands contreforts du Mont-Poupet ; elle traverse le haut du vallon du *bief des Roussels* et, par de larges contours tracés entre les vignobles, atteint l'entrée de Salins, vis-à-vis la *promenade de la Barbarine* (1.1). Ici, suivre à g. la rue de la *Liberté* (Montée : 2'), puis la rue de la *République* qui ramène à l'hôtel des *Messageries* (1).

Pour mémoire. — De **Salins** à **Lons-le-Saunier**, par Arbois et Poligny, *V.* pages 42 et 46.

De **Salins** à **Pontarlier**, par Cernans (6.3), Villeneuve-d'Amont (8.2), **Levier** (7.5 — Ch.-l. de c. — 1.305 hab. — Hôt. *Moirot*), Chaffois (14), Houtaud (3) et Pontarlier (4.1 — *V.* page 178).

De Salins à Villeneuve-d'Amont, *V.* page 21.

Au delà de Villeneuve-d'Amont, la r. traverse une partie de la *forêt du Jura*, et gagne Levier, sur un plateau rocheux. Parcours ondulé entre Levier et Chaffois, au milieu d'une région découverte et assez solitaire. Descente vers Houtaud où l'on franchit le *Drugeon*, petite rivière qui arrose la grande plaine de Pontarlier.

De **Salins** à **Ornans**, *V.*, en sens inverse, page 185.

DE SALINS A CHAMPAGNOLE

par Moutaine, Fonteny, Pont-d'Héry, Vers-en-Montagne, et Le Pasquier.

Distance: **21** kil. **100** m. *Côtes:* **1** h. **52** min.

Nota. — Cet itinéraire qui présente une côte de huit kil. au départ de Salins, descend ensuite, ou ondule légèrement, jusqu'à Champagnole.

Pour éviter la côte de Salins on peut se faire conduire en voiture de louage jusqu'à la bifurcation de la r. d'Andelot (prix : 6 fr.).

Quittant l'hôtel des *Messageries*, suivre à g. la rue de la *République* (Côte : 2'), prolongée par la place *Aubarède*, la rue *Préval* (Côte : 2') et la rue *Louis-Pasteur*.

A la sortie de Salins (**1.3'**), on laisse à g. le ch. du fg de Blégny, et, devant soi, la r. de Pontarlier par Levier (*V.* page 26), pour prendre à dr. celle de Champagnole; un raidillon (2') précède le pont sur le ruisseau de *Champtave*.

La r. remonte la vallée découverte au fond de laquelle la *Furieuse*, coulant d'abord à dr., ensuite à g., actionne de nombreuses scieries et usines. Bientôt commencent les durs contours d'une côte, longue de huit kil., avec de rares intervalles de rampe adoucie (1 h. 1/2), conduisant aux hameaux de Moutaine (**2.9**) et de Fonteny (**0.9**), au milieu de bouquets de marronniers.

Plus haut, après une fontaine, qui jaillit d'une paroi de roche, à dr. (**2.6**), on atteint le village de Pont-d'Iléry (**0.1** — Hôt. du *Commerce*). La vallée se rétrécit en une combe verdoyante de prairies où naît la Furieuse, au-dessous de petits bois.

Au delà de l'embranchement (**1**) du ch. d'Arbois (**11.2**), à dr., on passe sous une première voûte du ch. de fer (**0.7**), près de laquelle vient rejoindre le ch. de Valempoulière (**5.2**) ; ici finit la côte.

Après une seconde voûte (**0.8**), on descend doucement pour arriver à la bifurcation (**0.2**) de la r. d'Andelot (**1.9**) et de Jougne (**16.9**). Laissant cette direction à g., continuer à dr. Un peu plus loin, se détache encore à g (**1**) un autre ch. menant vers Andelot (**2**) ; courte montée (**2'**).

La r. ondule (Côtes : 2' et 2'1 en bordure de la ligne du ch. de fer et domine la large vallée-plaine de *l'Angillon*, que limitent à g. les hauteurs boisées de la *forêt de Fresse*, et, dans le lointain, devant soi, le *Mont-Rivel* caractérisé par sa forme trapézoïdale.

Successivement on rencontre les villages de Vers-en-Montagne (**2.8** — Hôt. *Tonnaire* — Ruines d'un château fort) et du Pasquier (**2.3**). La r. se rapproche de l'Angillon et laisse à g. un pont en pierre, au bas de la petite côte (2') du hameau des Baraques (**1.3**); elle franchit plus loin la rivière au *pont de Gratteroche* (**1.2** — Aub. du *Cheval-Blanc*), situé à la bifurcation des r. de Poligny (*V.*, en sens inverse, page 45) et de Dortans (**64.8**).

De l'autre côté du pont, ayant dépassé à g. (**0.2**) le ch. de Nozeroy (**14.5**), on gravit une rampe (5'); à g., le village de Vannoz apparaît entre les arbres, au pied du Mont-Rivel. Après un petit col, le paysage se transforme ; la r. descend agréablement, pendant seize cents m., vers le large bassin de l'*Ain*, en contournant le Mont-Rivel.

On arrive dans **Champagnole** (**3.6** — Ch.-l. de c. —3.676 hab. — Centre d'excursions) par la rue *Baronne-Delort* qui descend franchir la *Londaine*; puis l'on monte (3') pour gagner, près de la *tour de l'Horloge*, l'entrée de la *Grande-Rue* dont l'aspect rappelle celui d'un boulevard. On laisse à g. la place de l'Hôtel-de-Ville, où s'élève aussi l'église, et l'on continue la

Grande-Rue jusqu'à hauteur de la *borne* 67.8 (**O.8**). Ici, prendre à g. la rue de *Traverse* qui mène devant la porte du *Grand-Hôtel* et du *Commerce* (**O.1** — Café et charmant jardin attenants à l'hôtel — A voir : la vue de la ville et de l'Ain du *pont de l'Epée*, V. page 39).

Excursions recommandées au départ de Champagnole. — Nozeroy, la source et la perte de l'Ain (38 kil., aller et retour. — Côtes et parties à faire à pied : 5 h. 53').

Belle excursion, mais un peu fatigante. Mauvaise descente à Conte et r. mal entretenue entre Bourg-de-Sirod et le pont de Syam. On déjeunera à Nozeroy.

Cette excursion peut se faire également en voiture de louage; pour la location s'adresser à l'hôtel (prix modérés).

Itinéraire : Quittant le *Grand-Hôtel* et du *Commerce*, on suit la rue des *Jeux*, à g., et, trois cents m. plus loin, on tourne à g. (**O.3**) sur la r. directe de Pontarlier, par Censeau (V. page 37). Après le passage à niveau de la *ligne de Pontarlier* on passe devant un petit oratoire laissant à g., à hauteur de la *borne* 49.4 (**1**), le sentier qui mène au *Mont-Rivel*.

Il faut environ 45 min. pour atteindre le sommet du **Mont-Rivel** (**1.5** — Alt. : 789 m.), qui dut être autrefois l'emplacement d'un *oppidum* gaulois. Sur le bord du plateau subsistent les vestiges d'un ancien château; beau panorama.

La r. monte (30') et domine à dr. la sauvage vallée de la *Londaine*. Après Equevillon (**1.8**), on pénètre dans les bois de sapins (Côte : 20') qui précèdent la magnifique *cluse d'Entreportes*, étroit défilé, long d'environ six cents m., percé entre d'énormes falaises de rochers, à travers le chaînon de la *montagne de Fresse*. A ce passage grandiose succède un vallon, au début bordé d'une bande rétrécie de prairies (Côte : 45'), puis devenant très aride à la sortie des bois.

Au hameau de **Charbonny** (**7.3**), on laisse à g. la r. de Pontarlier (V. page 37), et l'on continue à dr., dans la direction de Nozeroy; une montée (2'), puis descente sur un plateau découvert. Après une autre côte (1'), la pente s'accentue très rapide; à g., se détache (**2.5**) le ch. de Mièges (1.4 — Eglise remarquable), village au sommet d'un monticule, émergeant d'un large cirque de pâturages arrosé par les méandres de la *Serpentine*.

Cette rivière franchie, la montée reprend (25'); on dépasse à dr. (**1.5**) la r. des Planches, qu'il faudra suivre en revenant, et l'on gravit le dernier lacet qui conduit sur la butte où s'élève l'ancienne petite ville de Nozeroy. Le ch. longe extérieurement les restes des vieux remparts, passe devant une porte jadis fortifiée et vient aboutir vis-à-vis l'hôtel de *France et de Bellevue*. A dr., la belle *porte de l'Horloge* donne accès dans la ville (**1**).

Pour visiter Nozeroy (40') il faut passer sous la porte de l'Horloge et suivre la *Grande-Rue*. A son extrémité on continue en face par la promenade, plantée d'arbres, qui contourne au S. les ruines d'un château fort ayant jadis appartenu à la famille des Chalon-Arlay (vue étendue sur une vaste région de pâturages). Arrivé devant l'église (derrière l'église, dans un petit cimetière, le monument du général Comte Pajol), l'allée en contre-bas, à dr., ramène à la porte de l'Horloge.

Descendre de Nozeroy et, revenu à l'embranchement de la r. des Planches, prendre celle-ci à g. (**1**) ; on franchit le ruisseau du *Trébief* affluent de la Serpentine. Deux cents m. après le pont, au premier croisement (**0.8**), se détache à dr. le ch. du *moulin du Sault*.

Le ch. médiocre du moulin du Sault monte (**3'**), puis descend dans le vallon boisé où se précipite la Serpentine, un peu en amont de son confluent avec l'Ain. Parvenu au moulin (**1**), on devra y laisser sa machine et demander un guide (gratification, 1 fr.) pour se faire conduire à la *source de l'Ain* (à pied : 1 h. 15', aller et retour).

Cette source, située au fond d'une combe de sapins, sort d'un bassin ovale au pied d'une paroi de rocher. A l'époque des basses eaux on peut pénétrer sous la roche jusqu'à une distance d'une quarantaine de m.

Retour du moulin du Sault à la r. des Planches (**1** — Côte : 5').

La r. des Planches, laisse à g. (**0.5**) le ch. de La Favière (**1**) et gravit une forte rampe (25), en longeant à dr. le ravin boisé où coule l'Ain. Au sommet de la côte, abandonnant (**1.8**) la r. des Planches, on s'engage à dr. sur le ch. moins bon de Conte. Celui-ci contourne le creux au fond duquel l'Ain prend naissance, puis descend rapidement une étroite ravine, plantée de sapins, pour gagner ensuite (Montée : 3') les gradins successifs de grands pâturages.

Très mauvaise descente à Conte (**2.5**), village dans la partie supérieure du beau *val de Sirod*, région entièrement tapissée de pâturages arrosés par l'Ain ; plus bas (deux raidillons : 1' et 1'), on arrive à Sirod (**3** — Hôt. *Grattard* — Ancienne maison forte, dite *château Montrichard*, au chevet de l'église).

Dans la localité, tourner à dr. pour franchir l'Ain, rivière qui, en aval, avant de se perdre, s'enfonce entre de pittoresques montagnes couvertes de bois. La r. s'élève (20') sur le flanc du *Mont-Chaffaud* et passe au-dessous des *roches des Commeres*, aux silhouettes étranges; plus haut, le *tunnel du Chaffaud*, long de 131 m., permet de déboucher sur le versant opposé du chaînon.

De l'autre côté du tunnel (**2.1**), négligeant à dr. la r. de Champagnole (**7.1**), par Equevillon 4), ou par Sapois (3), on descendra à g. vers le Bourg-de-Sirod (**0.8**).

Aux premières maisons de ce village, descendre le mauvais ch., à g., qui borde l'école et mène aux *forges du Bourg-de-Sirod* (**0.7**, dans le voisinage de la *perte de l'Ain*.

> Pour bien voir la perte de l'Ain, il faut traverser à g. le pont de l'établissement des forges. De l'autre côté du pont, s'adresser à la *Direction*, au bureau de la Poste, à dr., pour demander un guide (gratification).
>
> La perte de l'Ain, située derrière les forges (à pied : 30', aller et retour), consiste en une étroite cluse obstruée par d'énormes roches sous lesquelles l'Ain se perd, en amont, avant de venir tomber en cascade devant le pont des forges.

Le ch., au pied de sommets agréablement boisés, continue très défectueux (Montée : 2') jusqu'au *pont de Syam* (**2.3**), où l'on rejoint la r. de Champagnole aux Planches (*V.* page 34). Ici, tournant à dr. avec l'Ain, on pénètre dans une profonde et étroite vallée. La r. s'élève (Côtes: 7', 8' et 7') et passe sous le hardi viaduc biais de la ligne du ch. de fer; puis, s'écartant de la rivière, elle rejoint (**4.5**), à l'entrée de Champagnole, la r. de Saint-Laurent. Continuer devant soi par la *Grande-Rue* jusqu'à la rue de *Traverse* (**0.5**) qui, à dr., ramène au *Grand-Hôtel* et du Commerce (**0.1**).

La région centrale des lacs, Doucier et la vallée du Hérisson (**55 kil. 900** m., aller et retour — Côtes et parties à faire à pied : 5 h. 38').

Cette excursion, l'une des plus intéressantes du Jura, qui peut se faire aussi au départ de Lons-le-Saunier (*V.* page 50), permet de visiter la superbe région des lacs, comprise entre Le Pont-de-la-Chaux et Doucier.

Pour abréger le parcours sur r., on pourra se rendre en ch. de fer de Champagnole au Pont-de-la-Chaux (station de La Chaux-des-Crotenay ; prix : 1 fr. 45, 1 fr., 0,65 c. ; trajet en 30 min.; premier départ de Champagnole vers 5 h. 1/2 du mat.).

Itinéraire: De Champagnole au Pont-de-la-Chaux (**11.8** — Côtes: 50'), *V.* page 38.

Laissant à g. le pont sur la *Laime*, ainsi que la station voisine du ch. de fer (Hôt. Greusard), on continue par la r. de Saint-Laurent, pendant trois cents m., jusqu'au ch. du Frasnois qu'il faut prendre à dr. (**0.3**). Ce ch., qui remonte (35') le joli vallon dû ruisseau de *Panessières*, vient affleurer l'extrémité de l'un des petits *lacs Maclu* (**3**), situés dans une étroite combe, à g., au pied du chaînon de la *Chaux-du-Dombief*; puis l'on s'élève (**5'**). à travers le *bois des Ifs*, pour passer bientôt en vue du *lac de Narlay*, à dr., dans un creux de pâturages.

Au Prasnois (**1.5**), on néglige devant soi le ch. de Chevrotaine (**7**). et, tournant à g., on descend rapidement dans le village. Plus loin, on côtoie à g. la rive du *lac de La Motte*, celui-ci à la base d'une belle muraille rocheuse émergeant de la verdure. Petite descente au hameau d'Ilay (**3.1** — Café rest. *Mellet*), au milieu d'un pittoresque entourage de montagnes et au croisement de la r. de Saint-Laurent (**10.3**) à Doucier. Ici, abandonner la r. de Bonlieu et prendre à dr. celle de Doucier.

En continuant devant soi, dans la direction de Bonlieu, on passe sur le pont situé au-dessus de la *cascade du Saut-Girard* (**0.4**) — dernière chute du *Hérisson* qu'on voit d'en bas si l'on fait à pied l'excursion complète de la vallée du Hérisson (*V*. page 53) — et l'on monte sous bois (**10'** pour atteindre (**0.9**) la r. de Clairvaux à Saint-Laurent. Descendant celle-ci à dr., on trouve plus loin, à g. (**1.2**), l'embranchement du ch. qui conduit à l'ancienne *chartreuse de Bonlieu* (**0.5**), aujourd'hui convertie en ferme, au bord du *lac de Bonlieu* (**0.5** — *V* page 58).

La r. de Doucier, à dr., s'élève légèrement (**5'**) en contournant le gracieux petit bassin de prairies du Saut-Girard. Elle traverse ensuite des hétraies, puis, descendant, domine à g. le profond vallon où le Hérisson creuse de belles gorges et présente de magnifiques cascades.

Parvenu à la première maison du hameau de Ménétrux-en-Joux, à hauteur de la *borne 23* (**5**), le cycliste, quittant la r. de Doucier, descendra à g. le ch. qui conduit au *moulin Jacquand*, dans la vallée du Hérisson.

Les automobilistes devront continuer par la r. de Doucier et, traversant les *bois de Beauregard*, passer par Songeson (**3.5**), d'où ils descendront vers Doucier (**4**), en négligeant à dr. trois ch. dans la direction de Chevrotaine.

A Doucier, on laisse les automobiles en garde à l'hôtel *Lamy* et l'on se rend, soit à pied, soit en voiture de louage, au *moulin Jacquand* (**8.7**) par le ch. du Touring-Club de France, praticable seulement pour les cyclistes et pour les voitures légères.

De Ménétrux-en-Joux le ch. du moulin Jacquand descend au-dessous de la r. de Doucier et, deux cents m. plus loin, en vue d'un groupe d'habitations, tourne à g. Praticable un moment en machine, il devient bientôt mauvais et la pente est si rapide qu'on devra descendre à pied (30') jusqu'au fond de la vallée où l'on rejoint (**2.3**) le ch. meilleur, venant de Doucier, entretenu par les soins du Touring-Club de France. Continuant à g., sur ce ch., on atteint presqu'aussitôt le *moulin Jacquand* (**0.1**), où les machines doivent être laissées en garde, la visite des *gorges et des cascades du Hérisson* ne pouvant se faire qu'à pied.

Du moulin Jacquand aux gorges du Hérisson (2 h. 1 2, aller et retour), *V.* page 52.

De retour au moulin Jacquand, si l'on ne veut pas revenir à Champagnole par le même itinéraire, on suivra le ch. de Doucier qui descend la vallée élargie du Hérisson. Ce ch., praticable pour les cyclistes, laisse à dr. (**0.1**) le ch. de Ménétrux ; puis, ondulant (Côtes : 3' et 2'), et restant sur la rive dr. de la rivière, passe successivement aux hameaux du Val-Dessus (**1.3**) et du Val-Dessous (**1.5**). On côtoie le gracieux *lac du Val*, ensuite, après une petite montée (4'), on descend au hameau de Chambly (**1.8**). Continuant toujours à dr., au pied de beaux escarpements rocheux et boisés, on traverse un taillis qui masque, par moment, le *lac de Chambly*. Le ch. aboutit au bas de la r. de Songeson, à l'entrée du village de **Doucier**. Quelques m. plus loin, après une courte descente, on arrive sur la petite place de la Poste, vis-à-vis l'hôtel *Lamy* (**1**).

De Doucier au *lac de Châlin*, *V.* ci-dessous; à Lons-le-Saunier, par Châtillon, *V.*, en sens inverse, l'itinéraire page 50; à Lons-le-Saunier, par Collondon et Pont-de-Poitte, *V.* p. 53.

Reprenant, vis-à-vis l'hôtel *Lamy*, la r. de Songeson, on laisse à dr. la r. de Clairvaux (13) puis le ch. de Chambly, pour gravir une forte montée (20') offrant une belle vue à dr. sur la vallée du Hérisson et le *lac de Chambly*. Après un couloir rocheux, la r. ondule sur le plateau (Côte: 8'). Parvenu à hauteur de la *borne 17.2* (**1.7**), il faut quitter la r. d'Ilay (*V.* page 32), par Songeson et Ménétrux-en-Joux, et prendre à g. le ch. de Chevrotaine; une côte (3').

Ce ch., qui descend à travers les *bois du Précalot*, laisse entrevoir à g. de magnifiques échappées sur le *lac de Châlin*, entouré de ce côté-ci par de grandes falaises rocheuses et s'étendant, en aval, vers un bel horizon de prairies. Après avoir décrit une courbe dans un petit ravin, où s'éloigne à dr. le ch. de Chevrotaine, on monte à g. (2') dans le village de Fontenu (**3**).

Pour bien voir le *lac de Châlin* (long. 2 kil.; larg. 800 à 1.200 m.), le plus grand du Jura après le lac de Saint-Point (*V.* page 37), il faut se diriger à g. vers l'église de Fontenu, située sur un tertre, près de trois tilleuls séculaires (**0.3**). C'est en s'avançant d'une centaine de m. à g., sur le ch. au-dessous de la terrasse de l'église, qu'on découvre la plus belle vue.

2

Au delà de Fontenu, le ch., plus ou moins ondulé (Côtes : 5', 8' et 3'), traverse des pâturages, ainsi qu'une partie des *bois du Chanet*, pour gagner Mont-sur-Monnet (**5.2**). A l'entrée de ce village, on tourne à dr. et, un peu plus loin, à g. Arrivé à l'extrémité du plateau une descente rapide, en lacets, longue de trois kil., mène dans la combe pittoresque de la *Balerne*. On franchit cette rivière au *moulin de Pierre* (**1.8**), puis, plus bas, le bief de *la Réculée*, qui arrose des prairies.

On rejoint la r. de Lons-le-Saunier à Champagnole un peu avant **Ney** (**2.3**) Cette r. traverse le village à dr. et descend, à l'entrée du faubourg de Champagnole, à l'embranchement (**2**) de la r. de Saint-Laurent qu'on laisse à dr.

De l'autre côté du pont sur l'*Ain*, la r., à dr., gravit une forte rampe (5'), laisse au sommet de la côte (**0.5**) le ch. des Planches, à dr., et ramène dans Champagnole par la *Grande-Rue*. Suivre cette rue jusqu'à la rue de *Traverse* (**0.5**) qui, à dr., conduit au *Grand-Hôtel* et du *Commerce* (**0.1**).

De Champagnole à Pontarlier, par Les Planches-en-Montagne et Mouthe, la cascade des Planches, la source du Doubs, les lacs de Remoray et de Saint-Point (63 kil. 600 m. — Côtes : 4 h. 15' — Pavé : 3').

Très belle excursion dans la région centrale des montagnes du Jura. S'arrêter pour déjeuner soit aux Planches-en-Montagne, soit à Foncine-le-Haut. L'étape étant assez dure, si l'on veut arriver le soir même à Pontarlier, on pourra se faire conduire en voiture de louage jusqu'à Châtelblanc où finit la montée. On peut aussi coucher à Mouthe.

Itinéraire : En face du *Grand-Hôtel* et du *Commerce*, la rue de *Traverse* mène à la *Grande-Rue* (**0.1**) qu'on suit à g Quelques m. plus loin, négligeant à g. (**0.3**) la r. directe et moins intéressante de Pontarlier, par Censeau (*V.* page 37), on continuera jusqu'à l'extrémité de la Grande Rue (**0.2**), où tourne à dr. la r. de Saint-Laurent-du-Jura et de Lons-le-Saunier. Ici, quittant la r. de Saint-Laurent, prendre vis-à-vis celle des Planches-en-Montagne.

La r., d'abord tracée à travers champs, pénètre ensuite dans les bois de la profonde vallée de l'*Ain*, resserrée entre de hautes falaises de rochers (Côtes : 2' et 6'). On passe sous le beau viaduc biais du ch de fer dont la voie, en corniche, taille les parois granitiques de la rive g.

Au *pont de Syam* (**1.5**), on laisse à g. le ch. des *forges du Bourg-de-Sirod* (2.3 — *V.* page 31) et l'on franchit la rivière dans le pittoresque bassin de Syam, où l'Ain reçoit la *Laime*, grossie par la *Saine*; à partir d'ici, la r. monte presque constamment jusqu'à Châtelblanc (*V.* page 36).

On passe au-dessus des *forges de Syam*, à dr. (Raidillons : 1' et 2') et l'on contourne le parc du *château de Syam*, à g. (Côte : 25') : à dr., s'écarte (1) le ch. de La Billaude (3.4 — *V.* page 39). Après avoir traversé le village escarpé de Syam (**0.3**), la r., pénétrant dans les *bois de la Côte Chaude*, remonte la belle vallée de la *Saine* (Côtes : 35' et 15') qui se rétrécit et s'élargit tour à tour. Ayant atteint une grande altitude, on domine de larges terrasses de prairies, situées sur la rive opposée; plus loin, on jouit d'un magnifique coup d'œil sur le bassin des Planches et sur la ruine bizarre du château inachevé de la *Folie*, juchée au faîte d'un roc isolé. A g. se détache (**0.6**) le ch. de Nozeroy (17), puis une côte (17') précède le village des **Planches-en-Montagne** (**1.3** — Ch.-l. de c. — 226 hab. — Hôt. de la *Poste*; de l'*Oranger*).

En face de l'hôtel de l'*Oranger*, en demandant la permission de traverser une propriété particulière, on peut voir la partie supérieure du *saut du Moulin*, dit aussi la *cascade des Planches*. Mais pour avoir un aperçu général de cette magnifique chute de la Saine (à pied : 40' aller et retour; guide utile), il faut, à l'entrée du village, vis-à-vis l'hôtel de la *Poste*, descendre à g. le ch. de Montliboz qui mène au pont situé au-dessus de la *Langouette*, étroite et profonde cluse taillée entre deux parois de roches verticales, où coule la Saine un peu en aval de la cascade. Cent m. après le pont, avant d'atteindre un groupe de maisons, prendre à g. le ch. qui monte à travers des prairies. Deux cents m. plus haut, parvenu à l'angle d'un buisson, on quitte le ch. pour traverser perpendiculairement le pré à g. On arrive ainsi au bord de l'abîme formé par la cluse de la Langouette, et jalonné par des arbres. Ici, longeant à dr. la ligne des arbres, on trouvera bientôt un sentier (difficile et même dangereux) qui conduit à une petite plate-forme d'où l'on aperçoit la cascade des Planches dans son ensemble. Revenant ensuite sur ses pas, on remonte à g., à travers prés, pour regagner le ch. qui passe devant une scierie et qui ramène vers l'église près de l'hôtel de l'*Oranger*.

A la sortie des Planches, on traverse la Saine, parallèlement à un vieux pont, et l'on s'élève sous bois (Côte : 25'); à dr., s'éloigne (**0.1**) le ch. de La Chaux-des-Crotenay (1 — *V.* page 40) et de la gare de La Chaux (5.9).

Plus haut, hors des bois, remarquer à g. une immense paroi rocheuse, en bordure de la rive opposée de la Saine, d'où tombe la *cascade du Bief du Bouchon*. Plus loin encore, à hauteur des *bornes 15.2* et *15.5*, la Saine forme deux autres belles chutes.

La r., côtoyant quelques landes, descend et dépasse (**2.3**) le ch.
du Pont-de-Laime (8), à dr. Arrivé au village de Foncine-le-Bas
(**0.3** — Hôt. *Michaud*), on tourne à g. en laissant à dr. la r. de
Saint-Laurent (10). On franchit successivement deux petits torrents
(Raidillon : 1'), puis, montant toujours (Côte : 20'), on revient sur
la rive dr. de la Saine au cours plus calme ; nouvelle côte (20').

La vallée se resserre tandis que les bois disparaissent pour faire
place aux pâturages découverts ; gracieuse cascatelle au *moulin
Choulet* (**2.3**). Après le village de Foncine-le-Haut (**2.2** — Hôt.
du Commerce), la montée reprend pendant quatre kil. (1 h.). On
passe du dép' du Jura dans celui du Doubs (**1.7**), et, ayant décrit
un contour, qui présente une belle vue sur la vallée supérieure de
la Saine, on atteint, au faîte de la rampe, le hameau de Châtelblanc (**2.3** — Alt. : 1.000 m. — Aub. *Bourgeois*).

Le hameau de Châtelblanc, au pied d'un éperon rocheux, est
situé, au cœur des montagnes du Jura, au point de partage des
eaux entre le versant de l'Ain et le versant du Doubs.

La r., à partir d'ici, descendant vers Pontarlier, ondule sur les
pâturages qu'arrose le *Cébriait*, bief de la vallée supérieure du
Doubs (Côtes : 3', 1', 3' et 3'). Successivement on traverse La
Chaux-Neuve (**1.7**), où se détache à dr. le ch. de Morez (21), le
hameau de Vers-chez-Vaillet et La Petite-Chaux (**3.2**) pour
arriver à **Mouthe** (**2.7** — Ch.-l. de c. — 910 hab. — Hôt.
Simon Guyon), gros village au milieu des pâturages solitaires qui
étendent leur vert tapis entre les bois du *Mont de la Haute-
Joux*, à g., et du *Mont-Noir*, à dr., ce dernier sur la lisière de la
frontière suisse.

Dans Mouthe, on dépasse l'Hôtel de Ville, à dr., flanqué de
quatre tourelles, près duquel s'embranche le ch. qui conduit à
l'église et à la *source du Doubs*.

> Pour se rendre à la source du Doubs (à pied : 1 h., aller et
> retour), il faut prendre, à g. de l'Hôtel de Ville, le ch. qui
> franchit le Doubs et conduit à l'église. De l'église on se dirige
> par un sentier, à travers les prairies, vers la source du Doubs,
> jaillissant d'une anfractuosité de roche située derrière une
> scierie.

La r., accompagnée de la ligne du tramway de *Mouthe à Pontarlier*, ondule à présent (Côtes : 2', 2', 2' et 2') sur les plissements de
pâturages que lavent les méandres du Doubs ; elle passe au-dessous du village de Sarrageois (**2.8**) puis à Gellin (**2.2**), où s'é-
loigne à dr. le ch. des Hôpitaux-Neufs (12.6). Au delà du hameau
du Brey (1 — Petite église avec portique), on croise, près d'un
tunnel, la ligne du tramway, et l'on descend au milieu des sapins le
vallon du ruisseau du *Lhaut* ; à g., se détache (**2.1**) le ch. de
Remoray (2.6).

Après avoir franchi le torrent au *pont du Lhaut*, dans un val sévère de landes, complanté de sapins, il faut gravir deux légères rampes. Parvenu à hauteur de la *borne 18*, on entrevoit à g. l'ovale du *lac de Remoray* (long. 1.600 m.; larg. 800 à 900 m.); descente à Labergement-Sainte-Marie (**2.7** — Hôt. de la *Gare*), où l'on traverse le Doubs. Ici, suivant à g. la r., en bordure de la voie du tramway, on arrivera, en vue de la station des Granges-Sainte-Marie, au croisement (**1.5** — Hôt. du *Coude*) du ch. des Hôpitaux-Neufs (**7.7**) à Bonnevaux (**11.6**) A cet endroit il faut abandonner la r. de Pontarlier (**17.6**), montueuse et médiocre, par Malbuisson et Chaudron, sur la rive dr. du lac de Saint-Point, et prendre à g. le ch. de Bonnevaux.

On franchit de nouveau le Doubs, qui reçoit en amont les eaux du lac de Remoray par un court émissaire, avant de gagner en aval le lac de Saint-Point; cent m. après le pont, quittant la direction de Bonnevaux, prendre à dr. (**0.7**) le ch. de Pontarlier, par Saint-Point.

Ce ch. suit toute la rive O. du *lac de Saint-Point* (long. 6 kil. 500 m.; larg. 700 m.; très poissonneux) sur lequel on découvre de ravissantes vues.

Au village de Saint-Point (**2.9**), une côte (2'); ensuite une légère rampe, terminée en montée plus dure (3'), mène aux Grangettes (**3**). S'éloignant des bords du lac, on pénètre dans une sapinière; à la sortie du bois, réapparition du Doubs, dont les eaux d'émeraude viennent de traverser le lac de Saint-Point. Un peu plus loin, on rejoint (**3.5**) la r. bordée par le tramway.

Cette r., détériorée par la construction de la ligne, longe la vallée du Doubs, et passe au-dessous des groupes d'habitations d'Oye-et-Pallet (**0.8**); en avançant, on distingue en face de soi les forts du *château de Joux* et du *Larmont inférieur et supérieur*, accroupis sur le sommet des crêtes qui défendent l'entrée de la *cluse de Pontarlier*.

Ayant encore franchi le Doubs, on passe sous la voie du ch. de fer pour monter (3') à la r. (**1.5**) des Verrières-de-Joux à Pontarlier.

De cette bifurcation à **Pontarlier** (**2.5** — Pavé 3'), *V.* p. 178.

Pour mémoire. — De Champagnole à Pontarlier, par Équevillon (**3.1**), Charbonny (**7.3**), Onglières (**2**), Plénisette (**0.8**), Plénise (**1.3**), Le Magasin-de-Censeau (**2.3**), Le Bicorne (**2.1**), Frasne (**6.7**), Dompierre (**3**), Bulle (**3.7**), Chaffois (**4.5**), Houtaud (**3**) et Pontarlier (**4.1** — *V.* page 178).

De Champagnole à Charbonny, *V.* page 29.

La r. continue très accidentée entre Charbonny et Frasne; puis elle s'aplanit et ondule plus faiblement, entre Frasne et Pontarlier. On parcourt une large plaine, arrosée par le *Drugeon*, qui sert de champ de tir de l'artillerie à l'époque des écoles à feu.

De **Champagnole** à **Lons-le-Saunier**, par Ney (**3.1**), le pont de Barré (**2**), Pont-du-Navoy (**6.5**), Mirebel (**6**), Crançot (**5.1**), Les Echelles de Crançot (**1.2**), Chemin de Vevy (**1.6**), Pannessières (**3.1**) et Lons-le-zaunier (**5** — *V.* page 49).

De Champagnole à Ney, *V.*, en sens inverse, page 34.

La r. s'élève sur le plateau qui précède Ney, puis descend au *pont de Barré* pour traverser le bief de la *Reculée* et s'engager dans l'étroit passage boisé où l'on rejoint le cours de l'*Ain*, ici très encaissé. La r. s'éloigne ensuite momentanément de cette rivière qu'elle franchit une seconde fois au Pont-du-Navoy.

Dépassé ce village, après avoir traversé le ch. de fer, on longe la lisière de la *forêt de l'Heute*, à dr., en descendant la rive dr. de la vallée; à g., au bord de la rivière, se trouvent les importantes *forges de la Cᵗᵉ de Franche-Comté* et le *château des Forges*.

La r., s'écartant de la vallée, traverse un petit défilé creusé entre la forêt de l'Heute et le *bois de Flachet;* on laisse à dr. Mirebel, village dominé par les ruines d'un château fort qui portent une statue colossale de la *Vierge.*

Plus loin, à la sortie des *bois du Chaumois*, la r. se déploie sur le plateau découvert de Crançot et laisse à dr. le ch. des *Echelles de Crançot*, par lequel on pourrait descendre à pied, dans le *creux du Dard*, à la *grotte de Baume-les-Messieurs* (*V.* p. 48).

Dépassé l'embranchement du ch. de Vevy, on pénètre dans les *bois de Perrigny*, puis on descend pendant six kil. et demi vers Lons-le-Saunier.

De **Champagnole** à **Arbois**, *V.*, en sens inverse, p. 41.

De **Champagnole** à **Poligny**, *V.*, en sens inverse, p. 45.

DE CHAMPAGNOLE A MOREZ

Par Cize, La Billaude, Pont-de-la-Chaux, Morillon, Pont-de-Laime, Saint-Laurent-du-Jura, Les Marais et Morbier.

Distance : **31** kil. **500** m. *Côtes :* **2** h. **23** min.

Nota. — Belle et agréable route; les rampes qui prédominent sont en partie faisables en machine. Traversée des pittoresques gorges de la Laime, entre La Billaude et Le Pont-de-la-Chaux. Descente de six kil. à Morez.

Vis-à-vis le *Grand-Hôtel et du Commerce*, la rue de *Traverse* ramène à la *Grande-Rue* (**0.1**) qu'il faut suivre à g., en laissant à dr., quelques m. plus loin. à l'entrée de la promenade. la rue trop rapide du *Pont-de-l'Épée*.

La rue du *Pont-de-l'Épée*, par laquelle on pourrait également rejoindre la r. de Saint-Laurent, descend au *vieux pont* d'où l'on a une vue très pittoresque de la ville et du nouveau pont, celui-ci un peu plus en amont sur l'Ain, rivière dont les flots torrentueux se précipitent ici dans un lit profondément encaissé.

On néglige encore à g. (**0.3**) la r. directe de Pontarlier, par Censeau (*V.* page 37), et, à l'extrémité de la Grande-Rue, tournant brusquement à dr. (**0.2**), devant l'entrée du ch. des Planches (14 — *V.* page 34), on descend par un lacet au nouveau pont, surélevé au-dessus de l'*Ain* (belle vue).

De l'autre côté du pont, on laisse devant soi (**0.5**) la r. de Lons-le-Saunier (*V.* page 38) pour suivre à g. celle de Saint-Laurent qui monte (9') la rue du *Jura*.

Après une descente et une plaine, on passe au village de Cize (**1.9**); puis la r. s'éloigne de l'Ain et monte (Côtes : 6', 6' et 4'), entre les *bois de la côte de Bénedegaut* et de la *Liège*, jusqu'au débouché du vallon de Vaudioux dans la vallée de la *Laime*.

Descente au milieu de landes, coupée par le passage à niveau de la station de Vaudioux, vers le pittoresque hameau de La Billaude (**5.8** — auberge), au pied de ravissantes crêtes couvertes de sapins.

Devant l'auberge, le ch. de Syam (3.4 — *V.* page 35), à g., conduit au *saut de Claude-Roy*, dit aussi la **cascade de La Billaude** (à pied : 45', aller et retour). Après un petit pont, suivre la direction à g. : arrivé dans un bois (**0.7**). on prend, près d'un bouquet de sapins, le sentier à dr. qui descend en zigzag au fond d'une jolie gorge rocheuse et boisée où la Laime se précipite.

Dans le bas du sentier, pour bien voir la cascade, il faut suivre le ch. qui se dirige à dr., menant à mi-hauteur de la chute d'eau.

La r. remonte (Côte : 25') les belles *gorges de la Laime* et atteint le hameau du **Pont-de-la-Chaux** (**3** — Hôt. recommandé *Greusard*, pension agréable; prix très modérés), dans un gracieux petit bassin de prairies, égayé par des scieries : belle chute d'eau à côté du pont.

Le ch. de Mouthe (24) qui traverse à g. le pont, puis le passage à niveau de la station de La Chaux-des-Crotenay, monte (25') au village de La Chaux-des-Crotenay (2 — Hôt. de la *Poste*) dont le joli site, au milieu de belles prairies entourées d'une ceinture de montagnes boisées, attire les amateurs d'agrestes villégiatures.

De La Chaux-des-Crotenay, le ch. descend aux **Planches-en-Montagne** (4), sur la r. de Champagnole à Pontarlier, par Mouthe (*V*. page 35).

Trois cents m. plus loin, on laisse à dr. (**0.3**) l'entrée du *vallon de Panessières* par où s'éloigne le ch. du Frasnois (4.5 — *V*. page 31, *excursion à la région centrale des lacs*).

La rampe s'adoucit et la vallée, délicieuse, s'élargit près des scieries de Morillon (**1.9**). On passe sur la rive dr. de la Laime pour remonter (30') la *gorge du Saut* où la rivière forme une nouvelle cascade. A l'extrémité de cette gorge on atteint la partie supérieure de la vallée, région empreinte d'un tout autre caractère et parsemée de landes, dans la direction de Fort-de-Plasne (2.5), dont on laisse à g. un premier ch. (**2.9**) et un second, un peu plus loin, au hameau du Pont-de-Laime (**1.5**).

La r., s'éloignant de la rivière, monte (3', 15' et 10') vers le vaste *plateau du Grandvaux*, couvert de pâturages mamelonnés, où est situé le bourg de **Saint-Laurent-du-Jura** (Ch.-l. de c. – 4.175 hab. — Fabriques d'horlogerie). Dans ce village, ayant dépassé l'église, on laisse à dr. la r. de Lons-le-Saunier, par Clairvaux (*V*., en sens inverse, page 59), presque à l'angle de l'hôtel recommandé du *Commerce* (**3.8**).

Légère rampe, puis descente d'un kil. à la scierie du *pont des Marais*, sur la limite du plateau. La r. s'élève ensuite, pendant deux kil. et demi (35'), à travers la forêt de sapins du *Mont-Noir*; on rejoint un moment la ligne du ch. de fer, près de la petite station de la Savine, avant d'atteindre le **col de la Savine** (5 — Alt. : 990 m.).

Au delà du col, la r. sort des bois et descend environ six kil. sur le versant de pâturages de Morbier; très beau paysage de montagne. A mi-côte, on rencontre le hameau des Marais (**1.1**) dont les maisons, éparpillées dans les champs, sont presque toutes occupées par des ateliers d'horlogerie.

A l'entrée de la petite ville de Morbier (**2.5** — 1.573 hab.) on passe sous la voie ferrée, en négligeant à g. le ch. de la gare. A l'extrémité de la localité, la pente s'accentue pour descendre vers la profonde vallée de la *Bienne*. Auparavant, un lacet rapide conduit dans le ravin de l'*Evalude*, torrent affluent de la Bienne; au pont, s'arrêter pour remarquer les travaux d'art, d'une hardiesse inouïe, auxquels a donné lieu la construction de la ligne du ch. de fer, suspendue à une grande hauteur au-dessus de la r.

Au bas de la descente, on atteint l'octroi de **Morez** (**2.2** — Ch.-l. de c. — 5.333 hab. — Fabriques d'horlogerie, de lunetterie — Café de la *Perle*). Ici, laissant à dr. la r. de Saint-Claude, par La Rixouse (*V*. ci-dessous), qui traverse le pont sur l'Evalude, on entrera en ville, à g., par la *Grande-Rue*.

Celle-ci s'allonge, sur une longueur de près de deux kil., dans l'étroite vallée de la Bienne qu'étranglent de tous côtés de grands escarpements boisés ou rocheux. Successivement on passe devant la place d'*Armes* (**1**), où s'élève un vaste Hôtel de Ville, et, un peu plus loin, devant l'église, deux monuments modernes; puis, après la place du *Marché*, on franchit la rivière.

De l'autre côté du pont, immédiatement à g., s'arrêter au *Grand-Hôtel de la Poste* (**0.1**).

Pour mémoire. — De **Morez** à **Saint-Claude**, par La Cantine (**7.5** depuis l'hôt. de la *Poste*), Lezat (**1.1**), Les Près-de-Villard (**1.1**), La Rixouse (**1.7** — Hôt. *Monnet*), Valfin-les-Saint-Claude (**1.3**) et Saint-Claude (**0.1** à l'hôt. de *France* — *V*. page 70).

Cette r., l'une des plus intéressantes du Jura, traverse le pont sur l'*Evalude* à Morez-le-Bas; puis, taillée en corniche, à une grande élévation, suit sur la rive dr. tous les contours de la magnifique vallée boisée de la *Bienne*.

Dépassé la maison isolée de La Cantine, la vallée, élargie, offre une superbe vue plongeante des gorges de la Bienne, et atteint la petite terrasse de culture de Lezat.

De Lezat à La Rixouse, rampe légère coupée par la descente des Prés-de-Villard.

De La Rixouse à Valfin-les-Saint-Claude, descente douce sur des versants rocheux et incultes ; on traverse un taillis de maigres genévriers. Beau point de vue de la vallée, en amont et en aval, au-dessous de l'église de Valfin-les-Saint-Claude. Après ce village, la descente s'accentue assez rapide ; magnifique panorama sur les fonds de la vallée ainsi que dans la direction des hautes montagnes qui entourent la ville de Saint-Claude.

On entre dans Saint-Claude en traversant à g. le beau viaduc de la Bienne qui aboutit à la *promenade du Truchet*. Ici, suivre à dr. l'avenue de *Belfort*, où se trouve situé, quelques m. plus loin, à g., au n° 11, l'hôtel recommandé de *France*.

De **Morez** au **col de la Faucille**, *V.* page 60.

DE SALINS A POLIGNY

Par Marnoz, Les Arsures, Arbois et Buvilly.

Distance : **24** kil. **100** m. *Côtes :* **1** h. **27** min.
Pavé : **7** min.

Nota. — Trajet passablement accidenté, présentant de nombreuses côtes et descentes.

De Salins au chemin d'Arbois (**1.7**), *V.*, en sens inverse, page 21.

Laissant à dr. la r. de Mouchard, on gravit à g. la côte escarpée, longue de six cents m. (8'), de la r. d'Arbois. Celle-ci domine à dr. le défilé de la *Furieuse*, au pied des grands escarpements rocheux du *Mont-Poupet*, et contourne à g. le *Mont-Saint-André*, aux versants en partie plantés de vignes ; à dr., se détache (**1.3**) un ch. vers Mouchard (5.5).

La r. ondule fortement (Côte : 3') sur les vallonnements qui servent de contreforts à la chaîne du Jura,

longée à l'E. ; dans cette dernière direction, s'ouvre la
gorge boisée de Pretin, entre la chapelle de *Saint-
Michel* et le joli village de Marnoz (**1.7**); côte dure
(15'). Au faîte de la rampe, on passe sous la *ligne de
Mouchard à Pontarlier*, en laissant à dr. (**1.1**) le village
d'Aiglepierre.

Après deux raidillons (1' et 2'), ayant atteint l'altitude de 548 m.. on descend aux Arsures (**2.2** — Château); puis, par une petite montée (2'), on rejoint (**0.8**)
la r. de Mouchard (4) à Arbois. Celle-ci se dirige au S.,
à la base du *Mont-Begou*; de ce côté, apparaît le beau
viaduc de Montigny de la *ligne de Pontarlier*; deux
côtes (3' et 8').

Belle descente de deux kil., entre des vignobles, vers
Arbois (Ch.-l. de c. — 4.240 hab. — Hôt. des *Messageries* — Vins renommés), petite ville située au débouché du beau *creux de la Cuisance*. Après avoir
rejoint (**1.3**) la r. de Dôle (34) à Champagnole, au delà
d'un premier pont sur la *Cuisance*, on traverse la ville,
à g., par les rues *Pasteur, des Courcelles* (Côte : 3') et
la *Grande-Rue* (Pavé : 4').

Arrivé sur la place de la *Liberté* (**0.7**). ornée d'une
fontaine monumentale et bordée à g. par des maisons
à arcades, on laisse à g. la rue *Delort* et la rue de
Censeau, pour tourner à dr. par la rue de la *République* qui continue la r. de Poligny.

La rue de *Censeau* (Pavé : 3') mène à la sortie de la ville où la
r. monte à g. (3') dans la direction du vallon supérieur des Planches.
Parvenu devant le portail de l'église de Mesnay (**1.5** — Côte : 3'),
on quitte la r. de Censeau et l'on descend à dr. le ch. des Planches.
Après la cartonnerie du Vernois (**1.5** — Côtes : 1' et 2'), ce ch. passe
sur la rive g. de la Cuisance et atteint bientôt le pittoresque village
des Planches-près-Arbois (**1.5**), situé au pied du grandiose hémicycle de rochers, environné d'une végétation luxuriante, qui forme
le **creux de la Cuisance.**

S'arrêter à l'entrée du village, à l'hôtel *Gras*, à g. (beau jardin),
pour y déposer sa machine.

Au delà de l'hôtel, le ch. passe devant l'église, franchit la rivière
et conduit à l'extrémité du village, près d'une fontaine, où se présentent trois directions :

Le ch.. à dr. (45', aller et retour), aboutit à la *cartonnerie du fond*, où l'on trouvera un guide pour visiter la *grotte* (1 fr.), située en aval de la *petite source* de la Cuisance.

Le ch., à g. (30', aller et retour), mène vers la *grande source* de la Cuisance qui sort d'une caverne, au bas d'une immense paroi de roches à pic.

Le ch., entre les deux précédents (1 h. 1/2, aller et retour), monte au village de La Châtelaine en vue duquel subsistent les ruines, peu importantes et difficilement accessibles, d'un *vieux château*. Les vestiges de cette forteresse se trouvent au-dessus du rocher d'où jaillit la grande source de la rivière. Si l'on suit le ch. de La Châtelaine, on aura soin, pour raccourcir, de prendre, à l'entrée du bois, le premier ch. de char très escarpé, à g., qui se prolonge par un sentier conduisant jusqu'à l'église du village.

Retour des Planches à Arbois par le même itinéraire (**4.5** — Côtes : 2' et 2' — Pavé : 3').

Pour mémoire. — D'Arbois à Champagnole, par Montrond (**11.5**), le pont de Gratteroche (**6**) et Champagnole (**4.7** — *V.* page 28).

Cette r., tracée à mi-côte, s'élève, découvrant un magnifique panorama sur le vallon du *creux de la Cuisance*. A six kil. d'Arbois, on atteint le faîte de la montée et le bord du plateau, en laissant à g. le ch. de La Châtelaine (1.3 — *V.* ci-dessus).

Trajet légèrement accidenté sur le plateau de Molain qu'ombrage la *forêt des Moisdons-Vieblanche*.

Cinq cents m. avant d'arriver à Montrond, on rejoint la r. de Poligny à Champagnole, puis l'on traverse un nouveau plateau boisé jusqu'au pont de Gratteroche.

Du pont de Gratteroche à Champagnole, *V.* page 28.

A la sortie d'Arbois, on franchit de nouveau la rivière près de l'église (esplanade plantée de magnifiques marronniers) et on laisse à g. (**0.2**) la r. de Champagnole (*V.* ci-dessus). Celle de Poligny, à dr., présente de grandes ondulations sur des versants de coteaux recouverts de vignes. Côte d'un kil. (12'), puis descente de deux kil. suivie d'une nouvelle rampe, douce au début, ensuite plus dure pendant deux kil. (30'); à g., se détache (**4**) le ch. de Pupillin (3), village qu'on aperçoit au sommet d'une colline renommée pour ses vins.

Dépassé Buvilly (**2.4**), une descente de trois kil. conduit à l'entrée de **Poligny** (Ch.-l. d'arr. — 4.321 hab.

— Vins estimés. — Café de la *Paix*), où l'on rejoint
(**3.3**) la r. de Mont-sous-Vaudrey (19) à Champagnole.
Tournant à g. on montera l'avenue *Wladimir-Gagneur*,
en bordure de la *promenade Piquet-Bergère*, pour
atteindre le pavage (3') de la *Grande-Rue*. Suivre la
Grande-Rue, à dr., jusqu'à hauteur du nᵒ 47 où se trouve
situé, à g., l'hôtel *Central* (**0.7**).

Excursion recommandée au départ de Poligny.

— La **culée de Vaux** (5 kil. 600 m., aller et retour. —
Côte : 40' — Pavé : 4').

Itinéraire : La Grande-Rue aboutit à la place *Nationale*,
(**0.3** — Pavé : 2'), ornée d'une fontaine monumentale, à dr., et de la
statue du général Travot, à g. Sur cette place, se détache à g. la
r. de Champagnole (*V.* ci-dessous) qui remonte le vallon supérieur
de la *Glantine*. Celui-ci, long de trois kil., encaissé entre les
hauteurs de *Grimont* et du *Dam*, forme la *culée de Vaux*. Pour le
visiter il faut suivre la r. de Champagnole pendant deux kil. et demi.
(Côte : 40').

La r. passe au village de Vaux-sur-Poligny (**1.5**) où se
trouvent à dr., un petit séminaire (chapelle moderne), et, un peu plus
loin (**0.2**), du même côté, l'entrée du parc de M. Milcent (à l'intérieur du parc, cascade de la *Glantine*). Après un premier tournant,
on monte la r. jusqu'à hauteur de la *borne 48* (**0.8**) pour avoir une
belle vue d'ensemble de la culée de Vaux et de Poligny.

Retour à Poligny par le même itinéraire (**2.8**).

Pour mémoire. — De **Poligny à Champagnole**, par
Vaux-sur-Poligny (2), auberge Chez-Lolo (2). Montrond (8). le
pont de Gratteroche (6) et Champagnole (**1.7** — *V.* page 28).

Cette r. remonte le frais vallon supérieur de la *Glantine*, appelé
aussi la *Culée de Vaux*. Au delà du village de Vaux-sur-Poligny,
on s'élève par un dur lacet pour gagner l'auberge *Chez-Lolo*, située
sur le bord du plateau.

La r., toute droite, se déroule ensuite sur le plateau ondulé
qu'ombragent en partie la *forêt de Poligny* et les *bois de Malro-
cher*.

Cinq cents m. avant d'arriver à Montrond, on rejoint la r. d'Arbois à Champagnole; puis l'on traverse un nouveau plateau boisé
jusqu'au pont de Gratteroche.

Du pont de Gratteroche à Champagnole, *V.* page 28.

DE POLIGNY A LONS-LE-SAUNIER

Par Montchauvrot, Maulfans, Saint-Germain-les-Arlay, Voiteur, la grotte de Baume-les-Messieurs, Voiteur et Le Vernois.

Distance : **51** kil. **600** m. *Côtes :* **2** h. **27** min.
Pavé : **11** min.

Nota. — Route accidentée ; succession de côtes et de descentes, peu longues mais nombreuses.

Avoir soin de quitter Poligny de bon matin afin d'arriver pour l'heure du déjeuner soit à Voiteur, soit à l'hôtel de la grotte de Baume-les-Messieurs.

A la sortie de l'hôtel *Central*, la *Grande-Rue*, à g., (Pavé : 2') aboutit sur la place *Nationale* (**0.3**); traverser cette place en biais, entre une fontaine, à dr., et la statue du général Travot, à g., en laissant à g. la r. de Champagnole (*V.* page 45). Deux cents m. plus loin (Pavé : 1'), la r. de Lons-le-Saunier, tournant brusquement à dr., vis-à-vis le ch. de Fay (11.5). s'éloigne de la montagne, et, quelconque, descend doucement vers une plaine légèrement plissée; deux côtes (3' et 7').

Après le passage à niveau de la *ligne de Lons-le-Saunier*, on néglige à g. (**4.7**) le ch. de Voiteur (12 — *V.* page 47), par Saint-Lothain (2) et Passenans (6), plus court mais peu recommandable; petite côte (2'). La r. infléchit au S., à travers les taillis du *bois Ravin*, et dépasse successivement, à dr., le ch (**1**) de Tassenières (13), puis, après trois côtes (7', 2' et 5'), celui (**3**) d'Aumont (9).

Descente douce; on domine à g. un paysage plus intéressant, mouvementé par des vallonnements qu'arrosent la *Brenne*; nombreux villages entourés de vignobles estimés. Un ch. vers Passenans (2.7) s'écarte à g. (**2.6**), et une r. vers Dôle (34) s'éloigne à dr. (**0.1**). Forte côte (20') au hameau de Montchauvrot (**0.8**) pour franchir un petit col.

Sur le versant opposé, une agréable et longue descente, passant par Mauffans (**2.3**), mène dans le beau bassin de la *Seille*; à g., de l'autre côté de la plaine, le bourg de Château-Chalon (*V.* ci-dessous) apparait perché sur un roc escarpé. On franchit la Seille, et, par une légère montée, on gagne Saint-Germain-les-Arlay (**2.9**).

A l'entrée de ce village, abandonner la r de Lons-le-Saunier (11) et prendre à g. le ch. de Voiteur qui traverse la plaine. A Domblans (**3** — plusieurs cafés-rest.), on croise la ligne du ch. de fer et bientôt on arrive au village de **Voiteur** (**1.5** — Ch.-l. de c. — 1.107 hab. — Hôt. du *Cerf*), blotti dans un bouquet de verdure, au croisement de la r. de Lons-le-Saunier (11) à Champagnole (31).

Si l'on veut faire la petite ascension de **Château-Chalon** (superbe vue; célèbre *vin jaune de garde*), on devra tourner à g. sur la r. de Champagnole et s'arrêter, deux cents m. plus loin, à dr. à l'hôtel du *Cerf* (**0.2**) pour y déposer sa bicyclette, à moins qu'on veuille monter en machine jusqu'au bourg par la r. (1 kil. 500 m. de côte depuis Voiteur; à pied, par le ch. de raccourci, l'excursion demande environ 1 h. 1/2, aller et retour)

Dépassé l'hôtel du *Cerf*, la r. franchit la Seille. Deux cents m. après le pont, abandonnant la r de Champagnole, qui s'éloigne à dr. et décrit de grands détours en rampe douce, on gravira vis-à-vis l'ancien ch. rocailleux du *Vieux-Mont*. Ce ch. croise une première fois la r. et la rejoint, dans le haut, près de Château-Chalon. Ici, coupant encore une fois la r. et, appuyant à g , on se dirigera vers les ruines de l'ancien château (peu importantes). Des ruines se rendre à l'église de Château-Chalon, bourg autrefois fortifié, puis redescendre à Voiteur.

Dans Voiteur, traversant la r. de Lons-le-Saunier à Champagnole, on continuera vis-à-vis par le ch. de Baume-les-Messieurs. Au delà de l'église, à la bifurcation, suivre le ch. à g. Il s'élève légèrement et remonte la vallée de la Seille; vue intéressante sur le promontoire de Château-Chalon, à g., et sur le *château de Charrin* (couvent d'Ursulines), à dr., dans Voiteur.

Après Nevy-sur-Seille (**2** — Côte : 5'), au premier embranchement (**0.8**), laissant à g. le ch. de Blois (**3.3**), dans le vallon de la Seille, on continuera le ch. à dr., qui franchit la rivière, pour remonter le vallon du *Dard;*

nombreuses sinuosités, avec descentes et côtes (2', 2', 1', 2' et 2').

Le hameau de Lapeyrouse (**3**), au pied de deux immenses rochers, formant un portail gigantesque, précède la curieuse et belle région des *roches de Baume*; suivre le ch. à dr. qui traverse le Dard et se dirige vers Baume, par la rive g., tout en négligeant un petit vallon latéral à dr.

On passe au milieu d'un bouquet de noyers, laissant sur la g. le gros du village de Baume-les-Messieurs (**1.2** — A voir : l'église dépendante de l'ancienne abbaye : nombreuses pierres tombales, sarcophages remarquables, magnifique triptyque, cloître et cours), ainsi que deux autres courts vallons adjacents. On gravit (2', 5', 5' et 1') à dr. la partie supérieure et aride du ravin du Dard, délimité à g. par un formidable éperon de rocher, ayant la forme d'un colossal bastion.

La rampe s'accentue (12') pour atteindre l'extrémité du ravin, sorte de cul-de-sac encaissé au bas d'un hémicycle grandiose de parois abruptes. Ici, se trouve situé l'hôtel des *Grottes* (**2**). à l'ombre d'un groupe de marronniers ; s'arrêter à l'hôtel pour déjeuner avant la visite de la grotte.

La grotte de Baume-les-Messieurs est ouverte aux visiteurs tous les jours : le matin, à 9 h. et à 10 h. 1/2 ; le soir, à 1 h., 2 h. 1/2 et 4 h. On achète les tickets d'entrée au chalet du guide aux prix de : 1 fr. jusqu'à la *salle du Carrefour* et de 2 fr. jusqu'à la salle du *Catafalque*. La durée de l'exploration complète de la grotte (facile et intéressante ; très belles salles entièrement éclairées à la lumière électrique ; 950 m. de profondeur) demande env. 1 h.

Derrière l'hôtel, un sentier bien tracé conduit (10') au chalet du guide, puis à l'entrée de la grotte principale. Dans le voisinage, il existe encore deux autres grottes, mais beaucoup plus petites : la grotte des *Ossements* et la *grotte des Tufs* (entrée : 10 c.).

Le cycliste qui, après la visite de la grotte, voudrait gagner directement Lons-le-Saunier sans repasser par Voiteur, ni voir le château du Pin (*V.* page 49), pourra assez facilement gravir à pied (20') le sentier, vis-à-vis l'hôtel, qui conduit à un escalier taillé dans le roc (on peut y passer en portant sa machine), appelé les *échelles de Crançot*.

Au sommet de l'escalier, un ch., sur le plateau, mène (0.5) à la **r.** de Champagnole à Lons-le-Saunier qu'on suit à dr. pour gagner Pannessières (**5.5**) et descendre ensuite à la r. (**3.7**) de Clairvaux à Lons-le-Saunier. Celle-ci, à dr., entre dans Lons-le-Saunier par la rue du *Jura* (Pavé : 2'), où se trouve situé l'hôtel de *Genève et de Paris*, à g., au n° 17 (**1.3** — *V.* ci-dessous).

Retour de la grotte de Baume-les-Messieurs à Voiteur (**9** — Côtes : 2', 3', 2', 4', 2', 2' et 2') par le même itinéraire.

Dans Voiteur, suivre à g. la r. de Lons-le-Saunier. Elle s'élève graduellement sur une plaine mamelonnée (Côtes : 3', 5', 2', 3' et 2') que jalonnent à dr. deux collines couronnées par le village de Montain et le *château du Pin*. Descente au Vernois (**3**), puis nouvelle succession de petites montées (2', 4', 2' et 7'); la plus longue (10') croise le passage à niveau de la station de Montain-Lavigny (**1.9**). Ayant contourné le monticule du château du Pin. on atteint le faîte de la rampe, à l'embranchement (**1.1**) du ch. du village du Pin (0.6) qui se détache à dr.

De ce même côté, un autre ch., plus escarpé, monte (8') au **château du Pin** (0.5) dont le massif donjon est en partie assez bien conservé. Pour visiter, s'adresser au gérant qui occupe le premier étage du donjon (gratification — chambre de Henri IV, belle vue).
Retour à la r. de Lons-le-Saunier (**0.5**).

Après une descente, coupée par deux montées (3' et 2'), on rejoint (**3**) la r. nationale de Poligny (27) à Lons-le-Saunier ; tourner à g. vers **Lons-le-Saunier** (Ch.-l. du dép' du Jura — 12.166 hab. — Cafés de *Genève;* du *Balcon* — Établissement thermal — Vins mousseux de *l'Étoile).*

On entre en ville par la rue de *Besançon* (Pavé : 8') prolongée, au delà de la place *Perraud,* par la rue du *Commerce.* Celle-ci, bordée de maisons à arcades, mène à la place de la *Liberté* où se dresse a dr. la statue du général Lecourbe.

Sur cette place, tourner à g., et, suivant la rue du *Jura,* qui longe le Théâtre, on arrivera à l'hôtel recommandé de *Genève et de Paris,* situé à dr., au n° 17 (**1.8** — Ateliers de réparations pour les machines, garage, chez M. J. Mazel, 6, rue *Rouget-de-l'Isle).*

Visite de la ville de Lons-le-Saunier (environ 1 h. 1/2).
— A la sortie de l'hôtel, tourner à g., et, parvenu à hauteur du
Théâtre, prendre à dr. la rue des *Cordeliers*, où se trouve l'église
de ce nom, à dr., au n° 9. Plus loin, suivre à g. la rue *Sébile* et,
arrivé aux arcades de la rue du *Commerce*, biaiser à dr. pour se
diriger vers le bâtiment de l'Hôtel de Ville qui renferme le Musée
(ouvert le dimanche et le jeudi, de 2 h. à 4 h.).

Devant l'Hôtel de Ville, la rue *Tamisier*, ou la rue *Lafayette*, un
peu plus à dr., près de l'Hôtel-Dieu, ramènent l'une et l'autre à la
place de la *Liberté*.

Traverser la place et continuer, de l'autre côté de la statue du
général Lecourbe, par la rue *Saint-Désiré*. On croise le petit quai
de la *Mégisserie*, en bordure de la rivière souvent à sec de la *Vallière*, et l'on arrive devant l'escalier de l'église *Saint-Désiré*, celle-
ci adossée au jardin de la Préfecture.

La rue de la *Préfecture*, à g. de l'escalier, conduit au croisement
de l'avenue *Gambetta* (à dr., direction de la gare); suivre l'avenue à
g., puis, au bas, tourner à dr. sur le quai de la *Mégisserie*. On
coupe la rue *Rouget-de-L'Isle* et l'on traverse la rivière au deuxième
pont à dr.

Le quai aboutit vis-à-vis le parc où sont situés le Casino et l'Établissement thermal (eaux bromo-chlorurées sodiques employées en
bains dans le traitement des affections atoniques).

Revenir en ville par la r. de Clairvaux, à g. du parc; cette r.
longe la *promenade de la Chevalerie*, à dr., et, prenant bientôt le
nom de rue du *Jura*, passe devant le Palais de justice et le bâtiment du Séminaire, avant de ramener à l'hôtel.

**Excursion recommandée au départ de Lons-le-Sau-
nier.** — **La région centrale des lacs, Doucier et la
vallée du Hérisson** (81 kil. 100 m., aller et retour —
Côtes et parties à faire à pied : 7 h. 31' — Pavé : 4').

Cette excursion, l'une des plus intéressantes du Jura, qui peut se
faire aussi au départ de Champagnole (*V.* page 31), permet de
visiter la superbe région des lacs, comprise entre Doucier et Le Pont-
de-la-Chaux.

Pour abréger le parcours sur route, on pourra se rendre en ch. de
fer de Lons-le-Saunier à Châtillon (*V.* page 51 — Prix : 2 fr. 45,
1 fr. 65, 1 fr. 05; trajet en 45 min ; premier départ de Lons-le-
Saunier vers 8 h. du mat.). De la gare de Châtillon (Hôtel
Benoît, le ch., descendant passe sous la ligne et rejoint (0.7) la r.
de Doucier qui franchit plus bas l'*Ain*.

L'excursion étant longue et fatigante, il sera préférable de la partager en deux en couchant à Doucier.

Itinéraire : A la sortie de l'hôtel de *Genève et de Paris*, suivre à dr. la rue du *Jura* (Pavé : 2'), début de la r. de Clairvaux. On quitte cette r. après la voûte de la *ligne de Mouchard* (**1.3**), pour prendre à g. la r. de Champagnole.

Celle-ci gravit en biais, pendant six kil. et demi (1 h. 30'), le versant vignoble de la montagne et passe au-dessus du tertre sur lequel s'étage le village de Pannessières (**3.7** — Hôt. du *Mont-Jura*). De ce côté, dans le lointain on aperçoit le *château du Pin* (*V.* page 49).

Après une grande courbe dans les *bois de Perrigny*, la r., revenant vers le S., atteint le plateau. Parvenu à hauteur de la *borne 23.7* (**3.1**), il faut abandonner la r. de Champagnole (*V.*, en sens inverse, page 38) et prendre à dr. le ch. de Châtillon.

Légère descente vers Vevy (**2**); à la sortie de ce village, on laisse à g. le ch. de Crançot (2.5) et, continuant à dr., on traverse une région d'abord ingrate, parsemée de landes. Trois côtes (5', 15' et 5') sur un chaînon boisé mènent ensuite à hauteur de la *borne 9* (**7**), à l'entrée d'un petit couloir de rochers ouvrant sur le bassin de l'*Ain* ; très belle vue.

Descente rapide, longue de trois kil. et demi (deux tournants brusques), pour contourner le monticule qui cache Châtillon, à mi-côte. A l'entrée de cette localité, se détache à g. (**8.3**) le ch. de Pont-du-Navoy (**9**); plus bas, hors du village, on laisse à dr. (**0.6**) celui de la **gare de Châtillon** et de Pont-de-Poitte (10), par Blye (5).

On traverse le passage à niveau de la *ligne de Champagnole*, ensuite l'Ain, au bas de la descente (**1.1**). Après le pont, la r. s'élève (30') sur un plateau de pâturages dominant les sévères méandres de la rivière, puis parcourt des landes mamelonnées creusées à dr. par le ravin du *Hérisson*.

Une seconde r. venant de Pont-du-Navoy (**9**) rejoint la nôtre (**3.1**) avant de descendre au village de **Doucier**, situé au pied de beaux escarpements de roches crénelées. Au bas de la descente, on arrive à la petite place de la Poste, au-dessous de l'église, où se trouve l'hôtel *Lamy* (**1.2**).

Doucier est le point de départ pour aller visiter : 1° la *vallée du Hérisson* avec ses lacs et ses nombreuses cascades; 2° le *lac de Châlin*.

De Doucier à Champagnole, par Fontenu et le *lac de Châlin*, *V.* page 33; au Pont-de-la-Chaux. *V.*, en sens inverse, page 31.

Les automobilistes qui visitent la vallée du Hérisson doivent laisser leur voiture en garde à l'hôtel *Lamy*, on se rend ensuite, soit à pied, soit en voiture légère de louage, au *moulin Jacquand* (**8.7**) par le ch. du Touring-Club de France guère praticable que pour les cyclistes (*V.* page 52).

De retour à Doucier, les automobilistes, qui, au lieu de retourner à Lons-le-Saunier, voudraient encore visiter Ilay, les

lacs de *La Motte*, de *Narlay* et de *Maclu*, puis se rendre dans
la direction du Pont-de-la-Chaux (*V.* page 39) et de Champagnole, devront gravir, vis-à-vis l'hôtel *Lamy*, la r. d'Ilay
par Songeson (**4**) et Ménétrux-en-Joux, en laissant à g. trois
ch. dans la direction de Cheyrotaine. De la sortie de Ménétrux, à hauteur de la *borne* 23 (**3.5**), jusqu'à Ilay et au Pont-de-la-Chaux (**7.9**), *V.*, en sens inverse, page 32.

Laissant à dr. la r. de Clairvaux (13), on monte, vis-à-vis l'hôtel,
la r. de Songeson (Côte: 2'); puis, quittant cette dernière presqu'aussitôt, on prend à dr. le ch. du Touring-Club de France qui
conduit à la cascade du Hérisson.

Ce ch., passable pour les cyclistes, ondule (Côtes: 2', 2' et 1')
au pied des escarpements boisés et rocheux qui bordent la vallée; à
travers des hêtraies, on entrevoit à dr. le *lac de Chambly*. Après le
hameau de Chambly (**4**), on côtoie le *lac du Val*; puis le ch.
passe au hameau du Val-Dessous (**1.8**) et, restant sur la rive
dr. de la rivière, monte (**4**'), ensuite descend pour gagner le hameau
du Val-Dessus (**1.5**) resserré dans un paysage pittoresque; deux
petites montées (2' et 2'). Ayant laissé à g. (**1.3**) le ch. de Ménétrux-en-Joux, on aboutit au **moulin Jacquand** (**0.1**) où il
faut déposer en garde sa machine.

L'excursion complète à pied des gorges et des cascades du Hérisson, depuis le moulin Jacquand jusqu'au hameau et à la *cascade
du Saut-Girard*, par le sentier du Club Alpin, demande environ
2 h. 1/2, aller et retour. Cependant on pourra se contenter d'aller
seulement jusqu'à la deuxième grande cascade (*V.* ci-dessous).

Le sentier de l'admirable gorge commence à g. du moulin et conduit (5') vis-à-vis le *Grand-Saut*, une des plus belles cascades
connues (70 m. de hauteur). De là, on grimpe des zigzags très durs
pour atteindre (5') la *passerelle Durier* où l'on franchit le torrent.
De l'autre côté de la passerelle, négligeant à dr. le sentier de Bonlieu, ainsi que celui d'Ilay et du Saut-Girard, on continuera à g.
par le *sentier des Cascades*. Celui-ci mène (10') à la *passerelle
Lacuzon* qu'on traverse pour passer près d'une caverne (5') creusée
dans la falaise. Plus loin, on arrive (4') en face de la deuxième
grande cascade du Hérisson, appelée le *Niagara Jurassien*, tombant du haut d'une immense paroi de rochers, en forme d'hémicycle (55 m.). Le sentier, accroché à cette paroi, fait le tour de
l'hémicycle et, passant entre le rocher et la chute d'eau, regagne la
rive g.; mais, ce parcours étant dangereux, il vaut mieux revenir sur
ses pas à la passerelle Lacuzon (5') qu'on traverse pour reprendre
à g. (si l'on ne veut pas revenir d'ici au moulin Jacquand) le sentier
du Saut-Girard.

On atteint ainsi (4') l'ancienne passerelle Lacuzon, au pied même
de la cascade, qu'on néglige à g., pour gravir le sentier escarpé à
dr. Celui-ci rejoint le sentier dangereux qui passe derrière la chute;

puis, inclinant à dr., s'élève en biais sur le flanc de la falaise. Un peu plus haut, dans le bois, on laisse à dr. (*1'*) le *sentier du Val* qu'il faudra suivre au retour.

Continuant à gravir la falaise (main-courante aux endroits difficiles), on atteint une grande élévation et le niveau de la partie supérieure de la cascade; vue magnifique. Le sentier pénètre alors dans le défilé très ombragé des *Étroits*, agrémenté de plusieurs ravissantes cascatelles, et débouche (18'), à l'angle d'un vieux pan de mur (*château Garnier*), sur une petite prairie. Ici, incliner à dr. et, guidé par le bruit d'une autre chute d'eau, qu'on laisse à g., on arrive (15'), à l'extrémité de la prairie, au *moulin de Franois*. Le ch., demeurant sur la rive g. de la rivière, traverse encore des taillis et d'autres prés, avant d'aboutir (15') au hameau du Saut-Girard.

Continuer le ch. jusqu'à une petite propriété particulière flanquée de deux tourelles carrées. C'est devant cette propriété (5') que tombe la *cascade du Saut-Girard*, la dernière du Hérisson.

Le hameau du Saut-Girard est situé à quatre cents m. seulement au-dessous du hameau d'Ilay (*V.* page 32).

Du Saut-Girard revenir au moulin Jacquand (45').

Du moulin Jacquand regagner Doucier (**8.7** — Côtes : 3', 2' et 4') par le même ch. du Touring-Club de France.

Le cycliste qui, au lieu de retourner à Lons-le-Saunier, voudrait encore visiter Ilay, les *lacs de La Motte*, de *Narlay* et de *Maclu* et se rendre dans la direction du Pont-de-la-Chaux (*V.* page 39) et de Champagnole, devra, cent m. après avoir quitté le moulin Jacquand, prendre à dr. (**0.1**) le ch. de Ménétrux-en-Joux. Ce ch. mal entretenu, mais praticable à pied, s'élève très durement (40'), en biais, sur l'escarpement E. de la falaise boisée de la vallée. Ayant atteint le plateau, aux premières maisons de Ménétrux-en-Joux, on continuera à dr., au-dessous d'une bordure de tilleuls, pour rejoindre la bonne r. de Doucier à Ilay à hauteur de la *borne 23* (**2.3**).

De la *borne 23* à Ilay et au Pont-de-la-Chaux (**7.9** — Côtes : 25', 4', 3' et 3'), *V.*, en sens inverse, page 32.

De retour à Doucier, si l'on ne veut pas revenir à Lons-le-Saunier par le même itinéraire (32 kil.), on prendra à g., vis-à-vis l'hôtel *Lamy*, la r. de Clairvaux qui, après avoir traversé le Hérisson, passe par Collondon (**2**) et Charcier (**3**); plusieurs côtes (1 h.).

Au delà de Charcier, on suit le versant droit de la *Syrène*, petit affluent de l'Ain, qu'on franchit au-dessous du village de Charézier (**2.8**); sur la rive g., la r. contourne le promontoire qui s'avance entre la vallée de la Syrène et celle du *Drouvenant*.

Un kil. avant d'arriver au village de Vertamboz, on quitte (**2.3**) la r. de Clairvaux pour descendre à dr. et traverser le Drouvenant; de l'autre côté de la rivière, laissant à g. le ch. de Boissia, con-

tinuer à dr. Le ch. rejoint (**1.5**) la r. de Lons-le-Saunier à Clairvaux, à hauteur de la *borne* 59.9.

De cet embranchement à Lons-le-Saunier (**20.1** — Côtes :
1 h. 15' — Pavé : 2'), par Pont-de-Poitte et Conliège, *V.* en sens
inverse, page 55.

Pour mémoire. — De **Lons-le-Saunier** à **Champagnole**, *V.*, en sens inverse, page 38.

De **Lons-le-Saunier** à **Saint-Claude**, *V.* page 67.

De **Lons-le-Saunier** à **Nantua**, par Perrigny (**2.2**),
Conliège (**1.8** — Ch.-l. de c. — 818 hab. — Hôt. *Louis-Marion*),
Revigny (**2**), Le Relais des Monts (**3.5**), Poids-de-Fiole (**1.5**),
Marnézia (**2.5**), Dompierre (**2**), **Orgelet** (**5** — Ch.-l. de c. —
1.490 hab. — Hôt. de la *Croix-Blanche* — A voir : l'église Notre-
Dame, la promenade de l'Orme, la Vierge du Mont-Orgier), Merlia
(**2.5**), Sancia (**4.5**), Chamberia (**1.5.** ◆ Ruines), Ugnan-Savi-
gna (**3**), Chatonnay (**2**), **Arinthod** (**1** — Ch.-l. de c. —
965 hab. — Hôt. *Malfroy.* — A voir : l'église), Chisséria (**1.5**),
Saint-Hmetière-Chemilla (**2.5**), Anchay (**3.5**), Thoirette-le-
Pont (**8.5**), Matafelon (**3.5**), Condamine (**2.5**), **Izernore** (**3.5** —
Ch.-l. de c. — 932 hab. — Aub *Rosset*), Saint-Germain-de-Béard
(**3.5**), La Cluse (**3.7**) et Nantua (**3.2** — *V.* page 79).

De Lons-le-Saunier au café-rest.: *Au Relais des Monts*, *V.*
page 54. (Jusqu'à cette bifurcation, par *le ch. de fer vicinal*, prix :
1 fr. 35 ou 0 fr. 95; trajet en 1 h. 5 min.).

La r. d'Orgelet, à dr., se dirige au S. sur le plateau; après
Dompierre, elle descend vers la *Torreigne* et franchit cette
rivière.

Au delà du hameau de Merlia, on longe le versant droit de la
vallée de la *Valouze*, profondément encaissée. Dépassé la station
d'Ugna-Savigna, on traverse successivement la Valouze, puis le *Val-
zin*, laissant le village de Chatonnay sur une colline de la rive
dr. qui domine le confluent de la *Valouze* et du *Valouzon*. Plus
loin, la r. abandonne la vallée de la *Valouze* et, tournant à l'E.,
monte vers Arinthod.

On roule sur un long plateau, fortement ondulé, puis on gravit un
petit col, après Anchay. La r. descend ensuite vers la vallée de
l'*Ain* qu'on rejoint au pied de la longue montagne de *Cury* ; on
franchit l'Ain à Thoirette-le-Port.

Grande côte pour gagner Matafelon d'où une descente conduit au
bord de l'*Oignin*. De l'autre côté du pont sur cette rivière, une
petite montée précède l'embranchement d'un ch. à g. qui mène à Samognat (**1.5** — Aub. *Chalamel*), village situé à un kil. du *saut de Char-*

mine. magnifique chute formée par l'Oignin (demander un guide à l'auberge de Samognat).

Côte très dure après Condamine pour gagner le plateau d'Izernore. A l'entrée de ce village, on remarque, à g. de la r., trois colonnes, restes d'un temple romain. On retrouve les rives de l'Oignin près de Saint-Germain-de-Réard et l'on descend vers la vallée-plaine arrosée par l'Oignin et l'*Ange*.

De La Cluse à Nantua, ravissant trajet en bordure du *lac de Nantua*.

DE LONS-LE-SAUNIER A MOREZ

Par Perrigny, Conliège, Revigny, Nogna, Pont-de-Poitte. Patornay, Clairvaux, Cogna, Bonlieu, La Chaux-du-Dombief, Saint-Laurent-du-Jura, Les Marais et Morbier.

Distance : **60 kil. 300** m. *Côtes :* **1 h. 39 min.**
Pavé : **2 min.**

Nota. — La longueur des côtes rendant cette étape un peu fatigante, on pourra utiliser le *ch. de fer vicinal* jusqu'à Pont-de-Poitte (si l'on désire visiter le *saut de la Saisse* voisin de ce village) ou même jusqu'à Clairvaux. Cette intéressante ligne longe la route et découvre par conséquent le même paysage (prix : jusqu'à Pont-de-Poitte, 2 fr. 10 ou 1 fr. 45, trajet en 1 h. 35 min.; jusqu'à Clairvaux, 2 fr. 60 ou 1 fr. 85, trajet en 2 h. Premier départ de Lons-le-Saunier à 6 h. du mat.).

La route monte depuis Conliège; côte dure de trois kil. et demi après Revigny. Entre Clairvaux et La Chaux-du-Dombief, la rampe, presque continuelle, est en partie faisable. Magnifiques sites du creux de Revigny, du lac de Bonlieu et de la cluse d'Ilay.

Quittant l'hôtel de *Genève et de Paris*, on suit à dr. la rue du *Jura* (Pavé : 2') qui commence la r. de Clairvaux. Celle-ci passe entre la *promenade de la Chevalerie* et le *parc de l'Établissement thermal*, et, longeant la ligne du ch. de fer vicinal, remonte insensiblement la vallée de la *Vallière*.

Après la voûte de la *ligne de Mouchard*, on laisse à
g. (**1.3**) la r. de Champagnole (*V.*, en sens inverse,
page 38); puis, un peu plus loin. du même côté, le village de Perrigny (**0.9**). On traverse le bourg de **Conliège** (**1.8** — Ch.-l. de c. — 818 hab. — Hôt. *Louis-
Marion*. — Montée : 3') au pied de versants plantés de
vignes. La rampe, douce jusqu'ici, s'accentue pour
gagner Revigny au fond de la vallée (**2**).

A la sortie de Revigny, se détache à dr. la *vieille
route*, très escarpée et caillouteuse, qui raccourcit d'un
kil.; la nouvelle r., dont la rampe est moins dure, présente une côte de trois kil. et demi (55'), épousant les
contours du beau cirque de falaises du *creux de Revigny;* au-dessus de la r. grimpe la ligne du ch. de fer
vicinal, franchissant de hardis viaducs, suspendus au
flanc de la montagne. On croise cette ligne (**3.5**): une
première fois avant d'atteindre le bord du premier
plateau du Jura, et. une seconde fois, après l'auberge
du *Retour de la Chasse*.

Traversée d'une vaste plaine où les pâturages alter-
nent avec les landes. Petite descente à la station de
bifurcation de la ligne du ch. de fer vicinal (**2** — Café-
rest. : *Au relais des Monts*), située à l'embranchement
de la r. d'Orgelet (*V.* page 51), de Moirans (29) et de
Saint-Claude (51), qu'on néglige à dr.

Celle de Clairvaux monte (3'), puis descend à Nogna
(**1.7**); à g., le donjon ruiné du *château de Beauregard*
apparaît sur un sommet, au-dessus des bois qui ver-
dissent le chainon de l'*Heute*. Après une courte montée
(2'), on descend rapidement vers le bassin de l'*Ain* par
le petit vallon de la *Doye*. A son débouché, on passe à
Thuron (**3.1** — Montée : 2'), puis l'on atteint Pont-de-
Poitte (**1.1** — Hôt. *Poncet*), gros village où se détache
à dr. une r. vers Orgelet (10).

La r. d'Orgelet conduit à l'embranchement (6) du ch. de **La
Tour-du-Meix**, à g. Ce village (**2**), sur la rive g. du ruisseau de
Borre, dans un site des plus pittoresques, est au pied d'une grande
falaise qui porte le hameau de Saint-Christophe et les ruines d'un
château, autrefois résidence des abbés de Saint-Claude. Près de
Saint-Christophe, on voit un curieux ouvrage de fortification, en

pierres sèches, long. de 275 m. et épais de 2 m., appelé le *mur des Sarrasins*.

Dépassé La Tour-du-Meix, en suivant à g. le ch. de Meussia, on pénètre dans le défilé ou *cluse de la Pile*, brèche naturelle, attribuée par la tradition au travail des Romains ou des Sarrasins; puis, par une descente en lacets rapides, on atteint le **pont de la Pile (2.3)** jeté sur les gorges grandioses de l'Ain.

A Meussia (**6**) se trouve une station de la *ligne de Claircaux à Saint-Claude*.

A l'extrémité de Pont-de-Poitte, ayant dépassé la r. d'Orgelet, on traverse un beau pont de pierre sur l'Ain.

Avant le pont, un ch. à dr., qui longe la rivière et passe devant une scierie, conduit aux *forges de la Saisse* (**0.6**) de la Cᵗ des Forges de Franche-Comté. Près de ces forges, à un tournant du ch., s'élève à g. une petite cabane peinte en noir; en traversant cette cabane on aura une très belle vue du formidable bond de la rivière d'Ain, dit le **saut de la Saisse**, s'engouffrant dans les crevasses d'un large seuil de roches.

La r. ayant franchi la rivière, dont les eaux coulent sur de curieuses roches creusées en forme d'éponges, monte aussitôt dans Patornay (**0.4** — Côte : 12') ; belle vue sur les méandres de l'Ain qui baignent des pâturages et des landes, entourés à l'horizon d'une ceinture sévère de monts. On parcourt une large plaine, laissant successivement à g. : à hauteur de la *borne 30.9* (**1.7**), le ch. de Doucier, par Vertamboz (2.5 — V. page 53) ; et, un peu plus loin (**0.9**), le ch. de Doucier (**10**), par Boissia, ce dernier village peu éloigné de la r.

Après avoir gravi (12') un gradin de pâturages, on descend vers Clairvaux, petite ville sur un promontoire pittoresque qui domine le vallon du *Drouvenant*. Parvenu au bas de la descente, tourner à g., vis-à-vis l'édicule du *poids public*, et traverser le pont sur le bief de la *Joux*; à dr., on aperçoit à une certaine distance le *lac de Clairvaux*, étalé au milieu des prairies.

De l'autre côté du pont, négligeant à g. la rue *Neuve*, on montera (3') dans **Clairvaux** (Ch.-l. de c. —976 hab. — Hôt. *Waille*; *Ethevenard* — Excursion à la cascade de La Frasnée, V. page 68) par la rue d'*Augeon* qui conduit à la place du *Commerce*, où s'élève l'église (**2.7**).

Ici, laissant à dr. la r. de Saint-Claude (35), on continuera devant soi par la *Grande-Rue*, la place des *Halles* et la rue du *Bourg*. Au tournant de cette dernière, se détache, vis-à-vis, la *vieille route* à la pente très rapide ; de ce côté on entrevoit, un peu à g., sur une esplanade plantée de beaux arbres, la *tour de la Prison*, dernier vestige d'un château important, aujourd'hui disparu.

La r. passe au-dessous de la promenade ombragée du *Parterre*, à dr., et descend traverser le Drouvenant ; elle s'élève ensuite (8') vers le village de Cogna (**1.6**) et ne cesse de monter en rampe plus ou moins dure (Côte : 30').

Après avoir contourné une colline, au milieu d'une région découverte, la r., tracée en corniche au-dessus de falaises rocheuses, revient dominer à une grande élévation la vallée du Drouvenant ; très belle vue sur le large ruban de prairies de cette vallée, en aval, et sur les roches sauvages qui l'enserrent en amont.

On gravit ensuite une série de mamelons, recouverts d'étroits pâturages qu'entourent des haies et des arbustes (Côte : 17'), avant de déboucher par une descente douce sur le versant du vallon sauvage du *Ronay* ; à g., le petit village de Bouzailles aligne ses maisons au pied d'une muraille de roches.

La r., décrivant une courbe, franchit le Ronay et monte de nouveau (Côtes : 12', 17' et 5') ; à g., se détache (**7.9**) le ch. de Pont-de-Poitte (14.5), par Saugeot (1.5).

Au delà de Bonlieu (**1.7**), village jadis appelé *les Petites-Chielles*, un ch. qui s'écarte à dr., à hauteur de la *borne* 47.1 (**1.8**), conduit au *lac de Bonlieu*.

Ce ch. descend, croise un autre ch., ainsi que le ruisseau provenant du lac, puis monte (3') pour passer devant deux jolies propriétés particulières. On descend ensuite au hameau de Bonlieu (**1**) composé de quelques habitations, du petit restaurant du *Lac* et d'une maison forestière. Celle-ci, en vue du lac, occupe une partie de l'emplacement de l'ancienne *chartreuse de Bonlieu*, dont il ne subsiste plus rien. Vis-à-vis, le **lac de Bonlieu** (long. 750 m. ; larg. 300 m.) s'étend au fond d'un creux, dans un site alpestre, à la base des sombres sapinières qui tapissent le flanc escarpé de la montagne.

Retour à la r. de Saint-Laurent (1 — Côte : 4').

La r. de Saint-Laurent descend légèrement dans un frais vallon ombragé de sapins, elle laisse à g. (**1.2**) le ch. d'Ilay (1.2 — *V.* page 32) et franchit le ruisseau venant du lac de Bonlieu.

On monte (35') à travers bois, au-dessus du pittoresque bassin d'Ilay et du Saut-Girard, tandis qu'à g., entre les arbres, miroite au loin la nappe du *lac de La Motte* (*V.* page 32); un second ch. d'Ilay (1.3) rejoint la r. (**1.5**). Celle-ci, sortant des bois, gravit en lacets la magnifique *cluse d'Ilay*, ouverte dans la *chaîne du Maclu*, où prend naissance la rivière du *Hérisson*.

On passe au-dessous de superbes rochers pour atteindre le bord du second plateau jurassien et le bourg de La Chaux-du-Dombief (**1.7**).

Une agréable descente de treize cents m., au milieu d'un cirque de pâturages dont on fait le tour, mène au pont sur le ruisseau du *Dombief*. Après un nouveau lacet en rampe douce, on passe à proximité du petit *lac du Rotay*, à dr.; puis la montée s'accentue (15' et 8') et l'on pénètre dans un bois de sapins. A la sortie du bois reparaissent les pâturages entremêlés de landes : petite descente au hameau de La Chaumusse (**1.9**).

On s'élève (5') en contournant un monticule et on laisse à dr. (**1.1**) la r. de Saint-Claude (29).

La r. de Saint-Claude, légèrement descendante, au milieu de vastes pâturages, plissés de rides rocheuses, mais dépourvus d'ombrage, passe aux hameaux de Salave-de-Vent (**0.5**), des Poncets (**0.8**) et des Chauvins (**2.5**); elle conduit plus loin au hameau des Guillons (**1.7**), situé à l'une des extrémités du beau **lac de Grandvaux** (larg. 2 kil.; long. 500 m.), dit aussi de *l'Abbaye*, en souvenir de l'ancien *couvent de Grandvaux* dont l'église des Guillons est le dernier reste.

La r. franchit le passage à niveau de la *ligne de Champagnole à Morez* et entre dans le village de **Saint-Laurent-du-Jura** pour se joindre à la r. de Champagnole, vis-à-vis l'hôtel recommandé du *Commerce* (**0.8**).

De Saint-Laurent-du-Jura à **Morez** (**12.5** — Côte : 35'), *V.* page 40.

DE MOREZ AU COL DE LA FAUCILLE

Par Gouland et Les Rousses.

Distance : **26** kil. **500** m. *Côtes :* **2** h. **35** min.

Nota. – Cette route offre un des plus pittoresques parcours qu'on puisse faire dans le Jura.

La longue côte de huit kil. qui précède Les Rousses rendant l'étape un peu dure, le cycliste pourrait se faire conduire de Morez aux Rousses, soit en voiture de louage (6 à 8 fr.), soit en diligence (*Messageries du Jura*, 1 fr. 50 par place; ou *Messageries Suisses* 1 fr. 70 par place, départ le matin vers 7 h. 15. Ces deux services de diligences acceptent les bicyclettes, mais sans garantie).

Des Rousses au col de la Faucille, le trajet est partie en rampe douce, partie à plat.

Ne pas oublier de faire plomber sa bicye'tte ou de réclamer un *passavant* (pour automobile) au bureau de la *douane française*, aux Rousses. En omettant cette formalité on serait dans l'obligation, au retour en France, soit du pays de Gex. soit de Suisse, de payer des droits d'entrée comme pour une machine neuve. En cours de route, avoir soin du plomb; une bonne précaution pour éviter de le perdre est de l'entourer d'un morceau d'étoffe qu'on liera avec une ficelle.

Au départ du *Grand-Hôtel de la Poste*, monter à g. la r. des Rousses; la côte, longue de huit kil., commence aussitôt (1 h. 50'). On franchit une seconde fois la *Bienne*, à l'octroi de Morez (**0.9**), en laissant à dr., de l'autre côté du pont, le ch. de Lamoura (19).

La r. s'élève au milieu d'un beau paysage de montagnes et domine le fond de la vallée qu'égayent de nombreuses scieries. On gravit de grands contours, au-dessus des ravins adjacents à la Bienne, pour passer au hameau de Gouland (**3.5**); vue superbe sur la vallée élargie, environnée d'une ceinture de hauts sommets couverts de bois et de pâturages. Plus loin, on aperçoit à dr. les bâtiments trapus du *fort des Rousses*.

Au village des Rousses (**3.9** — Hôt: de *France* — Belle vue du vallon de Joux et du *lac des Rousses* de la terrasse de l'église), situé sur le troisième plateau jurassien, la r., tournant brusquement à dr., laisse à g. le ch. des Landes-d'Amont (*V.* ci-dessous) et passe, à hauteur des dernières maisons, devant le bureau de la *douane française*.

Douane française. — Les cyclistes et les automobilistes, ou motocyclistes, se dirigeant vers la Suisse doivent s'arrêter au bureau de la *douane française*, aux Rousses; les premiers, pour faire plomber leurs bicyclettes; les seconds, pour réclamer un *passavant descriptif* (15 c., valable un an; les passavants d'automobiles ne sont pas délivrés le dimanche).

Pour mémoire. — Des **Rousses** à **Orbe** (Suisse), par Les Berthet (**3.5**), La Bourbe (**2**), Les Landes-d'Amont (**5.5**), Le **Brassus** (**6** — Hôt. de la *Lande*), Le Golay (**2**), Le Sentier (**1.5** — Hôt. *Guignard*), Grient-de-l'Orbe (**1**), Aux Brioux (**3.5**), L'Abbaye (**4** — Restes de l'abbaye de Cornens), Le Pont (**2** — Hôt. du *Lac-de-Joux*; de la *Truite*), Vaulion (**8.5**), Romain-môtier (**6.3** — Hôt. de l'*Étoile* — A voir : l'église), Croy (**1.5**), Bofflens (**2.2**), Agiez (**2**) et Orbe (**2.2** — *V.* page 96).

Cette jolie r., qui descend toute la *vallée de Joux*, une des plus manufacturières du Jura, passe à proximité du *lac des Rousses* (long. 2 kil.; larg. 400 à 500 m.), origine de l'*Orbe* dont le cours arrose la vallée, limitée à l'O. par le *Mont-Risoux* et, à l'E., par la chaîne du *Mont-Tendre*.

On entre en Suisse au hameau des Landes-d'Amont, puis l'on gagne Le Brassus, ensuite le beau village industriel du Sentier.

Du Sentier, on vient reprendre la r. de la rive E. du *lac de Joux* (long. 8 kil. 1/2, larg. 1 kil.; excellentes truites) pour passer au village de l'Abbaye, puis à celui du Pont, celui-ci situé au pied de la *dent de Vaulion*, à l'extrémité N. du lac de Joux qui est séparé du petit *lac Brenet* par une digue.

Au delà du Pont, la r. descend la vallée du *Nozon* jusqu'à Croy.

Du Brassus à **Rolle**, par le **col de Marchairuz** (**8** — Alt. : 1.450 m. — Aub.), Gimel (**10** — Hôt. des *Bains*; de l'*Union*) et Rolle (**7.5** — *V.* page 91).

Des Rousses à **Nyon** (Suisse), par le **col de Saint-Cergues,** *V.* page 67.

A la sortie des Rousses, la r. de la Faucille monte doucement sur les pâturages du Platelet (Côte : 5') et gagne le hameau de La Cure (**2.5**), sur la lisière de la frontière suisse, où se détache à g. la r. de Nyon, par Saint-Cergues.

La r. de Nyon, qui pénètre en Suisse au hameau de La Cure (*douane suisse;* pour les formalités à remplir en entrant en Suisse, V. page 45), monte en rampe douce, puis traverse presqu'à plat le **col de Saint-Cergues** (Alt : 1.160 m.), ouvert entre les massifs du *Noirmont,* au N., et de la *Dôle,* au S.; elle descend ensuite en corniche dans une gorge sauvage, très boisée.

Après le village vaudois de Saint-Cergues (**7.3** — Hôt. de l'*Ob-servatoire;* des *Etrangers* — Station climatérique), on descend par huit larges lacets, sous bois, vers la plaine suisse. La r. passe à Trélex (**9.7** — Hôt. du *Lion d'Or*) avant d'atteindre Nyon (**4.3** — V. page 91), petite ville située sur le bord du *lac Léman.*

La r. de la Faucille, sur le territoire français, suit à quelques m. la ligne frontière, jusqu'à la limite du dép¹ du Jura. Elle s'élève (Côtes : 2', 12' et 12') par un large circuit sur des pâturages solitaires, complantés de sapins; puis, infléchissant vers l'O., parcourt presqu'à plat le *val des Dappes,* petite vallée de pâtures, sans eau, longue de trois kil. et à peine large de cent m., qui fut longtemps un sujet de litige entre la France et la Suisse.

Parvenu à hauteur de la *borne 118.3,* on atteint la maison isolée du Tabanio (**5.3**).

Derrière la maison du Tabanio, part un sentier en rampe douce qui monte à la **Dôle** (Alt. : 1.680 m.; montée, 1 h. 15'; guide utile qu'on pourra demander à Tabanio), un des principaux sommets du Jura d'où l'on découvre un panorama de toute beauté sur le lac de Genève et sur toute la chaîne des Alpes.

La r., sinueuse, traverse une sapinière, tandis qu'à dr. commence à se creuser la combe du *val de Mijoux* où prend naissance la *Valserine;* on passe du dép¹ du Jura dans celui de l'Ain (**1.6**).

Après avoir dépassé les maisons isolées de La Mal-combe (**0.8**) et de La Vasserode (**1.0**), la r., en corniche sur de grands escarpements boisés, domine le profond et vaste couloir formé par la large vallée découverte de la Valserine. On rencontre encore les deux auberges

de La Conrade (**1**) et de La Vattay (**1.5**), puis, au delà
d'un petit bois (Côte : 4'), une maison cantonnière
(**1.3**), située à l'angle de la nouvelle r. qui descend à
Mijoux (6 — *V.* ci-dessous).

Un peu plus loin, après une rampe (10'), toujours ombragée, on laisse à g. (**1.1**) le sentier qui conduit au
Mont-Turet (ascension : 30' — panorama superbe) et
l'on atteint le **col de la Faucille** (**0.9** — Alt. :
1.323 m.) ouvert, au milieu des sapins, entre le *Mont-
Rond* et le *Mont de la Vieille-Maison*.

Au col de la Faucille, les touristes trouveront l'hôtel de *La
Faucille*, excellent établissement, situé dans une des meilleures
stations du Jura soit comme cure d'air, soit comme centre d'excursions faciles dans la montagne; le séjour à la Faucille est très
égayé par un passage incessant de promeneurs, de cyclistes et
d'automobiles.

A l'angle de l'hôtel, se détache à dr. la vieille r. qui descend à Mijoux (8.7), un peu délaissée, à cause de sa pente trop rapide, depuis
l'établissement de la nouvelle r. de Mijoux (8.3), qu'on a dépassée
à dr., deux kil. trois cents m. avant le col, en venant des Rousses
(*V.* ci-dessus).

C'est par l'une de ces deux r. que l'on doit descendre à Mijoux
(*V.* page 73), si, voulant d'abord visiter la vallée de la Valserine, on
compte se rendre ensuite, soit vers Nantua, soit vers Genève, par
Bellegarde.

Une particularité de la Faucille consiste dans la vue du *Mont-
Blanc* dont le massif apparaît exactement dans l'axe du col; toutefois le col de la Faucille occupant le milieu d'un défilé, entre des
roches et des pentes boisées de sapins, il faut, pour jouir de la vue,
descendre la r. vers Gex, sur une distance de huit cents à quinze
cents m. au delà de l'hôtel, jusqu'à hauteur de la *borne 9.6* ou de
la *borne 10.3.*

Pour mémoire. — Du col de la Faucille à Genève :
1° par Mijoux et Bellegarde, *V.*, en sens inverse, de Mijoux au col
de la Faucille, page 74; de Mijoux à Bellegarde, page 74; de Bellegarde à Genève, page 85. 2° Par Mijoux, Nantua et Bellegarde,
V. de Mijoux à Nantua, page 77; de Nantua à Bellegarde, page 83;
de Bellegarde à Genève, page 85.

DU COL DE LA FAUCILLE A GENÈVE

Par Gex, Segny, Ornex, Ferney-Voltaire et Le Grand-Sacconnex.

Distance : **28** kil. **800** m. *Côtes :* **35** min. *Pavé :* **2** min.

Nota. — Du col de la Faucille jusqu'au delà de Gex la descente est ininterrompue. Une seule rampe, un peu longue, de deux kil., en partie douce, se présente entre la frontière et Le Grand-Sacconnex.

Pour ce qui concerne la circulation à bicyclette, ou en automobile, sur les routes suisses, *V.* page XII.

Au delà du défilé du col de la Faucille, la r., admirablement entretenue, descend très rapide; elle laisse à g. **(0.3)** *l'ancienne route*, aujourd'hui impraticable aux voitures; puis, à dr. **(0.2)**, le sentier qui mène à la *Redoute* (promenade à pied : 10').

Au fur et à mesure qu'on descend la vue embellit : à l'horizon, l'éblouissante chaine du *Mont-Blanc* domine le lac et la ville de Genève, celle-ci au pied des grandes stratifications inclinées du *Mont-Salève;* plus rapprochée, s'étend la fertile campagne du pays de Gex.

La r. passe devant la *fontaine Napoléon,* abritée sous un curieux couvert, à la base des falaises rocheuses du *Mont-Turet;* ensuite, se repliant sur elle-même en cinq lacets, dévale les versants du *Florimont.*

A l'entrée de la petite ville de Gex (**10.9** — Ch.-l. d'arr. — 2.878 hab. — Hôt. du *Commerce*), se détache à g. le ch. de Divonne-les-Bains.

Le ch. de Divonne passe à Vesancy (**3**), village au pied des contreforts du *Mont-Turet* et conduit à **Divonne-les-Bains** (**4.5** — 1.624 hab. — Hôt. de la *Truite*). Cette station balnéaire, adossée au *Mont-Mussy,* est très fréquentée; elle possède un *établissement hydrothérapique* reconnu comme un des plus beaux et des plus complets d'Europe.

Dans Gex, la r. passe au bas de la terrasse de l'Hôtel de Ville et laisse à g. **(0.3)** le ch. de la station (0.4). Le cycliste, n'ayant plus qu'à suivre la ligne du tramway de *Gex à Genève*, néglige à dr. le ch. de Saint-Genis (10.3), puis, hors la ville, le ch. (**0.6**) de Sauverny (5), à g.

La r. descend entre des haies, serpentant à travers une contrée féconde que protège la grande chaine du Jura. On passe sous la voûte de la *ligne de Bellegarde à Divonne*, ensuite, la pente s'adoucit. On rencontre successivement le village de Cessy (**1.1**), le hameau de La Lioude (**0.5**) et, après une plaine, Segny (**2.1**). Deux courtes montées (3' et 2') précèdent Maconnex (**1.1**), puis Ornex (**2**).

La descente reprend entre Ornex et **Ferney-Voltaire** (**1.6** — Ch.-l. de c. — 1.232 hab. — Hôt de *France*), localité dont la création est due à Voltaire lorsqu'il se retira au *château de Ferney*.

Vis-à-vis la première maison du village de Ferney (habitée jadis par la nièce de Voltaire), se détache à dr. le ch. de Moens, avenue ombragée qui conduit devant la grille d'entrée du château **0.2**).

Le **château de Ferney** (ouvert de 2 h. à 6 h., le mercredi, du 1er juin au 15 octobre) renferme le curieux ameublement de la chambre à coucher et de l'antichambre de Voltaire, tel qu'il existait en 1778.

Au centre du village de Ferney (**0.5**), on croise le ch. de Versoix (6.3) à Meyrin (1); puis, après avoir traversé des prairies et monté la légère rampe de la Tuilerie, on atteint, dans le voisinage de quelques maisons, la frontière délimitée par un ruisseau (**1.5**).

De l'autre côté du petit pont, la r., sur le territoire suisse, gravit (30') le monticule sur lequel est étagé le gracieux village de Grand-Saconnex. A mi-côte, on devra s'arrêter au bureau de la *douane suisse*, à dr. (**1**), pour remplir les formalités exigées.

Douane suisse. — Le cycliste, pénétrant en Suisse, doit acquitter les droits d'entrée de sa bicyclette, ou de son motocycle, qui sont comptés à raison de 70 fr. les 100 kilog. La douane délivre un *certificat de contrôle*, valable pour un an, et plombe la machine

3

dans le cas où celle-ci n'aurait pas de marque ou de numéro. Les droits ainsi payés sont remboursés, sur le vu du certificat de contrôle, à la sortie de Suisse, quel que soit le bureau auquel on se présente.

Si le cycliste est membre du *Touring-Club de France*, ou de l'*Union vélocipédique de France*, il est dispensé de la consignation des droits et des formalités de douane sur la simple présentation de sa carte de sociétaire. Mais il est nécessaire que cette carte soit en règle. A cet effet elle doit être de l'année courante, légalisée, et contenir : 1° le signalement de la machine (marque et numéro); 2° la signature du sociétaire; 3° sa photographie oblitérée par sa signature.

L'automobiliste doit acquitter les droits d'entrée de sa voiture comptés à raison de 20 fr. les 100 kilos. La douane plombe la voiture et délivre un *passavant*, valable pour six mois. Les droits ainsi payés sont remboursés, sur le vu du passavant, à la sortie de Suisse, quel que soit le bureau auquel on se présente.

Au delà du bureau de la douane, on contourne le tertre que couronne l'église du Grand-Sacconnex ; plus loin, la côte cesse à la *halte de Pommier*. Descente rapide de l'avenue de *Montbrillant*, bordée de parcs; au-dessus des arbres, apparait le grand rocher penché du *Mont-Salève*.

Au bas de la pente, après avoir dépassé la propriété portant le n° 11, à g., à la *halte de Pregny-Ariana*(**2**), se détache à g. la r. de Pregny.

Sur la r. de Pregny (Côte : 4') se trouve à dr., au n° 4, l'entrée du *parc Revilliod* (**0.4**). Au milieu de ce parc s'élève le bel édifice du *musée Ariana*. Celui-ci contient des collections remarquables de peintures, de sculptures, d'ivoires, de porcelaines, d'armures et de curiosités de tous genres et de tous pays (le parc est ouvert au public tous les jours ; le musée, le jeudi et le dimanche, les autres jours moyennant 1 fr. par personne, de 10 h. à 4 h. ou 6 h. suivant la saison).

Au delà du parc Revilliod, suivant la r. de Pregny, on arrive au *château Rothschild* (**1.1**) dont le parc renferme de vastes et magnifiques serres qu'on peut visiter (le mardi et le vendredi, de 3 h. à 6 h., en juillet et en août, et, de 2 h. à 5 h., en septembre et en octobre, avec cartes délivrées dans les hôtels de Genève).

Des terrasses de ces deux propriétés on jouit d'une vue admirable sur Genève et son lac.

On entre dans **Genève** par la rue de *Montbrillant* qui aboutit à la place du même nom, vis-à-vis le pont de la gare de Genève (**1.5**). Ici, tournant à g., on passera sous la ligne du ch. de fer et l'on descendra directement devant soi la rue du *Mont-Blanc* (Pavé : 2') jusqu'au *pont du Mont-Blanc* jeté sur le *Rhône*, à sa sortie du lac *Léman*.

Ayant franchi ce pont, on incline légèrement à dr. pour traverser un square, en laissant à dr. un petit bassin avec jeu d'eau. On croise le *Grand-Quai* et l'on s'engage, vis-à-vis, dans la rue *Céard* où se trouve situé à g., au n° 13, l'hôtel recommandé de l'*Europe* (**1.3**).

Nota. — Pour la visite de la ville de Genève, *V.* page 88.

DE LONS-LE-SAUNIER A SAINT-CLAUDE

Par Clairvaux, Châtel-de-Joux, Etival, Ronchaux, Les Crozets, Saint-Lupicin, Lavans et Etables.

Distance : **60** kil. **600** m. *Côtes :* **3** h. **45** min.
Pavé : **6** min.

Nota. — De Clairvaux à Lavans, une autre route passe par Soucia (**4**), Meussia (**6.5**), Charchilla (**4**), **Moirans** (**5** — Ch.-l. de c. — 1.301 hab. — Hôt. *Delatour*), Petit-Villard (**3.5**), Pratz (**6**) et Lavans (**3.5**). Cette route qui, au début, côtoie la rive du Grand-Lac du Clairvaux, puis domine le Petit-Lac, traverse ensuite, au delà de Soucia, un pays inculte, pierreux, sans ombrage, couvert de landes et creusé de ravins solitaires. C'est seulement en approchant de Moirans que le paysage change et devient pittoresque. Ce parcours, presqu'en rampe continuelle jusqu'à Pratz, est donc peu intéressant ; toutefois les touristes qui voudraient le connaître pourront profiter du *ch. de fer vicinal* dont la ligne longe constamment la r. entre Clairvaux et Pratz.

La route, par les Crozets, décrite ci-dessous, monte assez durement pendant huit kil., depuis Clairvaux ; ensuite rampe adoucie, ou terrain presque plat, jusqu'aux Crozets. Des Crozets à la vallée de la Bienne, la descente est à peu près continuelle durant onze kil : puis la montée reprend sans trop de raideur jusqu'à Saint-Claude.

De Lons-le-Saunier à la place du *Commerce*, à Clairvaux (**23.7** — Côtes : 1 h. 3?' — Pavé : 2'), *V*. page 55.

Dans Clairvaux, suivre, vis-à-vis la façade de l'église, la rue *Saint-Roch* début de la r. de Saint-Claude. Trois cents m. plus loin à l'angle du cimetière, on laisse à g. (**0.3**) le ch. de Crillat (1) conduisant dans la direction de la *cascade de La Frasnée*.

Le ch. de Crillat remonte la vallée du *Drouvenant*, entourée de gigantesques murailles de roches. l'arvenu à la première bifurcation (2), abandonner le ch. de Crillat qui franchit la rivière, à g., et continuer à dr. Plus loin. on traverse le Drouvenant (**1.7**), puis l'on atteint le petit village de **La Frasnée** (**2.1**), au confluent des ruisseaux de *Châtel-de-Joux* (*V*. ci-dessous) et du Drouvenant.

Ce dernier a sa source au-dessus de La Frasnée et forme une cascade tombant de la paroi à pic de la *Côte des Biefs*. Un sentier, aménagé par le club Alpin, permet de visiter cette cascade, superbe à l'époque des grandes pluies.

A l'extrémité du mur du cimetière, la r. bifurque (**0.2**); négligeant l'*ancienne route*, à g., on continuera par la nouvelle, à dr. Celle-ci domine les rives E. du *Grand-Lac de Clairvaux* (long. 1.100 m.; larg. 400 à 700 m.) et du *Petit-Lac* (long. 700 m.; larg. 500 m.), étalés dans un plan de prairie; puis, s'élevant (Côtes : 45', 15', 6' et 15'), traverse la *forêt de la Joux* sur une longueur de cinq kil.

A la sortie des bois, on atteint le petit village de Châtel-de-Joux (7) et sa modeste église, à l'extrémité d'un joli vallon ; à g., dans le lointain, apparaissent les roches de la vallée du *Drouvenant* (*V*. ci-dessus). On s'élève encore (15') au milieu de sapinières, entourant un tapis de prairies, jusqu'à hauteur de la *borne 9* où la côte cesse.

Le village d'Etival (**2.8'**, sur un étroit plateau de maigres cultures, donne son nom au deux *lacs d'Etival* qu'une croupe rocheuse masque à g. Cependant, après une courte montée (3' et 2'), il sera facile d'apercevoir ces deux nappes d'eau du village suivant de Ronchaux (**1.7**).

A l'entrée de Ronchaux, un sentier, à g., gravit (3') un tertre surmonté d'une statuette de la Vierge. De ce tertre, on peut voir les deux *lacs d'Etival*, au pied d'une longue paroi de rochers.

La r. remonte (Côtes : 4' et 4') un val resserré de prairies pour atteindre le pittoresque village des Crozets (**1**), situé au point culminant du passage, sur le bord supérieur de l'une des belles combes boisées qui donnent naissance aux ruisseaux affluents de la *Bienne*; vis-à-vis, se dessinent les crêtes dentelées de la principale chaine des *monts du Jura*.

Magnifique descente de cinq kil. dans la combe des Crozets; puis, le vallon s'élargissant, sur des landes, bossuées de roches, on découvre une superbe vue dans la direction du bassin de la Bienne ; à g., se détache (**1**) le ch. de La Chaux-des-Prés (8.3).

On franchit le ruisseau des *Crozets*, deux kil. plus loin, aux moulins de Ravilloles (**2**), environnés d'amas rocheux. Après une côte (7'), la r., de niveau pendant un kil., domine à g. une région fortement mamelonnée vers laquelle se dirige (**1.9**) le ch. de Valfin (7). De ce côté, on dépasse un monticule couronné d'une statue de la Vierge et l'on arrive par une nouvelle descente au village de Saint-Lupicin (**0.9** — Eglise renfermant les reliques de saint-Lupicin).

La r. se rapproche de la ligne du ch. de fer vicinal de *Lons-le-Saunier à Saint-Claude*, qu'on croise plusieurs fois en descendant par de grands lacets vers la vallée de la Bienne, d'où émergent de formidables roches, entourées d'une ceinture de hauts sommets. Dépassant un petit couloir, taillé dans le roc, on rejoint, au bas de Lavans (**2.1**), la r. de Clairvaux (32.2) par Moirans (12.7 — V. page 67).

Au pied des lacets, on franchit, dans un site très pittoresque, le pont sur la *ligne de La Cluse à Saint-Claude*, puis le pont sur le torrent de la Bienne, pour arriver (**3.2**) à la r. de La Cluse (V. page 70) à Saint-Claude.

Tournant à g. dans cette dernière direction, on remonte (Côte : 10') la rive g. de la Bienne, encaissée entre de grandes montagnes; très jolie vue du pont métallique du ch. de fer vicinal, réunissant deux roches qui forment une majestueuse porte naturelle au torrent. Après le hameau d'Etables (**1.5**), la montée, plus ou moins dure (3' et 4'), se termine par une rampe prolongée conduisant à l'entrée de **Saint-Claude** (Ch.-l. d'arr. — 10.146 hab. — Fabrique de pipes en bruyère, d'articles divers en os, en buffle et en buis), une des villes de montagne les plus pittoresques de France.

Après avoir franchi le hardi pont suspendu, jeté à 50 m. au-dessus du vallon du *Tacon*, on traverse la place de l'*Abbaye*; puis, inclinant à g., on descend la rue du *Marché*. Son prolongement, la rue du *Pré* (Pavé : 4'), principale artère de la ville, mène à l'avenue de *Belfort*, où se trouvent situés l'hôtel et le café recommandés de *France*, à dr., au n° 11 (**5**).

Visite de la ville de Saint-Claude (environ 1 h. 1/4). — A la sortie de l'hôtel, l'avenue de *Belfort*, à dr., passant devant la petite promenade du *Truchet*, où à été érigée une statue de Voltaire, conduit au viaduc de la Bienne. Traverser ce viaduc pour admirer le point de vue ; puis, revenant vers la ville, reprendre à dr. l'avenue de Belfort, ensuite la rue du *Pré*.

A l'extrémité de la rue du Pré, descendre à dr. la rue rapide de la *Poyat*. Au bas de cette rue, tourner à g.; on franchit sur un pont de pierre le Tacon, près de son confluent avec la Bienne (vue du pont suspendu à g.) et l'on entre dans le *faubourg Marcel*, principal quartier des fabriques de l'article dit de Saint-Claude.

Quelques m. plus loin, près d'une fontaine, gravir la ruelle, à g., qui conduit au pont suspendu. Franchir ce pont pour visiter à dr. la cathédrale Saint-Pierre, seul reste de la célèbre abbaye de Saint-Claude. Retour à l'hôtel par les rues du *Marché* et du *Pré*.

Pour mémoire. — De **Saint-Claude** à Morez, V., en sens inverse, page 41.

De **Saint-Claude** à Nantua, par Etables (**5**), Chassal (**5**), Molinges (**2**), Chiriat (**2.3**), Vaux-lès-Saint-Claude (**0.5**), Lavancia (**6.5**), Dortan (**2.3**), **Oyonnax** (**7.5** — Ch.-l. de c. — 4.652 hab. — Hôt. *Varin*), Alex (**1.5**), Martignat (**2.3**), Montréal (**1**), La Cluse (**1.5**) et Nantua (**3.2** — V. page 79).

Cette r. descend la rive g. de la magnifique et profonde vallée de la *Bienne* en épousant toutes ses flexions. Vis-à-vis Molinges, on aperçoit, sur la rive dr. de la rivière, la *cascade de l'Enragé*, dont le ruisseau sort d'une caverne ouverte dans un grand hémicycle de rochers; la vallée s'élargit.

Après la plaine de Lavancia, village laissé à g., la r. passe à Dortan, puis infléchit au S., en s'éloignant de la Bienne. On remonte le vallon du ruisseau d'*Arbent* pour atteindre le plateau qui précède la ville industrielle d'Oyonnax, celle-ci au pied des monts que boise la *forêt Macrelet*.

La r. se déploie ensuite en ligne droite et descend la belle vallée du ruisseau de l'*Ange*, longeant à g. le pied des hautes collines verdies par la *forêt de Niermes*.

Dépassé Alex, la vallée est limitée, à l'O., par l'arête de la *montagne de Beauregard*, et, à l'E., par les escarpements de la *forêt de Montréal*. On laisse sur la dr. le vieux bourg de Montréal, au bas d'un monticule qui porte les ruines d'un château; ensuite, franchissant un ruisselet, affluent de l'Ange, on arrive à La Cluse, village industriel au bord du *lac de Nantua*.

De La Cluse à Nantua, la r., véritable promenade, côtoie la rive N. du lac abritée par la *montagne du Don*.

DE SAINT-CLAUDE AU COL DE LA FAUCILLE

Par Septmoncel, Lajoux et Mijoux.

Distance : **28** kil. **200** m. *Côtes :* **5** h. **11** min.
Pavé : **1** min.

Nota. — Cette route, très montagneuse, traverse une des plus belles parties du Jura. Elle présente deux côtes fort dures : la première, longue de dix-sept kil., entre Saint-Claude et Lajoux, et la seconde, longue de trois kil. sept cents m., entre Mijoux et le col de la Faucille.

De Lajoux à Mijoux, belle descente de trois kil.

Dans le cas où l'étape paraîtrait trop fatigante, on pourrait se faire conduire de Saint-Claude à Lajoux, soit en voiture de louage (10 fr.), soit en diligence (*Messageries du Jura*, 3 fr. par place; départ le matin vers 8 h.).

On trouve de modestes mais convenables petits hôtels à Septmoncel, à Lajoux et à Mijoux.

Ne pas oublier de faire plomber sa bicyclette ou de réclamer un passavant (pour automobile) au bureau de la *douane française*, à Mijoux.

A la sortie de l'hôtel de *France*, suivre à g. l'avenue de *Belfort* et traverser la ville par la rue du *Pré Pavé* : 4') et la rue du *Marché* (Côte : 2') qui mènent à la place de l'*Abbaye* Sur cette place, prendre à g. la *route de Genève* en bordure de la cathédrale; on longe la. rive dr. de la vallée du *Tacon*, ayant une belle vue sur la ville de Saint-Claude et son pont suspendu.

Au hameau de Rochefort (**2.2**), la r. laisse à dr. le ch de Belleydoux (19), à l'entrée d'un petit pont suspendu sur le Tacon, puis, faisant un contour, franchit le torrent du *Gros-Dard* (**0.6**); ici commence une côte, presque ininterrompue, jusqu'à Lajoux (3 h. 57').

Après le hameau de L'Essard (**0.9**, on abandonne la vallée du Tacon, au S., pour remonter la superbe vallée du *Flumen*, à l'E. La r, taillée en corniche, passe sous le tunnel de la *Roche-Percée* (**1.8**): au fond du précipice, on aperçoit les *cascades du Flumen* jaillissant à l'issue d'une singulière gorge qu'on traversera bientôt.

Parvenu en vue de la cascade supérieure du Flumen (**1.5**). qui bondit au-dessous du pittoresque hameau des Moulins, suspendu au sommet de la gorge, on s'élève très durement, par des petits lacets, tracés en escalier, dans le ravin latéral de Montepile dont on croise trois fois le ruisseau. Celui-ci, au dessus du troisième pont (**0.8**), forme une petite chute, dite la *cascade du Chapeau de Napoléon Ier*, ainsi nommée à cause de la forme des curieux strates calcaires, situés dans le haut. un peu à g. de la chute, rappelant par leurs courbes la célèbre coiffure.

Au delà du hameau des Moulins (**0.7**). la r. atteint une hauteur vertigineuse et domine les nombreux lacets gravis dans le cirque de la gorge du Flumen; un peu plus loin, au hameau Sur-le-Dard, se détache à dr. (**1**) le ch. des Moussières (6.8).

On remonte un val escarpé de prairies pour gagner le village prospère et industriel de Septmoncel (**2** —

Hôt. des *Monts-Jura*; de la *Croix-d'Or* — Lapidaireries; fromages renommés).

La r., tracée sur un versant aride dont les roches grises présentent l'aspect d'une coulée de lave, s'élève plus doucement vers la partie supérieure du vallon couvert de pâturages Après le hameau du Rafour (**2.2**), laissant à *g* (**0.3**) le ch. de Morez (22 5), par Lamoura (**2.3**), on continue à dr.

Dépassé les quelques maisons de Saint-Lambert (**1**), la montée reprend plus dure; la r., en corniche, contourne un massif boisé et rocheux, découvrant une belle vue du plateau mamelonné de Septmoncel, puis traverse un petit bois de sapins. On atteint le haut plateau de Lajoux, bossué de pâturages, à la bifurcation (**1** *Alt.*: 1.180 m.) d'un second ch. de Lamoura qui se détache à *g*.; une courte descente mène ensuite au village de Lajoux (**0.5** — Hôt. *Benoit*).

La r. s'élève encore un moment (10'), puis descend en lacets, pendant trois kil., sur les pentes boisées du versant droit de la majestueuse vallée de la *Valserine*; en face, s'étend la grande chaîne du Jura où s'ouvre le col de la Faucille.

Au bas de la descente, on traverse la Valserine, sur la limite des dépts du Jura et de l'Ain, et l'on monte (2') dans le village de **Mijoux** pour atteindre le croisement de la r. de Chézery, devant l'hôtel de la *Valserine* (**5**).

Douane française. — Les cyclistes et les automobilistes, ou motocyclistes, doivent s'arrêter au bureau de la *douane française*, à Mijoux; les premiers, pour faire plomber leurs bicyclettes, les seconds, pour réclamer un *passavant descriptif* (15 c. — valable un an; les passavants d'automobiles ne sont pas délivrés le dimanche).

Ces formalités seront remplies, même dans le cas où, sans sortir de France, on se dirigerait soit vers Bellegarde, soit vers Nantua, par la vallée de la Valserine (*V.* pages 74 et 77).

En effet, cette partie du pays se trouvant dans la *zone neutre*, appelée aussi zone franche ou zone douanière, comprise entre la frontière suisse et une ligne conventionnelle tracée sur le territoire français enserrant une partie du dépt de l'Ain, on risquerait d'avoir à payer des droits, au retour, aux bureaux français de douane situés en arrière de la zone neutre.

Pour mémoire. — De Mijoux à Bellegarde, *V.* ci-dessous.

De **Mijoux** à **Nantua**, *V.* page 77.

Depuis Mijoux, on a le choix entre deux r. pour monter au col de la Faucille. L'ancienne r., dans le prolongement de celle qui vient de Lajoux, longue seulement de trois kil. sept cents m. (1 h.), mais de rampe très dure, gravit par des lacets aigus le versant E. de la vallée et aboutit directement au **col de la Faucille**, à l'angle de l'hôtel de la *Faucille* (**3.7** — *V.* page 63).

La nouvelle r., dite des Cerisiers, plus longue, de quatre kil. six cents m., sera choisie de préférence par les automobilistes. Elle se détache à g. de l'ancienne r., près de l'hôtel de la *Valserine*, et continue, cent m. plus loin, à dr., pour remonter doucement la rive g. de la vallée. A cinq kil. de Mijoux, on décrit un lacet qui fait rejoindre, dans le voisinage d'une maison cantonnière (**6**), la r. des Rousses à La Faucille. Suivant celle-ci à dr., on atteindra le col (**2.3**), situé à l'embranchement de l'ancienne r. venant de Mijoux.

Pour mémoire. — Du col de la Faucille à Genève, *V.* page 61.

DE MIJOUX A BELLEGARDE

Par Lelex, Chézery, Confort, Lancrans et Bellegarde.

Distance : **37** kil. **600** m. *Côtes :* **1** h. **23** min.

Nota. — Le parcours de la vallée de la Valserine, entre Mijoux et Bellegarde, est un des plus beaux qu'on puisse faire dans le Jura.

Les touristes qui veulent visiter Nantua et son lac, avant d'entrer en Suisse, devront à Chézery quitter la route de Bellegarde et suivre les itinéraires indiqués aux pages 77 et 83.

Ne pas oublier à Mijoux de remplir les formalités nécessaires de douane, même dans le cas où, sans aller jusqu'à Genève, on aurait l'intention, soit de s'arrêter à Bellegarde, soit de se diriger vers Nantua par Chézery (*V.* page 77).

A onze kil. de Mijoux la descente devient très rapide; cependant, après Chézery, il y a une forte côte de quatre kil.; puis la descente reprend, coupée par quelques ondulations passagères, jusqu'à Bellegarde.

La r., restant sur la rive g. de la *Valserine*, descend au milieu des larges pâturages de la vallée, dépourvue d'ombre au début; quelques rampes ou côtes (3' et 2') sans importance. On passe aux hameaux de La Lothière (**1.2**) et de Septfontaines (**1.8**) précédant le petit village de Lelex (**2** — Hôt. du *Mont-Jura*).

De Lelex part le sentier facile qui monte (2 h. 1/2 — guide utile) au **Crêt de la Neige** (Alt. : 1.723 m.), la cime culminante du Jura ; vue splendide.

Au delà de Lelex, deux petites côtes (2' et 7') font atteindre le hameau du Niezet (**3.1**); un raidillon (1').

Ici, la vallée se resserre brusquement; des escarpements boisés, ou abrupts, succèdent aux tapis de pâturages, tandis que la Valserine, devenue torrent impétueux, coule au fond de l'abime. Descente rapide, sous bois, dans une gorge qui présente de magnifiques contours. Dépassé une petite cascade, la r. double un énorme éperon rocheux, puis longe la base de colossales falaises, pour rejoindre le niveau de la rivière.

A la sortie de cet imposant défilé (Côte : 2'), après avoir franchi le ruisseau de la *Fontaine-Bénite*, on descend un moment un ravin aride, dévasté par le torrent, et l'on débouche dans le ravissant bassin de Chézery, planté d'arbres, au pied de superbes montagnes.

Au village de **Chézery** (**9** — Hôt. de la *Valserine* — Lieu de séjour), après avoir dépassé l'église, la r., infléchissant à g., laisse à dr. celle de Saint-Germain-de-Joux (direction de Nantua, *V.* page 77).

La r. de Bellegarde s'élève (12') au-dessus du bassin de Chézery pour gagner le hameau du Grand-Essert (**1.8**), suivi d'une descente; puis, taillée en corniche, remonte (35'), accrochée au flanc des escarpements qui surplombent l'étroit couloir, bordé de roches à pic, où

la Valserine se fraye un profond passage; le site est
grandiose. Sur la rive opposée, on aperçoit le tracé de
la r. de Chézery à Saint-Germain-de-Joux, traversant
plus loin les larges gradins de cultures de Champfromier
et de Montanges.

Descente et ondulations, en partie sous l'ombrage de
jolies hétraies, en passant aux hameaux du Cret (**1.1**),
de La Serpentouze (**2.1** — Raidillon : l') et de La
Mulaz (**0.6** — Montées : l', 3' et 3').

La r. se déploie ensuite, à peu près de niveau, sur
des terrasses qui dominent la vallée, très élargie, et
traverse le village de Confort (**1.5**). Après deux côtes
(2' et 5'), la descente, rapide, reprend au milieu des cultures et mène à Lancrans (**3**), autre village juché sur
le bord d'un gracieux vallon, complanté de peupliers,
de saules et d'oseraies.

La pente s'accentue à mesure qu'on se rapproche de
la Valserine dont la rive dr. se couvre pittoresquement,
aux environs de Bellegarde, de nombreux établissements industriels. On passe sous le grand viaduc du
ch. de fer avant d'arriver, au bas de la descente, à
Bellegarde (**3.5** — Grandes fabriques — Gare importante de bifurcation), ville située au croisement de
la r. de Nantua à Genève.

Si l'on fait étape à Bellegarde, il faut, au bas de la descente de
la r. de Chézery, tourner à dr. et traverser le pont sur la Valserine, rivière qui coule ici profondément dans un curieux couloir de
rochers. De l'autre côté du pont, à l'entrée de la place du *Marché*,
on doit s'arrêter au bureau de la *douane française* pour présenter
sa bicyclette plombée (ou exhiber son *passavant*, si l'on est en automobile ou à motocyclette).

Cette formalité remplie, on traversera la place du Marché, et,
laissant devant soi la r. de Seyssel (24), on montera à dr. (1') la rue
du *Commerce* (r. de Châtillon-de-Michaille). Dans le haut de cette
rue, parvenu vis-à-vis le viaduc du ch. de fer, tourner à g. pour
se rendre à l'hôtel recommandé de la *Poste*, situé à l'angle de l'a-
venue de la *Gare* (**0.3**).

Si l'on continue dans la direction de Genève, sans s'arrêter à Bellegarde, il faut, au bas de la descente de la r. de Chézery, tourner
à g. et monter la rue *Joseph-Marion*, dans Coupy.

De **Bellegarde** à **Genève**, *V*. page 85.

Excursions recommandées au départ de Bellegarde. — La perte du Rhône (1 kil. 400 m., aller et retour — Côte : 3'), V. page 85.

La perte de la Valserine (3 kil., aller et retour — Côte : 25'), V., en sens inverse, page 81.

DE MIJOUX A NANTUA

Par Chézery, Forens, Champfromier, Montanges, Trébillet, Saint-Germain-de-Joux, La Voute, Le Burlandier, Charix, le col de Sylan et Les Neyrolles.

Distance : **50 kil. 600 m.** *Côtes :* **1 h. 18 min.**

Nota. — Ce parcours, très beau, présente une longue côte entre Forens et Montanges; puis la route descend pendant trois kil. jusqu'au hameau du Trébillet. On remonte ensuite, en rampe modérée, la vallée de la Semine, du Trébillet à Saint-Germain-de-Joux; puis la vallée du Combet, de Saint-Germain-de-Joux au col de Sylan.

De Mijoux à Chézery (20.1 — Côtes : 17'), V. page 74.
Dans Chézery, après avoir dépassé l'église, on abandonne la r. de Bellegarde, pour prendre à dr. celle de Saint-Germain-de-Joux qui franchit la *Valserine*.

De l'autre côté du pont, on doit s'arrêter au poste de la *douane française* pour présenter sa bicyclette plombée (ou exhiber son *passavant*, si l'on est en automobile ou à motocyclette).

La r. s'élève (10') au-dessus des fraîches prairies du bassin de Chézery, puis descend au hameau de Forens (1.2), à cheval, dans un bouquet de marronniers, sur le petit torrent qui sort de la sombre combe ouverte entre les montagnes boisées du *Crêt-Chalam* et de la *Haute-Crête.*

La montée reprend, en corniche, pendant deux kil.
(25'), au-dessus de la profonde cluse de la Valserine;
vue magnifique de la vallée, en aval, à mesure qu'on
s'élève; la r. débouche sur une belle terrasse de culture pour descendre à Champfromier (**1.8**). Après une
côte (5') dans ce village, la descente continue au milieu
d'un ravissant décor de montagne; tandis que les
grandes rides rocheuses du *Mont-Ladai*, à g., masquent
le sillon encaissé de la rivière.

Légère rampe; peu à peu se déploie le vaste panorama de la vallée du *Rhône*, limitée au loin par de
majestueuses montagnes, sentinelles avancées de la
chaîne neigeuse des Alpes; on descend à Montanges (**1**).

La r., inclinant vers l'O., laisse à g. le rocher de Châtillon-de-Michaille (*V.* page 83), qui se dresse de l'autre
côté du confluent de la Valserine et de la Semine, puis
plonge dans cette dernière vallée; descente rapide de
trois kil. Au bas de la pente, on franchit la *Semine* pour
rejoindre, au hameau de **Trébillet** (**1**), la r. de ?
garde à Nantua.

Celle-ci, à dr., remonte, en rampe plus ou moins
douce (Côte : 20'), la rive dr. de la Semine. On passe au
hameau de Tacon (**0.6**), sur le ravin du *Tacon*, en vue
du viaduc à huit arches de la ligne du ch. de fer, à g.,
et l'on atteint le bas du village de Saint-Germain-de-
Joux (**2.5** — Hôt. *Reygrobellet*), au débouché de la
vallée supérieure de la Semine qui reçoit ici le *Combet*.

La r., laissant à dr. le ch. d'Echallon (6.5), suit la rive
g. du Combet et en remonte le joli vallon; après La
Voute (**0.3**), la rampe s'accentue (Côtes : 2', 2' et 20').
Dépassé le hameau du Burlandier (**2.1**), on franchit la
voie ferrée pour parcourir un agréable petit bassin de
prairies; à g., la gare de Charix-Lalleyriat (**1.5**) est
située vis-à-vis l'embranchement du ch. de Charix,
laissé à dr.

Le ch. de Charix remonte un frais vallon et conduit au village de Charix (**2.5**) puis au hameau du Village-d'en-Haut (**0.5**); il continue, médiocre et très montueux, par la *forêt de Puthod* pour aboutir au
petit **lac Génin** (**4** — Long. 300 m.; larg. 250 m.), admirablement
situé au milieu des pittoresques sapinières d'Echallon.

Dépassé la gare de Charix-Lalleyriat, on rencontre un hameau (**O.7**) dépendant de Charix (*V.* page 78), puis la r. pénètre dans un étranglement du vallon où s'allonge le **lac de Sylan** (long. 2 kil. ; larg. 250 m.), sévèrement encadré par les *roches de Champbraillard* et par des versants couverts de sapins. On contourne l'extrémité O. du lac près des fameuses *Glacières de Sylan* qui approvisionnent de glace Lyon et le midi de la France.

Une petite côte (4') précède le **col de Sylan** (**2.9** — Alt. : 623 m.); on descend ensuite dans un fond sauvage, entouré de beaux sommets, où prend naissance le ruisseau de *Merloz*.

On croise le ch. de fer, puis, après une montée (3'), on atteint le village pittoresque des Neyrolles (**2.6**). La r. descend rapidement et passe devant plusieurs scieries; elle se transforme en avenue en arrivant à **Nantua** (Ch.-l. d'arr. — 3.033 hab. — Café du *Paradis* — Ecrevisses et poissons renommés — Lieu de villégiature), petite ville située à l'extrémité d'un beau lac, au pied des roches arides du *Mont*, au N., et des versants plus boisés des *Monts-d'Ain*, au S.

Parvenu à hauteur de la place d'*Armes*, où s'élève à dr. l'église, on continuera à g. par la rue *Nationale*, dans laquelle se trouve, un peu plus loin à g., l'hôtel recommandé de *France* (**2.6** — Ateliers de réparations pour bicyclettes et automobiles, chez M. *Peloux*, avenue de la *Gare*).

Visite de la ville de Nantua (environ 30'). — A la sortie de l'hôtel de *France*, suivre à g. la rue *Nationale* qui conduit au champ de foire, planté d'un quinconce de platanes, au bord du lac.

Du champ de foire, revenir vers la ville, par la rue du *Collège*, à g. Celle-ci aboutit à la place d'*Armes*, près de l'église Saint-Michel. Regagner ensuite l'hôtel par la rue *Nationale*.

Excursion recommandée au départ de Nantua. — **Le tour du lac de Nantua** (**7** kil. **500** m. — Côte : 2')

Itinéraire : A la sortie de l'hôtel de *France*, suivre à g. la rue *Nationale*, puis, presqu'aussitôt, prendre la première rue à g. début de la r. du Port. Celle-ci franchit les petits bras du *Merloz*, ⌀. deux fois la ligne du ch. de fer, pour venir côtoyer le *lac de Nantua* (long. 2 kil. 700 m. ; larg. 500 à 700 m.) dont la belle nappe d'eau s'étale entre les deux pointes d'un magnifique croissant de montagnes , petite montée (**2**') à hauteur du tunnel.

. On croise encore la voie ferrée avant le village du Port. Dans cette localité, parvenu à l'angle du café *Chalon* (**3**), tourner à dr. pour passer à côté de l'église et gagner, à l'extrémité du village (**0.2**, la r. de Belley à Saint-Claude Prenant celle-ci à dr., on franchit de nouveau le ch. de fer ainsi que la rivière, qui sort du lac à l'E., dans le voisinage d'un petit château moderne; de ce côté, belle vue du lac; encadré par les montagnes.

Un peu plus loin, on entre dans le bourg de La Cluse, situé au croisement (**1.1**) de la r. de Bourg à Nantua. Celle-ci, à dr., présentant l'aspect d'une véritable promenade, garnie de bancs et ombragée par de beaux arbres, longe la rive N. du lac et ramène à Nantua (**3.2**) en passant devant le champ de foire.

La Chartreuse de Meyriat et la **chute de l'Albarine** (**67** kil. **600** m., aller et retour).

Itinéraire : De Nantua à Port (**3**), *V.* ci-dessus à l'excursion du *tour du lac de Nantua.*

Dans Port, continuant tout droit, on rejoint (**0.4**) la r. de La Cluse à Pont-d'Ain. Celle-ci, à g., longe le pied de la *montagne de Chamoise* et remonte la vallée de l'*Oignin* pour mener à Saint-Martin-du-Fresne. A la sortie de ce village (**3.5**), on abandonne la r. de Pont-d'Ain et l'on prend à g. la r. de Belley. Elle remonte la rive dr. du ruisseau de *Vaud*, pendant un kil.; puis, franchissant le ruisseau, pénètre dans la magnifique *forêt de Meyriat*, plantée de sapins et de hêtraies.

On gagne par une longue côte (1 h.) le bord du plateau de Chevillard d'où l'on domine à dr. le défilé de la vallée du *Valey;* à g., se détachent deux ch. (**3.7** et **2.3**) dans la direction du village de Chevillard. On franchit le Valey à la sortie des bois et l'on passe au-dessus des prairies où se voient à dr. les ruines, tapissées de lierre, de la *Chartreuse de Meyriat* **2.5**).

Un kil. plus loin, négligeant à dr. (**1**) l'ancienne r. — par laquelle on pourrait descendre vers la Chartreuse et aussi regagner Saint-Martin-du-Fresne 9 — *V.* ci-dessus), par le bas du superbe défilé du Valey — on continue la r. de Belley pendant un kil.; ensuite, la quittant (**1**), on prend à dr. le ch. d'Hauteville. Celui-ci se déploie sur le versant de la rive dr. de l'*Albarine* et passe à **Brénod** (**2** — Ch.-l. de c. — 836 hab. — Hôt. *Ménon*), sur un curieux plateau couvert de pics et de monts isolés les uns des autres; puis, ayant franchi la rivière, on rencontre successivement les villages de Champdor (**5**) et de Lompnes (**1.6** — Beau château).

De Lompnes, on se rend à **Hauteville** (**1.5** — Ch.-l. de c. — 729 hab. — Hôt. *Charret* — Sanatorium), village pittoresquement étagé au croisement de plusieurs routes, séjour d'été et centre d'excursions très fréquentes.

Continuant par la r. de Tenay, on traverse un beau bassin de prairies pour se diriger vers la brèche par laquelle s'écoule l'Alba-rine. On passe à la scierie du Trépond (**1.5**) et au hameau de Nan-tuy (**1**, en longeant le cours supérieur de la rivière. La r. descend dans une tranchée rocheuse et domine bientôt la *chute de l'Albarine* (**0.8**), à dr. La rivière, rebondissant ici en sauts consécutifs, tombe d'une hauteur totale de 150 m., au milieu d'un paysage splendide; la chute est surtout belle à l'époque de la fonte des neiges ou après les grandes pluies.

Retour à Nantua (**33.8**) par le même itinéraire.

Le **lac Génin** (**31** kil. **600** m., aller et retour), *V.* page 78.

Le **signal des Monts-d'Ain** (Alt. : 1.031 m. — durée de l'ascension à pied : 2 h.), ch. de char facile.

Pour mémoire. — De **Nantua** à **Lons-le-Saunier**, *V.*, en sens inverse, page 54.

De **Nantua** à **Saint-Claude**, *V.*, en sens inverse, page 70.

De **Nantua** à **Bourg**, trois itinéraires : A. — Par La Cluse (**3.2**), Saint-Germain-de-Béard (**3.7**), **Izernore** (**3.5** — *V.* page 54), Condamine (**3.5**, Matafelon (**2.5**), Thoirette-le-Port (**3.5**), Conflans (**3**), Corveissiat (**4**, Dhuys (**10**), Montmelle (**3**), Jasseron (**6**) et Bourg (**8** — Ch.-l. du dép¹ de l'Ain — 15.501 hab. — Hôt. de *France* - A voir : le Musée Lorin, l'église Notre-Dame, les statues de Bichat et d'Edgard Quinet, la promenade des Quin-conces. L'église de Brou, située à quinze cents m. de Nantua sur la r. de Pont-d'Ain, est considérée comme une des principales curiosités artistiques de la France).

B. — Par La Cluse (**3.2**), Nurieux (**4**), Serrières-sur-Ain (**11**), Hautecour (**1** — Grottes remarquables), Bohas (**3.5**), **Cey-zériat** (**7** — Ch.-l. de c. — 979 hab. — Hôt. *Blanc-Deschamp*), Saint-Just **3.5**) et Bourg (**4.5** — *V.* ci-dessus).

C. — Par Port (**3**). Saint-Martin-du-Fresne (**3.9**), Maillat (**1**), Ceignes (**4.7**). La Balme (**3**, Cerdon (**5** — Hôt. du *Tramway*). Leymiat (**3**). **Poncin** (**2** — Ch.-l. de c. — 1.724 hab. — Hôt du *Nord* — beau château: anciennes portes fortifiées), Neuville-sur-Ain (**2.5**), Thol (**1.5**). Oussiat (**1.5**), **Pont-d'Ain** (**2.3** — Ch.-l. de c. — 1.614 hab. — Hôt. *Beau*, La Chapelle (**4**). station de Cer-tines (**6.3**), Brou (**8.2**) et Bourg (**1.5** — *V.* ci-dessus).

Le premier des itinéraires ci-dessus, quoique le plus long, est choisi de préférence comme étant le moins dur et contournant une partie des montagnes du Jura qui séparent Nantua de Bourg.

De Nantua à Thoirette-le-Port, *V.*, en sens inverse, page 54.

A Thoirette-le-Port, ayant traversé l'Ain, on néglige à dr. la r. de Lons-le-Saunier pour descendre à g. la vallée et franchir la Va-

louse, affluent de l'Ain, au hameau de Conflans. La r. s'élève ensuite au-dessus des gorges et gagne le haut plateau de Corveissiat; puis, ayant gravi le *Mont de Racouse*, descend par deux grands lacets vers la vallée du *Surand* et passe près de l'*abbaye de Sélignac*.

Après le pont du Surand, nouvelle côte suivie d'une série de descentes et de montées.

Trois kil. au delà de Montmerle, on s'engage dans un défilé, ouvert entre le *Mont-Charvet* et le *Mont de Sanciat*, qui débouche, vis-à-vis Jasseron, dans la vaste *plaine de la Bresse*.

Le second itinéraire, de Nantua à Bourg, traverse, après La Cluse, la vallée baignée par les rivières de l'*Ange* et de l'*Oignin;* puis, au delà du hameau de Nurieux, gravit un chaînon pendant quatre kil. Une descente de sept kil. mène ensuite au pont suspendu de Serrières jeté sur l'*Ain*.

La r. escalade le *Mont du Crêt* par une côte de trois kil., puis descend vers Hautecour. On passe entre le *Mont de Hautecour*, à g., que couronnent les ruines d'une ancienne tour, et le *Mont-Rosset*, à dr.; traversée du *Surand*, dans la large vallée de Bohas.

Dépassé Bohas, il faut encore s'élever pour gagner le petit col situé entre le *Mont de Rignat*, à g., et le *Mont-July*, à dr. Du col, une belle descente conduit à Ceyzériat, au pied des contreforts du Mont-July, sur la limite de la *plaine de la Bresse*.

Le troisième itinéraire, de Nantua à Bourg, également très beau, est peut-être le plus roulant.

De Nantua à Saint-Martin-du-Fresne, *V.* à l'excursion de la *Chartreuse de Meyriat*, page 80.

A la sortie de Saint-Martin-du-Fresne, laissant à g. la r. de Belley, on continue tout droit par celle de Pont-d'Ain qui passe à Maillat. La r. contourne le *Mont de Tireul*, hauteur isolée à dr., puis s'élève, entre des chaînons, pour gagner le plateau supérieur de La Balme. Au delà de ce village, elle décrit deux grands lacets et descend vers une profonde cluse au débouché de laquelle est situé le bourg industriel de Cerdon, dans la vallée du *Veyron*.

On suit la rive g. du Veyron jusqu'à Poncin, gros village, bâti en amphithéâtre, en amont du confluent du Veyron avec l'*Ain*. La r. continue sur la rive g. de cette dernière rivière qu'elle franchit au pont de Neuville pour passer sur la rive dr. et traverser la plaine de Thol, à g.

A Pont-d'Ain, petite ville en bordure de l'Ain, dominée par le mamelon du *Mont-Olivet*, on prend à dr. la r. de Bourg. Celle-ci traverse le *Surand*, en amont de son confluent avec l'Ain, gravit une courte montée, puis, s'éloignant du *Revermont*, dernier chaînon du Jura, à dr., se déploie en droite ligne sur la plaine uniforme de la *Bresse*. Après avoir longé la lisière de la *forêt de Seillon*, on atteint Brou, faubourg de Bourg, où s'élève la célèbre *église de Brou* (*V.* page 81).

DE NANTUA A BELLEGARDE

Par **Les Neyrolles**, le col de Sylan, **Charix**, Le Burlandier, La Voute, Saint-Germain-de-Joux, Trébillet et Châtillon-de-Michaille.

Distance : **25** kil. **600** m. *Côtes :* **1** h. **35** min.

Nota. — Sur cette route, deux côtes : la première, longue de deux kil. ; la seconde, d'un kil., précèdent le col de Sylan. On descend ensuite en pente douce jusqu'au hameau de Trébillet. Du hameau de Trébillet à Châtillon-de-Michaille, côte de quatre kil., puis descente jusqu'à Bellegarde.

De Nantua à Trébillet (**16.2** — Côtes : 30' et 15'), V., en sens inverse, page 78.

Au hameau de Trébillet, la r. de Bellegarde, laissant à g. celle de Chézery, s'élève pendant quatre kil. (50'), par une rampe d'abord douce, puis plus dure, après le passage à niveau du ch. de fer. On domine d'assez haut la rive dr. de la *Semine ;* belle vue sur la vallée.

Près de Châtillon-de-Michaille, à la bifurcation (**3.1**), il faut continuer par la r. de dr. Plus loin, on arrive, dans **Châtillon-de-Michaille** (**0.6** — Ch.-l. de c. — 1.021 hab. — Station estivale), sur une place ornée d'une fontaine, vis-à-vis l'hôtel des *Touristes*. Ici, faire attention de ne pas se laisser entraîner à dr. sur la r. de Seyssel (28), mais avoir soin de tourner à g. et de monter dans Châtillon. On laisse à dr. (**0.1**) l'avenue qui conduit à la terrasse ombragée sur laquelle s'élève l'église (0.2 — vue magnifique) et, un peu plus loin, à g., le ch. qui mène au *rocher de la Tour* (15' — beau point de vue du confluent de la Semine et de la Valserine).

A la sortie de Châtillon, commence une agréable descente, longue de plus de cinq kil., jusqu'à Bellegarde. On suit la vallée de la Valserine, ayant devant soi le large horizon que forme dans le lointain la réunion de cette vallée avec celle du Rhône ; tandis que la chaîne des Alpes se dessine vaguement au fond du paysage.

Après avoir croisé l'ancien *chemin* de Bellegarde, la r., dépassant la *borne 108*, décrit un contour, bordé à dr. par une muraille rocheuse de peu d'élévation. Ayant encore descendu environ sept cents m., lorsqu'on sera arrivé à hauteur d'une petite fontaine qui s'échappe à dr d'une fissure de la roche, on remarquera à g. (**3.8**) l'étroit sentier qui descend très rapidement au *pont des Oules*.

Le pont des Oules est situé sur l'immense coulée de roches qui garnit à cet endroit le lit de la Valserine. Ces roches, percées en profonds couloirs, ou trouées d'une multitude d'ouvertures et de vasques, forment le site étrange et très curieux connu sous le nom de la **perte de la Valserine**. De la r. même de Bellegarde, on distingue assez bien, de loin, cette perte ainsi que le pont qui traverse ces roches bizarres dites *oules*. Malheureusement sur la r. solitaire il n'y a aucun endroit où l'on puisse déposer sa machine en garde, ce qui permettrait de descendre à pied le sentier jusqu'au pont.

La r. descend et passe devant plusieurs fabriques, dans le faubourg de Bellegarde. On atteint ainsi le viaduc du ch. de fer. Immédiatement de l'autre côté de l'arcade (**1.5**), se trouve à dr., à l'angle de l'avenue de la *Gare*, l'hôtel recommandé de la *Poste* où l'on s'arrêtera si l'on doit faire étape à **Bellegarde.**

En continuant à descendre la rue du *Commerce*, devant soi, on arrive à la place du *Marché*, où se détache à dr. la r. de Seyssel (**24**). A g. de la place, se trouve le bureau de la *douane française*, situé près du pont de la Valserine (**9.3**). De l'autre côté du pont, commence la r. de Genève, dans Coupy.

Nota. — Dans le cas où l'on n'aurait pas rempli précédemment cette formalité, c'est au bureau de la douane de Bellegarde qu'il faut faire plomber sa bicyclette, ou réclamer un *passavant descriptif* pour son automobile ou sa motocyclette (15 c., valable un an ; les passavants d'automobiles ne sont pas délivrés le dimanche), avant de sortir de France.

DE BELLEGARDE A GENÈVE

Par Coupy, Grésin, Léaz, Longeray, le fort de l'Ecluse,
Collonges, Pougny, Chancy, Les Eaux-Mortes, Bernex, Onex
et Le Petit-Lancy.

Distance : **36** kil. **100** m. *Côtes :* **2** h. **3** min.
Pavé : **2** min.

Nota. — Cet itinéraire débute par une côte de quatre kil. trois
cents m., puis descend au fort de l'Ecluse. Une montée de quinze
cents m. précède Collonges, on descend ensuite jusqu'à Pougny.
Après Chancy succède une rampe de dix-huit cents m.
Pour ce qui concerne la circulation à bicyclette, ou en automobile,
sur les routes suisses, *V.* page XII.

Ayant traversé le pont sur la *Valserine*, si l'on vient
de Bellegarde — ou tournant à g., si l'on vient de Chézery (*V.* l'itinéraire de *Mijoux à Bellegarde*, page 74) —
on monte dans Coupy par la rue *Joseph-Marion*.
Immédiatement à dr. se détache le ch. qui conduit à
la *perte du Rhône*, la principale curiosité de Bellegarde.

Le ch. de la perte du Rhône mène au *pont de Lucey* (**0.4**),
sur le *Rhône*, formant la limite des dép⁴ de l'Ain et de la
Haute-Savoie. **La perte du Rhône** se trouve au-dessous et un
peu en amont du pont. Pour bien la voir, il faut prendre, à l'entrée
du pont, le sentier qui descend à g. et conduit au bord même du
fleuve. La perte, dans un profond entonnoir, est seulement visible
quand les eaux sont basses; mais à l'époque des hautes eaux le
spectacle du fleuve qui s'engouffre avec furie dans l'étroit couloir
de roches est véritablement grandiose et impressionnant.
Comme il n'y a pas d'habitations près du pont de Lucey on devra
laisser sa bicyclette en garde à l'une des dernières maisons de
Bellegarde, si l'on désire s'avancer par le sentier jusqu'au bord de
la perte du Rhône.
Retour à la r. de Genève (**0.4** — Côte 3').

La r. s'élève par une côte dure, longue de quatre kil.
et demi (1 h.), sur le versant des monts qui dominent
le ravin encaissé de la vallée du *Rhône*; elle passe, à
hauteur de la *borne 111* (**0.5**), au-dessus de la *perte
du Rhône* (*V.* ci-dessus), à peine visible de la r.

Infléchissant vers l'E., on rencontre successivement deux hameaux dépendant de Grésin (**3.5**) et de Léaz (**1**) villages laissés sur la dr. La r. descend d'abord doucement, puis très rapidement vers le *défilé de l'Ecluse*, porte naturelle ouverte, dans la direction de la Suisse, entre les montagnes du *Grand-Crédo* et de *Vuache*, et défendue par le *fort de l'Ecluse*.

Le Rhône, qu'on rejoint dans ces parages, après s'en être momentanément éloigné, le viaduc du ch. de fer et les deux bâtiments superposés du fort forment en ce lieu un site incomparable d'une magistrale beauté.

Après le village de Longeray (**3.3**), on traverse le fort inférieur de l'Écluse, à cheval sur la r. (**1.1**); et, de l'autre côté du fort, on néglige à dr. (**0.2**) la r. de Saint-Julien (19.6).

Continuant à g. par celle de Gex, on monte (Côtes 20' et 2') sur le versant du *Plat des Roches*, en découvrant un vaste panorama sur tout le bassin du Rhône dont la large plaine s'étend vers la Suisse.

À l'entrée de **Collonges** (**1.8** — Ch.-l. de c. — 1.503 hab. — Hôt. *Julliard*), se détache à dr. la r. de Valleiry et de Saint-Julien. Parvenu à l'extrémité du village, il faut abandonner la r. de Gex (26.5) et prendre à dr. (**0.5**) le ch. de Chancy. Celui-ci descend en pente douce, entre des haies, à travers une riche campagne : à la première bifurcation (**3.1**), on laisse à dr. le ch. de Pougny (1). La descente s'accentue dans le ravin de Pougny dont on croise bientôt le ruisseau (**1.5**). Après une petite montée (2'), on traverse le passage à niveau de la gare de Pougny (**0.1**); puis le ch. descend pour franchir le Rhône sur un pont métallique.

De l'autre côté du fleuve, on entre sur le territoire suisse. Le ch., à g., traverse le torrent de l'*Aire* et monte (5') au coquet village de Chancy; à mi-côte se trouve le bureau de la *douane suisse* où l'on doit s'arrêter.

Douane suisse. — Pour les formalités à remplir en entrant en Suisse, *V.* page 65.

Dans Chancy, après avoir dépassé l'église (**1.1**), on atteint l'extrémité du village; ici, tourner à g. et suivre la ligne du tramway électrique. Le ch. gravit une assez longue rampe (25'), au milieu des prairies et des champs, jusqu'à l'embranchement du ch. d'Athenaz; on parcourt ensuite une plaine fertile, légèrement ondulée, ayant en vue : à g., le versant E. de la plus haute chaîne du Jura, et, à dr., une partie des Alpes, puis les *Monts-Salève*.

Au hameau des Eaux-Mortes, la ligne du tramway s'éloigne à g., tandis que le ch. continue tout droit. Après une montée (6'), on rejoint la r. transversale de Laconnex, qu'il faut prendre à g. pour gagner le gros village de Bernex (**9** — Côte : 3'). Au delà de cette localité, descente légère; on néglige à dr. la r. de Lancy pour continuer à g. par celle de Genève, bientôt bordée de villas.

Successivement on dépasse les villages d'Onex et du Petit-Lancy, puis l'on descend la *rampe Quidort* avant de franchir le pont sur l'*Arve*, à l'entrée de **Genève**.

De l'autre côté du pont, suivre l'avenue devant soi, entre le *vélodrome*, à g., et le bâtiment rond du *Panorama*, à dr., pour arriver à la belle place de la *Jonction*. Ici, prendre le b^d *Saint-Georges*, le deuxième à dr.; à l'extrémité de ce b^d, on traverse la place du *Cirque* et, ayant croisé le b^d de *Plainpalais*, on continuera, vis-à-vis, par la rue *Bovy-Lysberg*, légèrement montante. Celle-ci aboutit, après être passé derrière le Théâtre, à la rue *Diday*.

Suivant à g. la rue Diday, dans toute sa longueur, on atteint la petite place de *Hollande*, où l'on prend à dr. la courte rue de la *Poste* (Pavé : 2') débouchant sur la large rue de la *Corraterie*. Traverser cette dernière, puis la place *Bel-Air*, en face, pour continuer par la rue du *Rhône*.

Dans la rue du Rhône, qui croise successivement les places de la *Petite-Fusterie*, du *Rhône* et du *Lac*, quand on sera parvenu à l'angle de la maison portant le n° 68, on tournera à dr. dans la rue *Céard* où se trouve situé à g., au n° 13, l'hôtel recommandé de l'*Europe* (**9.4**).

VILLE DE GENÈVE

Genève, chef-lieu du canton suisse de ce nom, une des villes les plus agréables d'Europe, admirablement situé à l'extrémité du lac Léman, compte 90.320 habitants.

Hôtel recommandé. — Hôtel de l'*Europe*, 13, rue Céard.

Cafés. — de *Genève*, de la *Couronne*, du *Nord*, tous trois *Grand-Quai*.

Spécialités. — Fabriques d'horlogerie, de boîtes et de pièces à musique, d'émaux.

Arrivée à Genève. — Le cycliste, arrivant par le chemin de fer, devra suivre l'itinéraire ci-dessous pour se rendre à l'hôtel de *l'Europe* (distance : 1 kil. 200 m.) :

Au bas de la rampe de la gare, descendre à g. la large rue du *Mont-Blanc* (Pavé : 1') qui conduit au *pont du Mont-Blanc*. Ayant franchi ce pont, incliner un peu à dr. ; on traverse un square, en laissant à dr. un petit bassin avec jeu d'eau, puis on croise le *Grand-Quai* pour entrer, vis-à-vis, dans la rue *Céard*, où se trouve situé l'hôtel de l'*Europe*, à g., au n° 13.

Visite de la ville de Genève (environ 4 h. ; la visite des musées non comprise).

A la sortie de l'hôtel de l'*Europe*, suivre à dr. la rue *Céard* et, ayant traversé le *Grand-Quai*, se diriger vers l'entrée du pont du *Mont-Blanc*.

Ici, tourner à dr. pour passer devant l'embarcadère des bateaux à vapeur qui font le service du lac. On laisse à dr. le Monument National, groupe en bronze, et l'on pénètre dans le *Jardin Anglais* ou *promenade du Lac*.

Parvenu au milieu de ce jardin, en vue d'un beau bassin à jeu d'eau, tourner à dr. ; on dépasse un kiosque, où se trouve un Relief du Mont-Blanc (50 c.), et l'on sort du jardin vis-à-vis la large rue d'*Italie*, perpendiculaire au *Grand-Quai*.

Suivre la rue d'Italie jusqu'à la troisième rue transversale, la rue de *Rive* qu'on prend à dr. ; puis monter la première rue à g., la rue *Verdaine*. Celle-ci aboutit à la place du *Bourg-du-Four*, où s'élève à g. le Palais de Justice (moderne) ; se dirigeant à dr., en face du

Palais de Justice, vers la maison portant le n° 2, on gravira l'escalier du passage des *Degrés de Poule* qui conduit au chevet de la Cathédrale Saint-Pierre (Beaux monuments funéraires; chaire et siège de Calvin). Ici, inclinant à g., on arrive à la porte, voisine du chœur, par laquelle on pénètre dans l'église ouverte au public les dimanches et les jours fériés, à l'issue du culte, jusqu'à midi, et les mardis, jeudis et samedis, de 1 h. à 3 h. — En dehors de ces jours et de ces heures, il est perçu : 20 c. par visiteur; 50 c. pour monter aux tours, 1 fr. par société de cinq personnes).

A la sortie de la cathédrale, faire le tour de l'église, à dr., par la rue *Farel* et prendre, vis-à-vis la façade principale, la courte rue *Saint-Pierre*; ensuite, à g., la rue du *Puits-Saint-Pierre*. Celle-ci mène, à peu de distance, au carrefour de la *Grande-Rue*, où sont situés : à g., l'ancien Arsenal (Musée historique genevois et salle des armures; public les dimanches et jeudis, de 10 h. à midi et de 1 h. 1/4 à 4 h. — En dehors de ces jours et de ces heures, il est perçu : 50 c. par visiteur, 25 c. par personne en sus) et l'Hôtel de Ville (pour visiter les salles s'adresser au concierge; 50 c.).

En suivant la Grande-Rue à dr., on arrive au Musée Fol, dont l'entrée se trouve au n° 11, qui renferme des collections d'objets antiques du Moyen Age et de la Renaissance (ouvert les jeudis et dimanches, de 1 h. à 4 h. — les autres jours en s'adressant au concierge. 50 c.).

Du Musée Fol, revenant sur ses pas vers l'Arsenal, on prendra à dr. la rue de la *Treille*, qui longe le bâtiment de l'Hôtel de Ville. Cette rue passe sous un portique et débouche sur la *promenade de la Treille*, dominant le *Jardin Botanique* et la *promenade des Bastions*, situés en contre-bas.

Ayant descendu la rampe à dr., on aboutit à la place *Neuve* où s'élève la statue équestre du général Dufour. Sur cette place, on voit : à dr., le Musée Rath (ouvert tous les jours, sauf le lundi, de 1 h. à 4 h. et le dimanche de 10 h. à 4 h.), le Théâtre, réduction de l'Opéra de Paris, et le Conservatoire de Musique; à g., s'ouvre l'entrée de la promenade des Bastions.

Dans la promenade des Bastions parallèle au Jardin Botanique, s'élèvent à dr. les trois bâtiments de l'Université qui, en dehors des salles de cours, renferment la Bibliothèque et le Musée d'Histoire Naturelle (ouverts au public du 1er novembre au 1er mars, le dimanche, de 10 h. à midi et de 1 h. 1/2 à 4 h. 1/2, les lundis, mercredis, jeudis et vendredis, de 1 h. 1/2 à 4 h. 1/2; du 1er mars au 1er novembre, le dimanche, de 10 h. à midi et de 2 h. à 5 h., les lundis, mercredis, jeudis et vendredis, de 2 h. à 5 h.).

Revenu à la place *Neuve*, descendre, à dr. du Musée Rath, la rue de la *Corraterie*, une des plus élégantes de la ville, dans toute sa longueur. Ayant atteint la place *Bel-Air*, vis-à-vis le *Rhône*, suivre à g. le quai de la *Poste* qui, un peu plus loin, croise le b⁴ de *Plain-*

palais et laisse à dr. le pont de la *Coulouvrenière*. Le quai de la Poste, prolongé par le quai des *Forces-Motrices*, conduit à l'entrée de l'usine des Forces motrices du Rhône, très intéressante à visiter.

De l'usine des Forces motrices, revenir sur ses pas jusqu'au pont de la Coulouvrenière qu'on traversera à g. Sur l'autre rive, passant devant la *promenade Saint-Jean*, on montera le b⁴ *James Fazy*, pendant une cinquantaine de m., jusqu'à une petite place plantée d'arbres. Ici, dans la rue *Necker*, à dr., se trouve l'École d'horlogerie renfermant le Musée des Arts décoratifs (ouvert tous les jours, de 1 h. à 4 h., sauf le samedi ; le dimanche, de 9 h. à midi, sauf en juin, juillet et août).

La rue Necker aboutit à la place des *Vingt-Deux Cantons*, devant le côté latéral O. de l'église Notre-Dame. Appuyant à dr., puis traversant à g. la place attenante de *Cornavin*, vis-à-vis le portail de l'église, on arrive à la rue du *Mont-Blanc*, devant la rampe qui mène à la gare du ch. de fer

Descendre à dr. la rue du *Mont-Blanc* et, après avoir dépassé l'Hôtel des Postes, tourner dans la deuxième rue à g., la rue *Lévrier*, en bordure d'une jolie chapelle anglicane ; on arrive ainsi sur la place des *Alpes*, derrière le square du monument Brunswick. Traversant ce square, à dr., on passera devant le superbe sarcophage du duc de Brunswick érigé par la ville, légataire de la fortune de ce prince.

Devant le monument, prendre à dr. le quai du *Mont-Blanc*, puis, traverser à g. le *pont du Mont-Blanc ;* à dr., on aperçoit la petite île de Rousseau dans laquelle on peut accéder par le pont parallèle des *Bergues*.

A l'extrémité du pont du Mont-Blanc, se diriger à dr. vers le *Grand-Quai*, où sont les principaux cafés ; puis, traversant la place du *Lac*, à g., prendre à dr. la rue du *Rhône* qu'on suivra jusqu'à sa rencontre avec la rue de la *Corraterie*, après avoir successivement traversé les places du *Rhône*, de la *Petite-Fusterie* et de *Bel-Air*.

Dans la rue de la *Corraterie*, tourner à g. ; puis aussitôt, encore à g., dans la rue *Centrale*. Celle-ci est prolongée par les rues des *Allemands*, du *Marché*, de la *Croix-d'Or* et de *Rive*, qui traversent le cœur de la ville, et qui dépassent successivement à g. les places de la *Fusterie*, du *Molard* et du *Longemalle*. Parvenu sur la place du *Cours-de-Rive*, prendre à g. la large rue *Pierre Fatio*, ensuite la deuxième à g., la rue du *Rhône*.

Dans celle-ci, arrivé à hauteur de la maison portant le n° 78, tourner à g., pour regagner l'hôtel par la rue *Céard*.

Excursions recommandées au départ de Genève. — L'ascension du **Mont-Salève** par le tramway électrique.

Cette excursion se fait par l'un des deux tramways partant de Genève : soit de la *place du Môlard*, soit du *cours de Rive*. Le premier de ces tramways conduit à Etrembières, le second à Veyrier, chacun de ces villages se trouvant à la tête de ligne d'un chemin de fer à crémaillère montant au Salève. Ces deux lignes se réunissent plus haut en une seule, à la station de Monnetier-Mairie, pour atteindre ensuite la station terminus des Treize-Arbres, située sur le versant E. du Mont-Salève.

Il est loisible de prendre un billet circulaire permettant de monter par une ligne et de descendre par l'autre (Prix : 7 fr. 80; huit départs par jour; trajet en 1 h. 1/2 ou 1 h. 1/4. Par Etrembières, il y a un arrêt de 20 min. à la station du Monnetier-Mairie).

Du buffet restaurant de la station terminus des Treize-Arbres (belle terrasse), on monte à pied (3') à l'hôtel pension des *Treize-Arbres*; puis par un ch. facile, qui longe la falaise à pic du Mont-Salève (Alt. : 1.200 m.), on gagne (30') une petite buvette où l'on pourra limiter la promenade. Sur tout le parcours on jouit d'un panorama magnifique sur le Mont-Blanc, les Alpes, Genève et le bassin du lac Léman.

Le tour du lac de Genève en bateau à vapeur. Cette superbe excursion demande une journée. On part de Genève vers 7 h. du matin pour rentrer le soir à 9 h. ; bon restaurant à bord. Pour les heures, et les diverses combinaisons qui permettent de faire le tour du lac (4 fr. 50 ou 11 fr. 25), consulter l'horaire à l'embarcadère des bateaux.

Le lac de Genève, ou *Léman*, mesure 72 kil. de longueur et plus de 13 kil. de largeur, entre Morges et Amphion; sa profondeur maxima est de 309 m. Son eau bleue, la beauté de ses rives, ont rendu le lac de Genève célèbre dans le monde entier.

D'excellents hôtels et de charmantes pensions de famille l'entourent de tous côtés offrant de délicieux séjours, principalement sur la côte suisse, dans la partie comprise entre Lausanne et Chillon.

Ferney-Voltaire (15 kil. 600 m., aller et retour), *V.*, en sens inverse, l'itinéraire du *col de la Faucille à Genève*, page 65.

Chamonix, *V.*, en sens inverse, l'itinéraire de *Chamonix à Genève*, dans le guide du *Dauphiné et de la Savoie*.

Annecy, *V.* l'itinéraire de *Genève à Annecy*, dans le guide du *Dauphiné et de la Savoie*.

Pour mémoire. — De **Genève** à **Aigle** (par la rive française du lac de Genève), par Vezenaz (**6.4**), La Repentance (**2.9**), Corsier (**0.6**, frontière (**1.7** — Douanes suisse et française), Eaubonne (**4.5**), **Douvaine 1.4** — Ch.-l. de c. — 1 291 hab. — Hôt. de la *Poste*). Massongy (**2.7**), Bonnatray (**5**), Jussy (**1.6**), Marclaz-Dessous (**3.6**), **Thonon 3.1** — Ch.-l. d'arr. — 5. 8 hab. — Hôt de *France*. — A voir : l'église Saint-Hippolyte, l'église Saint-François-de-Sales), Vongy (**2.5**), La Concorde (**0.6**), Amphion (**2.8**), **Evian-les-Bains (3.6** — Ch.-l de c. — 2.777 hab. — Hôt. de *France* — Etablissement thermal très fréquenté), Grande-Rive (**1.9**), Petite-Rive (**1**), la Tour-Ronde (**2.4**), Lugrin (**0.8**), Meillerie (**4.1**), Locum (**2.9**), Les Noirettes (**1**), Saint-Gingolph (**3.1** — Douanes française et suisse), Le Bouveret (**4.3** — Hôt. du *Chalet de la Forêt*, Les Evouettes (**3.2**), Porte-du Sex (**1.7**), Chessel (**1**), Mottey (**2.5**) et **Aigle** (5 — *V.* page 108).

Cette r.. plate au début, longe le *lac de Genève* pendant quatre kil ; elle s'écarte ensuite de la rive pour monter à Vezenaz et gravir une autre côte après Corsier. Courte descente au ruisseau de l'*Hermance*, sur la frontière franco-suisse.

Dépassé Douvaine, la r. court sur une large plaine, bornée à dr. par le *Mont de Boisy*. Côte de Massongy, suivie d'une série d'ondulations ; traversée du vallon du *Foron* et montée courbe.

Après Thonon, on descend franchir le torrent de la *Dranse*, au hameau de Vongy.

La r., charmante, redevenue plate, se rapproche peu à peu du lac qu'elle vient côtoyer ; petite montée après Meillerie.

Au Bouveret, à l'extrémité du lac, une forte descente conduit dans la large *vallée du Rhône* où l'on gagne la *Porte du Sex*, qui, jadis fortifiée, défendait l'accès du Valais. Ici, quitter la direction de Saint-Maurice (19.4 — *V.* page 105), et prendre à g. le ch. de Chessel Celui-ci traverse le Rhône, puis la vallée, dans toute sa largeur ; terrain médiocre entre Chessel et l'embranchement de la r. d'Aigle.

DE GENÈVE A MORGES

Par Bellevue, Genthod, Versoix, Coppet, Nyon, Rolle, Allaman
et Saint-Prex.

Distance : **19** kil. **300** m. *Côtes :* **11** min.
Pavé : **3** min.

Nota. — De Genève à Morges, la route, agréable, est faiblement
ondulée.

A la sortie de l'hôtel de l'*Europe*, suivre à dr. la rue
Céard, croiser le *Grand-Quai*, puis traverser le *pont
du Mont-Blanc*. De l'autre côté du pont, prendre à dr.
le quai du *Mont-Blanc*, prolongé par le quai du *Léman*.
A l'extrémité de ce quai, on tourne à g., devant l'entrée
du *parc de Mon-Repos*, sur la *route de Sécheron*, qui
monte (3') entre deux murs et rejoint (**1.9**) la r. transversale de Lausanne.

Celle-ci, à dr., est bordée de propriétés particulières
et de villas qui masquent au début le lac *Léman;* cependant, en avançant, on a quelques jolies échappées
de vue. On passe devant le nouveau *jardin botanique*,
à g., créé au dessous du parc du *musée Ariana* (**1.3**
— *V.* page 66), et, plus loin, devant le *parc Rothschild*
(**1**), sur le versant du coteau de Pregny (Montée : 2').

Après les hameaux de Bellevue et de Genthod (**2**), très
fréquentés par les Genevois, la r. traverse la *Versoix*, à
l'entrée du gros village de Versoix (**3.7**) où vient aboutir, à g., la r. de Gex (11.3) et de Divonne (11 — *V.* p. 64).

Dépassé Versoix (Côte : 2'), on laisse à g. (**1.1**) un
autre ch. dans la direction de Divonne (9) et l'on
continue à dr. en se rapprochant du lac : une montée
(3').

A l'entrée de Coppet (**3.2** — Hôt. du *Lac*), petit bourg
avec maisons à arcades, se détache à g. une allée de
marronniers qui conduit au *château* (0.1).

Le château de Coppet, qui appartient aujourd'hui à la famille d'Haussonville, fut autrefois la demeure de Necker, ministre des

finances sous Louis XVI, et de sa fille M⁽ᵉ⁾ de Staël (le château est ouvert au public le jeudi, de 2 h. 1/4 à 6 h.).

On quitte Coppet par une petite montée (2'). A g., la longue crête de la chaîne du Jura s'échancre des deux brèches des cols de la *Faucille* et de *Saint-Cergues;* plus rapprochés, le village de Céligny, puis le *château de Crans,* couronnent dans cette direction de jolies hauteurs (-1).

La r. se déploie à travers une riante contrée; à dr., la vue s'étend vers le lac, dominé, sur la rive française, par les montagnes de la Savoie et, à l'arrière-plan, par la chaîne du *Mont-Blanc;* une côte (2'). Ayant franchi le *Boiron,* on monte (3') pour entrer dans **Nyon** (5 — 1.880 hab. — Hôt. du *Lac* — Belles promenades), petite ville pittoresquement étagée sur une colline que défendait un château du XVIᵉ s., transformé aujourd'hui en Hôtel de Ville.

La traversée de Nyon s'effectue par le quai de l'*Hôpital* et la rue de *Rive* (Pavé : 3'), en passant devant une fontaine ornée d'une curieuse statue de guerrier; à g., s'éloigne la r. des Rousses (23), par Saint-Cergues (13.6 — *V.* page 62).

Plus loin, on aperçoit, à g., à mi-côte, entre des arbres, le *château de Prangins* (1.4) qui, avec la grande propriété dite de la *Bergerie* (*V.* ci-dessous), appartint jadis à Joseph Bonaparte, puis au prince Jérôme Napoléon ; à dr., se détache le ch. de Promenthoux sur une langue de terre avançant dans le lac.

La r. monte (3'), puis descend traverser la *Promenthouse,* près d'une petite usine d'électricité, à g., et du parc du *château de la Bergerie,* à dr. Nouvelle côte (1') suivie d'une pente légère, au milieu d'une agréable plaine ; à g., s'écarte (3.7) le ch. de la gare de Gland (1.2) et, du même côté, apparaît le *château de Bassins.* On se rapproche un moment du lac, tandis qu'à g. les coteaux, au-dessous des villages de Bursins et de Gilly, se couvrent des vignobles qui fournissent le cru renommé de *la Côte;* une montée (1').

C'est, par une véritable allée, entre des haies clôturant des villas, qu'on arrive à **Rolle** (6.1 — 2.025 hab.

— Hôt. de la *Tête-Noire* — Vieux château converti en écoles), bourg prospère et bien bâti, sur le bord du lac.

A six kil. au N. de Rolle, sur une colline plantée de vignes, au-dessus du village de Bougy, se trouve le **Signal de Bougy** (Alt. : 700 m. — Hôtel), réputé pour son admirable point de vue sur le lac, les montagnes de la Savoie et le Mont-Blanc.

Du port de Rolle part un tramway électrique qui mène à la station du Signal de Bougy (Prix : 60 c.; 1 fr., aller et retour; trajet en 31 min.). De cette station un ch., à dr., mène (a pied : 25') à l'hôtel du *Signal de Bougy*, d'où un sentier sous bois, à l'E., conduit (6') au point culminant.

Pour mémoire. — De **Rolle** à **Cossonay**, par Aubonne (7 — 1.727 hab. — Hôt. de la *Couronne* — A voir : l'église), La-vigny (2), Bussy (5), Clarmont (2), Cottens (3), Graney (3), Se-narclens (2) et **Cossonay** (3 - V. page 96).

Cette r. longe le pied du *Mont-de-la-Côte*, puis traverse le vallon de l'*Aubonne* près de la petite ville d'Aubonne. Elle continue en-suite fortement ondulée jusqu'à Cossonay.

De **Rolle** au **Brassus**, V., en sens inverse, page 61.

Dans Rolle, on laisse à g. le ch. de Gimel (9 — Hôt. de l'*Union* — station estivale très fréquentée), puis la r. monte (2') pour franchir un ruisseau. La vue sur le Léman devient très belle; on longe le pied de coteaux, couverts de vignobles, venant mourir à la grève.

Une légère rampe, terminée en côte (6'), précède le village d'Allaman (1.8); ensuite la r., rentrant dans les terres, traverse le vallon de l'*Aubonne;* à g., beau via-duc du ch. de fer. On monte (5') pour gagner une petite plaine de culture et longer la voie ferrée. A dr., jolies échappées sur le Léman; dans l'axe de la r. apparais-sent les maisons de Lausanne qui blanchissent le ver-sant d'une colline encore lointaine.

Descente en pente douce vers Saint-Prex (5.1), vil-lage en contre-bas, au milieu de la verdure, sur une pointe de terre baignée par le lac.

Des promenades et une belle prairie, plantées de su-perbes arbres, précèdent la petite ville animée de

Morges (1 400 hab.), admirablement située sur le bord du lac. De l'autre côté du pont de la place du *Manège*, laissant devant soi la *Grande-Rue*, on suit à dr. la rue du *Château*. Quelques m. plus loin, vis à-vis le *château*, servant aujourd'hui d'arsenal, on suit à g. le quai du *Mont-Blanc* qui passe devant un port minuscule et mène presqu'aussitôt à l'hôtel du *Lac* (**1.7**).

C'est devant Morges, en face d'Evian sur la rive française, que le lac atteint sa plus grande largeur, soit treize kil. environ. Une échancrure des montagnes de la Savoie permet d'admirer d'ici le *Mont-Blanc* dans toute sa splendeur.

Pour mémoire — De **Morges** à **Yverdon**, par Bremblens (**4.0**), Romanel (**1.2** , Aclens (**1.5**), Gollion (**2** , Allens (**1.0**), **Cossonay** (**1.7** — Hôt. des *Grands-Moulins*), La Sarraz (**5.5** — Hôt. de la *Croix-Blanche* — Vieux château), Pompaples (**3.0**), Arnex (**3.9**), Orbe (**3.8** — 1.947 hab. — Hôt. des *Deux-Poissons*), Mathod (**6**) et **Yverdon** (**6.9** — V. page 99).

Cette r , légèrement accidentée, monte faiblement jusqu'à Aclens, village dominant le vallon d'un affluent de la *Venoge*. Une descente, puis une côte précèdent Gollion.

Au dela de Cossonay on traverse la vallée de la Venoge ensuite celle du *Nozon*, entre La Sarraz et Pompaples. Montée du plateau d'Arnex, puis descente vers la vieille ville d'Orbe, dans la vallée du même nom.

De **Cossonay** à **Rolle**, *V.*, en sens inverse, page 95.

D'**Orbe** aux **Rousses** (France), *V.*, en sens inverse, page 61 ; à **Pontarlier**, *V.*, en sens inverse, page 81.

D'**Yverdon** à **Neuchâtel**, ou à **Lausanne**, *V.* p. 99.

DE MORGES A LAUSANNE

Par Préverenges

Distance : **12** kil. **100** m. *Côtes :* **51** min.

Nota. — Trajet légèrement accidenté. Une longue côte de trois kil. précède Lausanne.

Le quai *Lochmann*, qui prolonge le quai du *Mont-Blanc*, passe devant le casino (café-restaurant), puis, tournant à g., rejoint près de l'église la r. de Lausanne.

Celle-ci, à dr., d'abord plate, en bordure d'une promenade baignée par le lac, monte ensuite (Côte : 9') au hameau de Préverenges (**2.8**), où se détache à g. le ch. d'Echallens (16.1); dans cette direction les collines ont presque disparu ; tandis qu'à dr. le vaste hémicycle de montagnes, qui enserre le lac vers l'E., présente de hautes cimes aux dentelures variées.

Petite descente rapide, puis côte (5'), pour franchir le vallon de la *Venoge*. La r. parcourt de nouveau des champs; elle descend, découvrant un magnifique panorama du lac, entouré de montagnes, et de la ville de Lausanne, étagée sur les derniers contreforts du *Mont-Jorat*.

Ayant franchi un ruisseau et croisé (**5.6**) le ch. d'Ecublens (3) à Ouchy (3 — *V.* page 99), on gravit entre des vignes la colline de Lausanne (Côte : 15').

La r. passe sous la ligne de ch. de fer et, décrivant une grande courbe, laisse à g. (**1.3**) le ch. de Cottens (15). La montée reprend, très longue (25'), jusqu'à l'entrée de la ville où se détache à g. (**1.5**) la r. de Cossonay (14.7) et d'Yverdon (30).

Dans **Lausanne** (46.400 hab. — Ch.-l. du canton de Vaud — Café-brasserie des *Variétés*, place *Belair*), continuant toujours devant soi, on traverse la place de *Chauderon*, à laquelle font suite la rue des *Terreaux* et la place *Belair* (dans la rue *Maubourget* à g., au n° 1, l'hôtel de *France*). Ici, on franchit le *Grand-Pont*, jeté

4

d'une façon originale au-dessus de la vallée du *Flon*,
en grande partie comblée et couverte d'habitations.
Parvenu à l'extrémité du pont, s'arrêter à dr. à l'hôtel
du *Grand-Pont* **(O.9).**

Visite de la ville de Lausanne (environ 5 h. 1/2). —

Au sortir de l'hôtel, traverser le *Grand-Pont*, à g., et, à son extrémité, monter à dr. la rue *Haldimand*. Celle-ci croise la place
Saint-Laurent et conduit sur la place de la *Riponne*.

Sur cette place, se trouve à dr. la petite galerie de peinture du
Musée Arlaud (ouvert tous les jours, sauf le lundi, de 10 h. à
midi et de 1 h. à 4 h.). En sortant du musée on gravit à dr. l'escalier, en bordure du grand bâtiment de l'Université, puis, s'engageant
dans une petite ruelle, on rencontre un autre escalier couvert (*escaliers du Marché*), à g., qui aboutit à la Cathédrale, église protestante
contenant plusieurs monuments funéraires remarquables (ouverte de
9 h. à midi et de 1 h. à 4 h., du 1er avril au 31 octobre, tous les
jours sauf le dimanche et les jours fériés; du 1er novembre au
31 mars, le mercredi et le samedi. En dehors de ces jours et de ces
heures, il est perçu : 50 c. par visiteur, 30 c. par personne en sus).

A dr. du portail principal de la cathédrale, la terrasse offre une
belle vue; à g. du portail, une petite rue mène au Musée cantonal,
installé dans le bâtiment de l'Académie (zoologie, archéologie et
médailles — ouvert tous les jours, sauf le lundi, de 10 h. à midi et
de 1 h. à 4 h.).

A la sortie du musée, montant à g. la rue *Cité-Devant*, on atteint
la place du *Château*, vis-à-vis l'ancien Château épiscopal (occupé
par l'administration cantonale); gravir à g. l'escalier de la terrasse
d'où l'on jouit aussi d'une vue superbe.

Redescendu de la terrasse, suivre, à g. du château, la rue de la
Barre, qui laisse à g. le *Chemin-Neuf*, et aboutit sur la place de la
Barre où croise la route du *Tunnel*. Continuant tout droit, cinquante
m. plus loin, on monte à dr. le *chemin du Signal*. Après des
degrés, on rejoint une r. qu'il faut suivre à dr.; à la première
bifurcation, continuer encore à dr. Encore quelques pas et l'on trouve,
à dr., le joli *sentier du Signal* qu'on gravira entre des haies. Dans le
haut du sentier, on passe à dr. de la gare du ch. de fer funiculaire *Lausanne-Signal* et l'on atteint le Signal, point de vue renommé
(Alt. : 647 m.).

Descendre du signal à Lausanne par le funiculaire (20 c.) dont
la voie longe le vallon du *Flon*.

Vis-à-vis la gare du bas, suivre la rue de l'*Industrie* jusqu'à sa
rencontre avec la rue de la *Solitude*. Celle-ci, à g., offre plus loin
une curieuse vue de la ville, puis bifurque. Ici, descendre à dr. la
rampe de la rue de la *Caroline*; ensuite, au pavage, prendre à dr.
la rue *Saint-Pierre*, prolongée par la rue commerçante du

Bourg qui conduit à la place *Saint-François*. Ayant traversé cette place, en laissant l'église à g., on se retrouve vis-à-vis l'hôtel du *Grand-Pont*.

La courte rue du *Grand-Chêne*, à g. de l'hôtel, débouche sur la place *Montbenon*, près d'un escalier qui descend à dr. à la *gare du Flon*. Plus loin, parvenu devant la statue assise de A. Vinet, suivre l'avenue à g. pour gagner la promenade de la terrasse du Tribunal fédéral (vue magnifique sur le lac).

Revenant sur ses pas, à l'entrée de la rue du *Grand-Chêne*, on descendra l'escalier à g. donnant accès à la gare du *Flon*, d'où part la ligne du ch. de fer funiculaire *Lausanne-Ouchy* (billets pour visiter les machines, 20 c.; s'adresser à la caisse) et se rendre à Ouchy, le port de Lausanne (30 c. ou 60 c., aller et retour ; départ tous les quarts d'heure ; trajet en 10 min.).

A Ouchy, à la descente du train, se diriger à g. vers le coquet square de l'embarcadère des bateaux, d'où l'on a la plus belle vue du lac, en laissant à g. l'hôtel monumental du *Château*.

Remonter à Lausanne par le funiculaire.

A la sortie de la gare du Flon, se diriger vers le *Grand-Pont* et, étant passé sous ses arches, on suivra vis-à-vis la rue *Centrale*, dans la curieuse partie basse de la ville. On traverse ainsi la place du *Pont*, où viennent aboutir la rue *Saint-François*, à dr., et la rue du *Pont*, à g. Plus loin, arrivé devant la *Salle centrale*, prendre la rue du *Pré*, à g.; puis, à la première bifurcation, la rue du *Flon*, à dr., qui ramène à la place du Pont.

Reprenant la rue *Centrale*, on revient devant le *Grand-Pont* où la rue *Pépinet*, qui monte à g., ramène à la place *Saint-François* et à l'hôtel.

Pour mémoire. — De **Lausanne** à **Yverdon** et à **Neuchâtel**, par Romanel (**6**), Cheseaux (**2.6**), Etagnières (**1.8**), Assens (**1.5**), **Echallens** (**3.7** — 1.087 hab. — Hôt. des *Balances*), Vuarrens (**5.3**), Vuarrengel (**1**), Essertines (**2.1**), **Yverdon** (**8.2** — 7.464 hab. — Hôt. de *Londres*. — A voir : le vieux château et son musée d'antiquités, le musée de l'Hôtel de Ville), Grandson (**4.3** — 1.708 hab. — Hôt. du *Lion-d'Or* — A voir : le Château, l'église), Onnens (**5**), Corcelles (**1.0**), Concise (**1** — Hôt. de l'*Ecu-de-France*), Vaumarens (**5** — Château), Sauges (**1**), Saint-Aubin (**1.1**), Gorgier (**1**), Bevaix (**4.1**), Boudry (**2.7** — 2.174 hab. — Hôt. du *Lion-d'Or*), Areuse (**2.4**), Colombier (**1** — 2.058 hab. — Hôt. de *la Couronne* — Vin blanc renommé), Auvernier (**1.6** — Hôt. du *Lac*), Serrières (**2.5** — Usines de la chocolaterie Suchard) et **Neuchâtel** (**2.5** — *V*. page 169).

Cette r., légèrement accidentée entre Lausanne et Yverdon, monte insensiblement jusqu'à Assens. Côte et descente d'Echallens.

Après Vuarrens, descente douce. La pente s'accentue à Essertines, dans la vallée du *Baron*; celle-ci rejoint la large vallée de la *Thièle* en vue de la jolie ville d'Yverdon et du *lac de Neuchâtel.*

D'Yverdon à Neuchâtel, la r., à peu près plate, longe le pied de la chaîne du Jura, à g., et côtoie le lac de Neuchâtel, à dr. C'est près de Grandson que Charles le Téméraire, duc de Bourgogne, fut surpris et défait par les Suisses, en 1476.

De Gorgier à Auvernier, la r. s'éloigne du lac, mais entre Bevaix et Areuse, un autre ch., d'égale longueur, plus rapproché de la rive, passe par Cortaillod dont le vin rouge jouit d'une réputation méritée.

D'Yverdon à Morges, V., en sens inverse, page 96.

De Lausanne à Fribourg et à **Berne**, par La Sallaz **(1.8)**, Croisettes **(2.5)**, Chalet-à-Gobet **(2.9)**, Montpreveyres **(4.8)**, Vucherens **(6.3)**, **Bressonaz (2.9)**, Montet **(4.5)**, Vuarmarens **(1.1)**, Ursy **(1.4)**, Siviriez **(4.8)**, Arrufens **(3.8)**, **Romont (2.1** — 2.100 hab. — Hôt. du *Cerf* — A voir : le Château, l'église), Villaz-Saint-Pierre **(5)**, Chénenz **(4.5)**, Cottens **(2.8)**, Neyruz **(3.3)**, Matran **(3.5)**, Villars **(1.5)**, **Fribourg (4.2** — Ch.-l. du canton de Fribourg. — 15.794 hab. — Hôt. *Suisse*; du *Faucon* — A voir : l'Hôtel de Ville, la cathédrale Saint-Nicolas, les deux ponts suspendus, la porte de Bourguillon, la chapelle de Lorette, l'église Saint-Jean, le Musée cantonal), Lanthen **(10.4)**, Mühlethal **(2.0)**, Flamatt **(4.8)**, Thœrishauss **(2)**, station de Bümplitz **(6.7)** et **Berne (5.5** — *V.* page 161).

Trajet très accidenté entre Lausanne et Romont. On monte jusqu'à Chalet-à-Gobet, puis l'on descend vers Bressonaz. La r. s'élève ensuite, d'abord assez doucement jusqu'à Ursy où la rampe s'accentue pour atteindre Siviriez. Une autre côte, très raide, précède la petite ville, encore murée, de Romont dominant la vallée de la *Glane.*

On descend cette vallée pendant quelques kil.; puis, s'écartant de la rivière, on gravit le plateau ondulé compris entre Chénenz et Mâtran. A Matran reparaît la Glane aux rives abruptes; côte de Villars, puis arrivée à Fribourg, ville bâtie sur une presqu'île baignée par la *Sarine.*

Entre Fribourg et Lanthen, la r. présente une montée et une descente, chacune longue de deux kil. On descend ensuite la vallée de la *Taferna* jusqu'à Flamatt. De Flamatt à Berne, la première moitié du trajet est en montée douce, le reste en descente légère.

De Fribourg à Bulle et à **Vevey**, *V.*, en sens inverse, page 103.

De **Lausanne** à **Payerne** et à **Berne**, par Bressonaz (**21.3**
— V. page 100), **Moudon** (**2.2** — 2.687 hab. — Hôt. du *Pont*
— A voir: les Châteaux, l'église), Lucens (**5.8** — Vieux château),
Seigneux (**1.1**), Henniez (**2**), Marnand (**2**), **Payerne** (**8** —
5.239 hab. — Hôt. de l'*Ours* — A voir : l'église), Corcelles (**2.3**),
Dompierre (**3.5**), Domdidier (**2.3**), Avenches (**2.5** — 1.964 hab.
— Hôt. de la *Couronne* — A voir : l'église, le Château, l'Amphi-
théâtre romain, le Musée archéologique), Faoug (**1.1** — Hôt. du
Soleil), Meyriez (**3**), **Morat** (**0.8** — 2.360 hab. — Hôt. de la
Croix — A voir : le vieux château, le Musée de la maison d'école),
Büchslen (**5.4**), Gempenach (**1.8**), Biberen (**1**), Ritzenbach (**1.3**)
et **Berne** (**21** — V., en sens inverse, à l'itinéraire de *Berne* à
Neuchâtel, page 167).

Depuis Bressonaz, la r. descend vers la vieille ville de Moudon,
dans la vallée de la *Broye*. On suit la rive g. de cette rivière jusqu'à Lucens où la r. tourne brusquement à dr. pour traverser la
vallée et suivre la rive dr. jusqu'à Payerne; trajet excellent, à
peine ondulé.

La vallée s'aplanit de plus en plus et devient marécageuse ; une
petite côte dure précède Avenches, ancienne ville autrefois capitale
de l'Helvétie.

La r. atteint le bord du *lac de Morat* et traverse la vieille ville
de Morat, célèbre par sa résistance en 1476 contre l'artillerie de
Charles le Téméraire, duc de Bourgogne.

Après avoir côtoyé le lac pendant sept kil., on s'en écarte pour
se diriger vers l'O. Le trajet devient légèrement accidenté jusqu'à
Ritzenbach.

DE LAUSANNE A MONTREUX

Par Lutry, Cully, Epesses, Rivaz, Saint-Saphorin, Vevey, La Tour-de-Peilz et Clarens.

Distance : **26** kil. **500** m. *Côtes :* **17** min.
Pavé : **1** min.

Nota. — Cette route, surnommée la *corniche du Léman*, présente au départ de Lausanne une descente de deux kil., puis ondule
faiblement ; tout son parcours est un enchantement perpétuel.
Faire attention aux tramways entre Lausanne et Lutry, ainsi
qu'entre Vevey et Chillon.

A la sortie de l'hôtel du *Grand-Pont*, se diriger, vis-à-
vis, vers la place *Saint-François*. On passe entre

l'église, à g., et les monuments de l'Hôtel des Postes et
de la Banque Cantonale, à dr., pour suivre la ligne du
tramway qui descend l'avenue du *Théâtre*, prolongée
par les avenues de *Rumine* (Côte : 2') et du *Léman*.

Hors de la ville, on aperçoit à g. le vallon de la
Paudeze avec les deux viaducs du ch. de fer ; au bas
de la côte, on rejoint (**1.3**) le ch. d'Ouchy (5.1), un peu
avant de traverser l'étroite rue du village de Lutry
(**0.3** — Hôt. de la *Couronne*).

La r., ravissante, tracée en corniche, à une faible
élévation au-dessus de la rive du lac, longe le pied de
montagnes dont les versants, couverts de vignes, produisent le vin blanc réputé de *la Vaux*.

On double la jolie pointe de Villette. Après Cully
(**1.3** — Hôt. de la *Ville*), une courte montée (2') pour
croiser le ch. de fer et doubler encore le petit cap
d'Epesses (**1.8**) ; à dr., le Léman diminue de largeur et,
sur la rive française, au S., les massifs de la *Dent
d'Oche* et de la *Dent du Velan* dressent à pic leurs
sombres escarpements.

On passe près du moulin et de la *cascade de Riraz*
(**3**) ; une montée (2'). A la descente, apparaissent la baie
de Vevey et, un peu plus au loin, l'admirable côte de Montreux, entourée d'un amphithéâtre de montagnes ; à
dr., la station de Rivaz est voisine du vieux *château
de Glérolles* qui baigne le pied de sa tour dans le lac.

La r., ayant dépassé le village de Saint-Saphorin (**1**
— Petite cascade), coupe deux fois le ch. de fer et,
bordée d'une rangée de tilleuls, atteint un nouveau
passage à niveau, près d'une maison portant le n° 5,
vis-à-vis l'affiche du funiculaire *Vevey-Mont-Pélerin*,
dont la station se trouve à g.

Le funiculaire du **Mont-Pélerin** conduit à la station de Bau-
maroche (Prix : 2 fr. 10 ou 1 fr. 50, aller et retour ; trajet en
20 min. ; départs toutes les demi-heures), située sur le versant du
Jorat, le plus agréable pour les promenades. De l'hôtel *Belvéd.*
voisin de la station, on découvre un ravissant panorama sur le
et l'entrée de la vallée du Rhône. Près de l'hôtel, un sentier sous
bois mène (50') au sommet du *Mont-Pélerin* (Alt. : 1.084 m.).

Ici, traversant la voie à dr., on laisse à g. (**3.3**) la r.
de Châtel-Saint-Denis (1.). Quelques m. plus loin, à la

place *Bergère*, vis-à-vis la grille du parc du *Grand-Hôtel*, négligeant encore à g. l'avenue du *Plan*, suivie par la ligne du tramway, qui conduit dans le haut de la ville de Vevey, on continuera devant soi par l'avenue du *Grand-Hôtel*.

Après avoir franchi le pont sur le torrent de la *Vereysse*, suivre le quai, à dr., jusqu'au bord du lac où l'on prend à g. le quai de la *Buanderie*. Celui-ci mène à une promenade devant laquelle on tourne à g. dans la rue des *Bains*, et, un peu plus loin, à dr. dans la rue *Louis-Meyer*. Cette rue débouche sur la *Grande-Place* au centre de **Vevey**, la seconde ville du canton de Vaud (**1.5** — 11.786 hab. — Nombreuses fabriques; manufactures de tabac — A voir : le Musée Jenisch).

. Sur la Grande-Place, la rue du *Théâtre*, à g., mais à dr. du marché couvert, petit bâtiment avec horloge, conduit (Pavé : 2') à l'hôtel des *Trois-Rois* (simple), situé à l'angle de la rue du *Simplon*, au n° 52 (**0.2**).

Le musée *Jenisch* (peinture et histoire naturelle), à l'extrémité de l'avenue de la *Gare*, est ouvert le dimanche, de 11 h. du mat. à 1 h., du 1er mai au 31 août, et, de 1 h. à 4 h., du 1er septembre au 30 avril, ainsi que les mardis, jeudis et vendredis de 1 h. à 4 h. En dehors de ces jours et de ces heures, il est perçu 50 c. par visiteur et 25 c. par personne en sus.

Pour mémoire. — De **Vevey** à **Bulle** et à **Fribourg** par Corsier (**0.7**), Châtel-Saint-Denis (**11.1** — Hôt. de la *Ville*), Semsales (**5.7**), Vaulruz (**8**), Vuadens (**2.6**), **Bulle** (**3.4** — 3.337 hab. — Hôt. des *Alpes*), Riaz (**2.4**), Vuippens (**2.4**), Gumeffens (**2**), Posieux (**12**) et **Fribourg** (**7.6** — V. page 100).

Cette r. monte assez durement, par la vallée de la *Veveyse*, jusqu'au delà de Châtel-Saint-Denis. Une descente rapide, suivie d'une nouvelle côte, conduit à Semsales, dans la vallée de la *Broye*.

De Semsales à Bulle, descente à peu près continuelle, entrecoupée de quelques courtes montées.

Entre Bulle et Fribourg, la descente prédomine; belles échappées de vue sur la vallée encaissée de la *Sarine*.

De **Bulle** à **Gessenay**, par La Tour-de-Trême (**1.5**), Epagny (**2.5**), Gruyères (**1** — 1.380 hab. — Hôt. de la *Fleur-de-Lys* — A voir : le Château), Enney (**2**), Villard-sous-Mont (**3**), Neirivue (**1.5**), Albeuve (**1** — Hôt. de l'*Ange*), Montbovon (**4** — Hôt. de *Jaman*), La Tine (**3** — Aub.), Rossinière (**4** — Hôt. du *Grand-Chalet*), Les Moulins (**2**), Le Pré (**1**),

Château-d'Oex (1 — *V.* page 119), Flendruz (**4.9**), Rougemont (**2.4**) et Gessenay (**4.4** — *V.* page 121).

Cette r., qui descend d'abord le vallon de la *Trème*, pénètre
ensuite dans la vallée de la *Sarine*, qu'elle remonte après
avoir dépassé la petite ville de Gruyères.

Au delà de Montbovon, on s'engage dans une belle gorge
boisée, où la rivière coule profondément encaissée. A la sortie
de la gorge se présente une bifurcation: l'ancienne r. demeure
sur la rive g. de la Sarine; tandis que la nouvelle r., un peu
plus longue et moins ombragée, traverse la rivière et passe par
Perreys et le centre de Rossinière. Les deux r. se rejoignent
un kil. avant l es Moulins, hameau situé à l'embouchure de la
Tourneresse. On franchit de nouveau la Sarine au Pré, puis
l'on monte à Château-d'Oex.

De Château-d'Oex à Gessenay, la r. continue à remonter la
rive dr. de la vallée de la Sarine.

De **Fribourg** à **Berne**, ou à **Lausanne**, *V.*
page 100.

Traverser la Grande-Place en biais, à dr., pour suivre,
vis-à-vis, la rue commerçante du *Lac* (Pavé : 1'). Après
quelques m., parvenu au carrefour de la petite place de
l'*Ancien-Port,* on quitte la rue du Lac et l'on tourne à
dr. pour reprendre aussitôt les quais, à g.

La circulation des automobiles et des bicyclettes est interdite sur
les quais, de 8 h. à 10 h. 1/2 du soir, du 15 mai au 15 octobre.

On suit le quai *Perdonnet* (Hôtel du *Château*, au
n° 19) prolongé par le quai *Sina*. A l'extrémité de celui-
ci, obliquant à g., on traverse le petit square d'*Entre-
deux-Villes* pour retrouver la r. de Montreux, à dr., à
l'entrée du village de La Tour-de-Peilz.

Ici, abandonner la r. de Montreux, sillonnée par le
tramway, et prendre à dr. l'avenue du *Lac*, en bordure
du Léman. On passera ainsi devant le *vieux château*,
voisin de la tour qui a donné son nom à la localité, et,
tournant à g. dans la rue montante (3') du *Château*, on
reprendra, au milieu du village, la *Grande-Rue* à dr.
(**1.6**).

La r. (attention aux tramways), en grande partie
bordée de villas, qu'entourent des vignobles, descend
doucement, toujours en corniche. Après un coude,
on découvre la délicieuse anse de Montreux, encadrée,

par les montagnes de la *Dent de Jaman* et des *Rochers
de Naye*, tandis que l'on distingue déjà l'extrémité E.
du lac et la trouée de la *vallée du Rhône*, ouverte entre
les cimes altières de la *Dent du Midi* et de la *Dent de
Morcles* ; à dr., l'îlot de la *Roche des Mouettes*, avec sa
coquette villa à l'italienne, émerge des flots azurés du
lac à peu de distance de la rive.

De légères ondulations précèdent et suivent (Côtes :
3', 3' et 2') l'entrée de la rue du *Lac*, dans Clarens (**1.6**)
où commence un amusant parcours, long de quatre kil.,
en passant devant les luxueux hôtels, les jolies pensions, les riches villas et les élégants magasins de
Montreux, désignation générale du groupement des
localités successives de Clarens, Vernex, Rouvenaz,
Bon-Port, Collonges, Territet, Veytaux et Chillon.

La *Grande-Rue*, prolongement de la rue du Lac,
mène à la place du *Marché*, au centre de **Montreux**,
où se trouve situé à g., au n° 38, l'hôtel café-restaurant recommandé du *Parc* (**O.6**).

On pourrait aussi quitter la Grande-Rue, à hauteur du n° 102,
pour suivre à dr. le quai de *Vernex*, en bordure du lac, qui conduit
également à la place du Marché.

Visite de la ville de Montreux. — Montreux, le Nice du
lac de Genève, est le rendez-vous d'une foule d'étrangers qui
viennent y séjourner principalement pendant les mois de septembre
et d'octobre pour y faire la cure de raisin et jouir d'un climat exces-
sivement doux, recommandé aux personnes délicates.

Vis-à-vis la place du *Marché*, le quai de *Vernex*, qui s'étend à
dr. et à g. sur le bord du lac, offre une promenade merveilleuse
longue d'un kil. et demi. Ce quai, à dr., rejoint la *Grande-Rue* de
Montreux, près de Vernex ; à g., il passe devant le square du
Marché et le jardin du Kursaal (*V.* page 106), pour gagner à son
extrémité l'avenue *Nestlé* qui, à g., ramène à la rue du *Bon-Port* sur
la r. de Chillon (*V.* page 106).

L'avenue des *Alpes*, au-dessus et parallèle à la Grande-Rue de
Montreux, se déploie devant la façade monumentale de la gare.

Excursions recommandées au départ de Montreux.
— L'ascension des **rochers de Naye**, par le chemin de fer à
crémaillère de *Territet-Glion-Naye*, *V.* page 107.

La **gorge du Chaudron** et l'**église des Planches**, par
le tramway électrique de *Trait-Planches*, *V.* page 106.

DE MONTREUX AUX DIABLERETS

Par Bon-Port, Territet, Chillon, Villeneuve, Aigle, Le Sepey, Vers-l'Eglise et Le Plan.

Distance : **30** kil. **500** m. *Côtes :* **3** h. **31** min.

Nota. — Sur cet itinéraire, c'est à partir d'Aigle qu'on a la première impression des routes de montagne de la Suisse traversant des régions splendides, tour à tour riantes ou grandioses, dont le charme et la beauté suffisent pour faire oublier la longueur des côtes.

La route, qui descend légèrement entre Territet et Chillon, s'aplanit ensuite dans la vallée du Rhône. D'Aigle jusqu'au delà du Sepey, montée très dure de onze kil. ; puis le trajet, moins pénible, présente quelques descentes et un peu de terrain plat, entrecoupant les montées, jusqu'aux Diablerets.

On pourrait aussi se faire conduire d'Aigle aux Diablerets, soit en voiture de louage (15 fr. à un cheval ; 10 fr. seulement jusqu'au Sepey), soit en diligence (5 fr. 35 ou 4 fr. 25. Départ d'Aigle à 10 h. 50 du matin ou à 4 h. 15 du soir ; arrivée aux Diablerets à 3 h. 10 ou à 8 h. 15 du soir); toutefois le transport des bicyclettes sur les diligences est seulement toléré par l'administration, *si le postillon veut bien prendre les machines,* officiellement la poste ne les accepte pas.

Au sortir de l'hôtel du *Parc,* la *Grande-Rue,* à g., longe le square du Marché couvert et monte (2') pour franchir la *Baye de Montreux,* petit torrent qui sort de la *gorge du Chaudron* (V. ci-dessous). De l'autre côté du pont, la rue du *Kursaal,* avenue bordée de beaux magasins, laisse à dr. l'*établissement du Kursaal* (concerts deux fois par jour, représentations théâtrales, petits chevaux) et mène au croisement (**0.5**) de l'avenue *Nestlé,* à dr., vis-à-vis l'embarcadère du tramway électrique de *Trait-Planches.*

Le tramway électrique de *Trait-Planches,* à g., monte en quelques minutes au village des Planches (20 c. à la montée; 10 c. à la descente). Sur la place des *Planches,* où s'arrête le tramway, après avoir dépassé la fontaine, la rue du *Temple,* à dr., conduit (4') à la terrasse de l'église, d'où la vue sur Montreux et le lac est ravissante.

La ruelle du *Chaudron*, à g. de la place des Planches, mène (15')
à l'entrée de la **gorge du Chaudron**, beau ravin boisé,
agrémenté de rochers et de cascades. Le parcours complet de cette
gorge demande encore 1 h. 1/2.

La rue du *Bon-Port*, qui fait suite à la rue du Kursaal, monte (2') au passage à niveau de la *ligne de
Lausanne à Brigue*; on sort de la principale agglomé-
ration de Montreux. A g., le *cimetière de Territet*,
unique dans son genre, se confond avec le square
de la *place des Roses* (belle statue de l'impératrice et
reine Elisabeth d'Autriche). Un peu plus loin, la r.
passe (1) entre la station de Territet-Glion, à dr., et la
gare du ch. de fer à crémaillère *Territet-Glion-Naye*,
à g., dont la ligne escalade les contreforts des *rochers
de Naye*.

L'ascension des **rochers de Naye**, par Glion, Caux et
Jaman (Prix : 12 fr., aller et retour; trajet en 1 h. 1/2), est une des
principales attractions de Montreux. En passant une nuit au *Grand-
Hôtel des Rochers de Naye* (Alt. : 2.045 m.), on pourra assister
au coucher et au lever du soleil, lesquels sont de toute beauté sur
le panorama splendide qui embrasse l'ensemble du lac Léman, des
Alpes bernoises, valaisannes et vaudoises.
Depuis le *Grand-Hôtel des Rochers de Naye*, on peut faire de
faciles promenades aux *chalets de Santodoz*, au *lac de Jaman*, aux
Dentaux de Naye et aux *grottes de Naye*.

La r. s'élève (5') dans Territet, entre deux rangées
d'opulents hôtels, précédés de terrasses, de vé-
randas fleuries et entourés de jardins ou croissent les
palmiers; puis l'on franchit la *Veraye* pour descendre
à Veytaux qui touche Chillon (**1.1** — Hôt.-pension
Chillon).

A dr., de l'autre côté du pont du ch. de fer, le romantique **château de Chillon**, bâti sur un rocher, baigne ses murailles dans
le lac (entrée : 50 c. ; durée de la visite, 30'; fermé de midi à 1 h. 1/2).
Cet ancien château fort fut construit, croit-on, par Louis le Débon-
naire. Fortifié en 1248 par Pierre de Savoie, il servit d'habitation
aux comtes de Savoie, puis, plus tard, devint prison d'état. Boni-
vard, prieur de Saint-Victor de Genève, prisonnier dans les sombres souterrains du château, et Byron, son chantre le mieux ins-
piré, ont immortalisé Chillon.

La r., délicieuse, au bord du lac, rase une immense roche taillée à pic, et passe au-dessous du *Grand-Hôtel Byron*; elle franchit le pont du ch. de fer, près de Villeneuve, à l'extrémité du Léman.

A l'entrée de ce village, qui fut autrefois une ancienne petite ville murée, on quitte la rue centrale pavée, sans intérêt, pour suivre à dr. le ch. qui conduit au quai du *lac* orné d'un square. Dépassé l'hôtel du *Port* (**2.6**), le ch., obliquant à g., rejoint la r. d'Aigle à la sortie de Villeneuve.

La r., plate, pénètre dans la large vallée du *Rhône*, ceinte de hautes montagnes, aux cimes très découpées, et parcourt des prairies parsemées d'arbres fruitiers ; en face, la majestueuse *Dent du Midi*, couverte de neige, semble barrer la vallée. On laisse à dr. (**0.9**) le ch. de La Porte-du-Sex (6.2), qui relie la r. de la rive N. du lac à celle de la rive S., et l'on passe au village de Rennaz (**1.2**), dans un bouquet de marronniers.

A la bifurcation suivante, continuant à dr., on traverse un passage à niveau et l'on touche au village de Roche (**2.2**). La r. longe le pied des montagnes qui bornent la vallée au N., puis s'élève (1' et 2') au bas des penchants où sont récoltés les excellents *vins d'Yvorne*, du nom du joli village qu'on aperçoit à g. sur le coteau ; à dr., se détache (**3.2**) le ch. venant de Chessel (4.5). Après une descente, on franchit le torrent de la *Grande-Eau*, à l'entrée d'**Aigle**, petite ville possédant un important château ancien (**2.5** — 3.897 hab.).

Si l'on déjeune, ou si l'on s'arrête à Aigle, on devra, de l'autre côté du pont, traverser la petite place plantée d'arbres et suivre vis-à-vis la rue du *Centre* qui mène soit à l'hôtel *Victoria*, situé près de la Poste, soit à l'hôtel *Beau-Site*, voisin de la gare.

Pour la continuation de l'itinéraire d'Aigle aux Diablerets, *V.* page 118.

Pour mémoire. — **D'Aigle à Coire** par Bex (**9.1** — 3.190 hab. — Hôt. des *Alpes*), Saint-Maurice (**4.3** — 2.149 hab. — Hôt. du *Simplon* ; des *Alpes* — A voir : l'Abbaye, l'Ermitage de Notre-Dame-du-Sex, la grotte aux Fées), Evionnaz (**5.6**), Vernayaz (**5.3** — Hôt. de la *Gare*), Martigny (**4.5** — 1.827 hab. —

Hôt. de la *Gare*; *National* — Vins renommés), Saxon-les-Bains
(**9.2** — Hôt. de la *Pierre-à-Voir*), Riddes (**5**), Ardon (**5.5** —
Hôt. des *Gorges de la Lizerne*), Vétroz (**3.2**), **Sion** (**6.1** —
Ch.-l. du canton du Valais — 6.047 hab. — Hôt. du *Midi*). — A
voir : les Châteaux, l'église Notre-Dame-de-Valère, le Musée cantonal d'antiquités, la Cathédrale, l'église Saint-Théodule), Saint-
Léonard (**5.1**), Sierre (**11** — 1.842 hab. — Hôt. *Bellevue*;
Poste), Susten (**8.8**), Tourtemagne (**5** — Hôt. de la *Poste*), Viège
(**13.9** — 938 hab. — Hôt. du *Soleil*), Glys (**8.3** — Pèlerinage cé-
lèbre), **Brigue** (**1.3** — 2.217 hab. — Hôt. *Terminus; Muller;*
—A voir : le palais des Stockalper), Naters (**2.4** — Ruines de châ-
teaux), Mœrel (**5.9** — Hôt. *Eggishorn*), Lax (**8.9**), Fiesch (**1.6**
— Hôt. des *Alpes*), Niederwald (**6.2**), Selkingen (**2.8**), Biel (**1**),
Gluringen (**1.3**), Reckingen (**1.8** — Belle église), Münster (**2.8**
— Hôt. de la *Croix-d'Or*), Geschenen (**1.8**), Ulrichen (**2.3** —
Hôt. du *Glacier du Gries*), Obergestelen (**2**), Oberwald (**3.1** —
Hôt. *Furka*), **Gletsch** (**6.4** — Hôt. du *Glacier du Rhône*), **Col
de la Furka** (Alt. : 2.436 m. — Hôt. *Furkablick*), Realp (**23.4**
— Hôt. des *Alpes*), **Hospenthal** (**5.8** — Hôt. du *Lion-d'Or*),
Andermatt (**3** — 811 hab. — Hôt.-rest. du *Touriste*). **Col de
l'Oberalp** (**1.3** — Alt. : 2.052 m.), Tschamut (**15** — Hôt.
Cavegn), Ruèras (**4.4**), Sedrun (**2.1** — Hôt. *Krone*). Disentis
(**8.8** — 1.369 hab. — Hôt. *Krone* — Ancienne abbaye). Somvix
(**7.3**), Rabius (**2**), Truns (**2.5** — Hôt. *Zum Toedi*), Tavanasa
(**6.4** — Hôt. *Kreuz*), Ilanz (**11.9** — 983 hab. — Hôt. *Oberalp; Luk-
manier*), Kästris (**2.3**), Valendas (**4.4**), Versam (**6.7** — Hôt.
Signina), Bonaduz (**7.7** — Hôt. *Post*), Reichenau (**1.8** — Hôt.
Adler — Château de Planta), Ems (**3.8**) et **Coire** (**6.6** —
Ch.-l. du canton des Grisons. — 11.710 hab. — Hôt. *Weisses-
Kreus; Stern*. — A voir : la Cour épiscopale, la Cathédrale, le
Château épiscopal, l'église Saint-Martin, le Musée Rhétien, l'Hôtel
de Ville, l'obélisque de Vazerol).

Cette r. remonte la large vallée du *Rhône*, au début un peu mono-
tone, ensuite bordée de grandes chaines de montagnes. Avant Vernayaz, on voit à dr. la belle cascade *de la Pisserache*, et, après le
village, du même côté, l'entrée des *gorges du Trient* (visite 1 fr.) ;
le trajet devient particulièrement intéressant au delà de Sion.

A Susten, se détache à g. le ch. des bains de Loèche (13 —
Hôt. *Bellevue*), station balnéaire et alpestre blottie au fond de la
vallée de la *Dala*; à Viège, on laisse à dr. le ch. muletier et la ligne
du ch. de fer à crémaillère de **Zermatt**.

De Viège à Zermatt par le ch. de fer, trajet en 2 h. 20 min.
ou 2 h. 45 min. ; prix 15 fr. ou 10 fr. — 28 fr. 80 c. ou 18 fr.,
aller et retour.

Zermatt (741 hab. — Hôt. *Schweizerhof; Bellevue;* de la *Poste*), village célèbre par sa vallée que domine la pyramide gigantesque du *Mont-Cervin*, est une des stations alpestres les plus courues de la Suisse. De Zermatt part le ch. de fer du Gornergrat, ligne électrique à crémaillère, la plus élevée qui soit en Europe, qui conduit à 116 m. du sommet du *Gornergrat* (Alt. : 3.020 m. — Hôt.-rest. *Belvédère*) d'où l'on a le plus grandiose panorama de hautes montagnes qui se puisse concevoir (De Zermatt, prix : 12 fr. ou 18 fr., aller et retour; trajet en 1 h. 1/2).

Plus loin, à Brigue, on néglige à dr. la r. d'Italie par le col du Simplon (*V.*, ci-dessous, de *Brigue à Bellaggio*).

Depuis Brigue, la r. commence à s'élever durement. La vallée se rétrécit et l'on traverse un petit défilé après Mœrel ; de nombreux circuits conduisent ensuite à Lax. Dépassé Oberwald, la r., continuant à monter par de grands lacets, franchit deux fois le Rhône naissant de l'énorme *glacier du Rhône.*

A Gletsch, se détache à g. la r. de Meiringen par le col du Grimsel.

On gravit les grandes courbes qui surplombent le glacier, puis l'on atteint le col de la Furka, au milieu d'ouvrages fortifiés; ensuite descente par de larges circuits vers Realp, au début de la vallée d'*Urseren* La r., toute droite, gagne Hospenthal, village situé au croisement de la r. du Saint-Gothard, dans la vallée de la *Reuss.*

D'Hospenthal à Andermatt, on suit la r. de Lucerne. On abandonne cette dernière à Andermatt pour escalader à dr. les grands zigzags de la r. de l'Oberalp, défendue à g. par une série de blockhaus. Parvenu au col de l'Oberalp, sur la lisière des cantons d'Uri et des Grisons, il n'y a plus ensuite qu'à descendre presque continuellement la vallée du *Rhin-Antérieur.* Au bas de douze lacets très rapides, la pente s'adoucit ; beaux paysages, magnifiques sites jusqu'à Ilanz.

Fortes côtes entre Ilanz et Versam. Descente dans la *gorge de Versam*, puis longue montée par de nombreux circuits avant de descendre vers Bonaduz. Plus loin, à Reichenau, on franchit le *Rhin* près de la jonction de ses deux bras, dits Rhin-Antérieur et Rhin-Postérieur.

De Reichenau à Coire, parcours à plat dans la vallée élargie.

De Brigue à Bellaggio (Italie, *excursion aux lacs de l'Italie septentrionale*), par Schlucht (**3**), Bérisal (**10** — Hôt. *Bérisal*), Col du Simplon (**10** — Alt : 2.009 m. — Hôt. *Bellevue*), Hospice du Simplon (**1** — Logis desservi par les religieux), Simplon (**8** — 537 hab. — Hôt. de la *Poste*), Gondo (**9**), Iselle (**5** — Douane italienne — Hôt. de la *Poste*),

Varzo (**5**), Crevola (**9** — Hôt. *Stella*), Domo-d'Ossola (**5** — 3.858 hab. — Hôt. de la *Ville et Poste; Terminus*), Villa (**7**), Pallanzeno (**2.5**), Vogogna (**5** — Hôt. *Corona*), Premosello (**3**), Cuzzago (**3**), Nibio (**3**), Candoglio (**1**), Mergozzo (**3**), Fondo-Toce (**5**), Suna (**3**), **Pallanza** (**2** — 4.613 hab. — Hôt. *Saint-Gothard; Métropole*), **Intra** (**1** — 6.900 hab. — Hôt. de la *Ville et Poste*), **Luino** (3.724 hab. — Hôt. *Poste et Suisse; Ancora et Bellevue*), Fornasette (**4** — Douane suisse), **Ponte-Tresa** (**8**), **Lugano** (*V.* p. 113), **Porlezza** (Douane italienne — Hôt. *Posta; del Lago*), Tavardo (**1.5**), Piano (**2.5**), Croce (**5**), **Menaggio** (**1** — Hôt. *Menaggio*) et **Bellaggio** (1.038 hab. — Hôt. de *Florence; Suisse*).

La r. du Simplon, construite par Napoléon Ier en 1801, quitte la vallée du *Rhône* au départ de Brigue et monte sans discontinuer jusqu'au col; longs circuits au milieu de beaux pâturages. Après le hameau de Schlucht, nouveaux lacets pour se rapprocher de la *gorge de la Saltine*. La rampe s'adoucit, en longeant la vallée de la *Ganter*, jusqu'au pont sur le torrent de ce nom; puis l'on gagne par deux courbes le refuge de Bérisal. La r. passe sous trois galeries avant d'atteindre le col du Simplon; vue splendide sur les Alpes bernoises et le grand *glacier d'Aletsch*.

L'hospice *du Simplon* appartient aux moines de l'ordre de Saint-Augustin. Le logis et les repas offerts gratuitement aux voyageurs, par les religieux, y sont bons; mais si l'on n'est pas indigent on dépose dans le tronc des offrandes, avant de partir, au moins ce qu'on aurait payé dans un hôtel.

De l'autre côté du col, la descente est continuelle dans la vallée de la *Doveira*; galeries et traversée de la grandiose et sauvage *gorge de Gondo*. A Crevola, on rejoint le *val d'Ossola*, entouré d'une végétation luxuriante et arrosé par la *Tosa*. La r., suivant la rive g. de cette rivière, mène à Mergozzo, au bord du petit *lac de Mergozzo* dont on longe la rive pendant environ quatre kil.

A Fondo-Toce se trouve l'embouchure de la Tosa dans le *lac Majeur*. La r., en bordure du lac, conduit à Pallanza, en face des *îles Borromées*.

Pour traverser le lac Majeur, on s'embarque de préférence à la petite ville d'Intra, située à quatre kil. de Pallanza, et l'on débarque à Luino. Ici, on reprend la r. par la vallée de la *Tresa* jusqu'à Ponte-Tresa, village sur le territoire italien, au bord du *lac de Lugano*.

La traversée de ce lac s'effectue également en bateau à vapeur. On touche au port de la ville suisse de **Lugano** (*V.* page 113) et l'on va débarquer à Porlezza, localité italienne.

De Porlezza à Menaggio, la r. remonte la large vallée du *Cuccione* et atteint, au delà du petit *lac de Piano*, le point culminant du passage. On descend ensuite très rapidement vers Menaggio, situé sur la rive du merveilleux *lac de Come*.

De Menaggio à Bellaggio, traversée du lac en bateau à vapeur.

De **Bellaggio** à **Coire**, *V.* ci-dessous, en sens inverse.

De **Gletsch** à **Meiringen**, *V.*, en sens inverse, page 139.

D'**Hospenthal** à **Lugano**, ou à **Lucerne**, *V.* p. 148.

De **Coire** à **Davos-Dorf**, par **Lenz** (**23.2** — *V.* p. 114), Brienz (**3.3**), Crapanaria-Tobel (**3**). Alveneu (**2**), Schmitten (**2.5** — Aub. *Adler*), Wiesen (**4.3** — Hôt. *Bellevue* — Station climatérique,, Glaris (**10.1** — Hôt. de la *Poste*), Spinabad (**1**), Frauenkirch (**3** — Hôt. de la *Poste*), Davos-Platz (**3.5** — 4.780 hab. — Station climatérique. — Hôt. *Strela; Schweiserhof, Davoserhof* — A voir : l'Hôtel de Ville) et **Davos-Dorf** (**2.6** — Hôt. *Fluela-Post*).

Après Lenz, la r. de Davos-Dorf, continuant tout droit, laisse à dr. la r. de Tiefenkasten et descend vers Brienz: elle monte ensuite par une large courbe pour gagner Alveneu, puis Schmitten, à l'entrée de la vallée du *Landwasser*.

On traverse un tunnel, ensuite le ravin du *Tieftobel*. Dépassé Wiesen, de longs circuits conduisent dans la partie supérieure de la sauvage et grandiose vallée; à g., la *cascade du Sœgentobel*. Nombreux ponts, tunnels et galeries.

De **Coire** à **Bellaggio** (Italie), par **Splügen** (**51.9** — *V.* page 113), **Col du Splügen** (Alt. : 2.117 m.), la Dogana (**11.8** — Douane italienne — Aub. *Monte-Spluga*), Pianazzo (**10.8**), Campo-Dolcino (**4.2** — Auberges), San-Giacomo (**9.1**), **Chiavenna** (**4** — 3.216 hab. — Hôt. *Specola*. — A voir : le jardin du Paradiso, l'église San-Lorenzo), La Riva (**12.6**), Novate-Mezzola (**1**), Verceja (**3**), Colico (**10.9** — Hôt. *Risi*), Dorio (**6**), Corenno (**2**), Bellano (**5** — 2.090 hab. — Hôt. *Posta; Grossi*), Varenna (**5** — Hôt. *Vittoria*) et **Bellaggio** (*V.* page 111).

La r. monte durement par d'innombrables lacets jusqu'au col du Splügen, sur la frontière de la Suisse et de l'Italie; traversée de deux grands tunnels. On descend ensuite très rapidement de nombreuses courbes en passant encore sous cinq autres galeries murées.

Après Pianazzo, la r. passe en vue de la belle *cascade du Madesimo* et descend la sauvage vallée de San-Giacomo jusqu'à Chiavenna, ville située dans la charmante vallée de la *Méra*, ici appelée le *piano de Chiavenna.*

Au hameau de la Riva, on atteint le bord du *lac de Mezzola* qu'on longe pendant huit kil.

. La r. franchit ensuite l'*Adda*, puis rejoint la rive du *lac de Come* près de Colico; elle continue en bordure du lac jusqu'à Varenna.

De Verenna à Bellaggio, traversée du lac en bateau à vapeur en quelques minutes.

De **Chiavenna** à **Ponte,** *V.*, en sens inverse, page 116.

De **Bellaggio** à **Brigue,** *V.*, en sens inverse, page 110.

De **Coire** à **Lugano,** par Ems (**6.6**), Reichenau (**3.8** — Hôt. *Adler* — Château de Planta), Bonaduz (**1.8** — Hôt. *Post*), Rhœzüns (**1.5** — Château Viéli), Rothenbrunnen (**3.0**), Realta (**4.2**), Cazis (**1.1** — Hôt. *Kreuz*), Thusis (**2.8** — 1.298 hab. — Hôt. *Weisses-Kreuz* — Ruines du château de Haute-Rhétie), Rongellen (**3.2**), Zillis (**5.3** — Hôt. *Conrad* — Vieille église), Andeer (**3.6** — 581 hab. — Hôt. *Fravi; Sonne*), Sufers (**10**), **Splügen** (**3.8** — 317 hab. — Hôt. *Bodenhaus; Splügen* — Vieux château), Medels (**2.5**), Novène (**4.2**), Hinterrhein (**3.6** — Aub. de la *Poste*), **Col du San-Bernardino** (**9.2** — Alt.: 2.063 m. — Hospice), San-Bernardino (**7.7** — Hôt. *Brocco; Ravizza*), San-Giacomo (**8.1**), Mesocco (**5.8** — Hôt. *Posta* — Ruines du château), Soazza (**3**), Cabbiolo (**5.3**), Lostallo (**2**), Cama (**5.4**. — Couvent de capucins), Leggia (**1.1**), Grono (**2.3** — Aub. *Tognola*), Roveredo (**1.6** — 1.065 hab. — Hôt. *Angelo* — Château en ruine), San-Vittore (**1.6**), Lumino (**4**), Castione (**2.1**), Molinazzo (**1**), **Bellinzona** (**2.3** — Ch.-l. du canton du Tessin — 5.040 hab. — Hôt. du *Cerf.* — A voir: l'église, les Châteaux forts). Giusbiasco (**2.5**), Cadenazzo (**5.1**), Bironico (**10.1**), Taverne (**5.5**), Vezia (**5.6**) et **Lugano** (**3.1** — 9.390 hab. — Hôt. *Suisse.* — A voir: l'Hôtel de Ville, l'église Santa-Maria-degli-Angioli, l'église San-Lorenzo, la Terrasse de la gare, la statue de Guillaume Tell).

Cette r. suit la vallée du *Rhin* jusqu'à Reichenau, hameau situé à la jonction des deux bras du Rhin, dits Rhin-Antérieur et Rhin-Postérieur. Forte côte entre Reichenau et Bonaduz. On remonte ensuite la large vallée du Rhin-Postérieur, parsemée de nombreuses ruines de châteaux, jusqu'à Thusis; trajet très accidenté.

Après Thusis, la r., montant toujours, pénètre dans le fameux défilé dit de la *Via-Mala*, étroite gorge aux sites grandioses, où le Rhin coule à une profondeur de 88 m. Au sortir du défilé, on entre dans la verdoyante *vallée de Schams.*

Depuis Andeer, la r. s'élève en zigzag à travers la belle *gorge de Rofna*, et atteint Splügen village où se détache à g. la r. de Chiavenna par le col du Splügen (*V.* page 112).

Au delà d'Hinterrhein, la r. gravit seize lacets pour gagner le col du San-Bernardino, d'où l'on descend ensuite par de nombreux circuits dans la vallée de la *Moësa*. Après Lumino, on rejoint la large vallée du *Tessin* et la r. venant du Saint-Gothard (*V.* page 148).

A Bellinzona, se détache à dr. la r. de Locarno. (*V.* ci-dessous).

Continuant à suivre la vallée du Tessin, on monte, après Cadenazzo, une longue côte tracée sur les flancs du *Mont-Cenere* (Alt. : 553 m.) ; ensuite on descend dans la vallée de la *Leguana* du nom du torrent qui s'unit plus bas à celui du *Vedeggio* pour former la rivière de l'*Agno*. Montée de Vezia, puis descente à Lugano.

De **Bellinzona** à **Locarno,** par Monte-Carasso (**2**), Sementina (**1**), Gudo (**3**), Cugnasco (**2.5**), Gordola (**4.5**), Tonero (**1**), Minusio (**3**) et **Locarno** (**1.5** — 3.600 hab. — Hôt. *Suisse ;* du *Lac.* — A voir : l'église de la Madonna del Sasso).

Cette r., unie, descend la rive droite de la large vallée du *Tessin,* fleuve qui vient se jeter dans le *lac Majeur.*

Dépassé Tonero, on se rapproche du lac pour gagner Locarno, petite ville suisse, mais d'aspect tout à fait italien, située à l'embouchure de la *Maggia.*

De **Lugano** à **Lucerne,** *V.,* en sens inverse, page 148 ; à **Brigue,** *V.,* en sens inverse, page 110.

De **Coire** à **Silvaplana,** par Malix (**6.6**), Churwalden (**4** — 400 hab. — Hôt. *Mettier ; Post*). Parpan (**3.2** — Hôt. *Stœlzerhorn*), Heidsee (**1.9** — Chalet restaurant), Lenzerheide (**2.5** — Hôt. *Lenzerhorn*), **Lenz** (**5** — Hôt. *Krone*), Vazerol (**2**), **Tiefenkasten** (**3.7** — Hôt. *Albula ; Rhœtia*), Conters (**7.3**), Savognin (**1.4** — Hôt. *Pianta* — Station climatérique), Tinzen (**2.1** — Hôt. *Tinzenhorn*), Roffna (**3**), Molins (**4.3** — Hôt. *Lœwe*), Marmorera (**4.3** — Belles ruines d'un château), Stalla (**4** — Hôt. de la *Poste*), **Col du Julier** (**7.6** — Alt. : 2.287 m. — Auberge) et **Silvaplana** (**8.3** — 300 hab. — Hôt. *Corvatsch ; Sonne*).

Cette r., qui débute par des lacets très durs, remonte la vallée de la *Rabiosa ;* fortes rampes jusqu'au delà du village de Parpan où l'on atteint le point culminant du passage (1.551 m.). On descend ensuite en passant devant quelques petits lacs dont le plus important est celui d'Heidsee.

Après Lenz, la pente s'accentue ; on descend par de nombreux zigzags dans la vallée de l'*Albula*, à Tiefenkasten, village situé à la bifurcation des r. du Julier et de l'Albula (*V.* ci-dessous).

Au delà de Tiefenkasten, la r. s'engage dans la vallée de la *Julia* et monte fortement au pied du rocher du *Stein*; deux galeries. La rampe continue jusqu'à l'hospice du Julier ; joli parcours de la riante *vallée d'Oberhalbstein.*

Dépassé Molins, le paysage devient grandiose et des plus pittoresques. La montée proprement dite du col du Julier commence à Stalla ; une série de lacets, tracés sur le flanc aride de la montagne, conduit au point culminant du col.

Du col du Julier à Silvaplana, descente continuelle ; vue splendide sur les cimes neigeuses et glacées du *Bernina* qui dominent la vallée de la Haute-Engadine et ses lacs.

De **Silvaplana** à **Ponte**, ou à **Chiavenna**, *V.* page 116.

De **Coire** à **Ponte**, par **Tiefenkasten (28.9** — *V.* page 114), Surava **(3.1)**, Bains d'Alveneu **(3** — Hôt. de l'*Etablissement*), Filisur — **(3.4** — Hôt. *Schœnthal*), Bergün **(7.5** — 1.365 hab. — Hôt. *Weisses-Kreuz* — Petits bains), Weissenstein **(9.9** — Hôt. du *Weissenstein*), **Col de l'Albula (4.2** — Alt. : 2.315 m. — Hospice) et **Ponte (9.3** — Hôt. *Albula*).

Montée presque continuelle jusqu'au col de l'Albula en suivant la vallée de l'*Albula*. Passage intéressant de la *gorge du Bergüner-Stein*, entre Filisur et Bergün. Du col à Ponte, descente.

De **Ponte** à **Nauders** (Tyrol), par Madulein **(1.2)**. Zutz **(2.7** — 425 hab. — Hôt. *Concordia; P. Poull*), Scanfs **(2.2** — 408 hab — Hôt. *Scaletta*), Cinuskel **(1.7)**, Brail **(1.8)**, **Zernetz (7.9** — 590 hab. — Hôt. *Bar*), Sûs **(6.2** — Hôt. *Rhœtia et Post*), Lavin **(3.5** — Hôt. *Piz-Linard*), Giarsun **(3.1)**, Ardetz **(4.8** — 628 hab. — Hôt. *Alpina* — Belles ruines), Bains de Tarasp **(7.3** — Hôt. du *Kurhaus*), Schuls **(2.8** — 1.116 hab — Hôt. *Post; Kœnz*), Crusch **(5.5** — Hôt. *Kreuz*), Remüs **(2.5)**, Strada **(6.3)**, Martinsbruck **(3.5** — Hôt. *Denoth-zur-Post*) et **Nauders (8.1** — Hôt. *Post*).

Cette r., dite de la *Basse-Engadine*, descend d'abord doucement la jolie vallée de l'*Inn*, puis s'accidente considérablement après Zernetz, localité où se détache à dr. la r. de Münster (*V.* page 116). Au delà de Lavin, un défilé; ensuite le parcours devient très escarpé ; nombreuses ruines de châteaux.

Au pont de Martinsbruck se trouve la frontière de la Suisse et du Tyrol ainsi que le bureau de la douane autrichienne.

De **Zernetz** à **Münster**, par Ofen (**14.0** — Aub. de l'*Ofenberg*), **Col d'Ofen** (Alt.: 2.155 m.), Cierfs (**13.4** — Hôt. *Alpenrose*), Fuldera (**3.3** — Aub. *Poste*), Valcava (**2.5** — Hôt. *Poste*), Santa-Maria (**1.2** — Hôt. *Weisses-Kreuz*) et **Münster** (**3.9** — Hôt. *Münsterhof* — Belle église).

Cette intéressante r. remonte en rampe dure les gorges sauvages du *Spoel* et de la *Serra* jusqu'au col d'Ofen. On descend ensuite la vallée de Münster où coule le *Rambach*.

De **Ponte** à **Chiavenna** (Italie), par Bevers (**4.1** — Hôt. *Crasta-Mora*), **Samaden** (**2.1** — 967 hab. — Hôt. *Bellevue; des Alpes* — Anciennes maisons). Celerina (**2.4** — Hôt. *Murail*), Cresta (**1**), Saint-Moritz (**2.1** — 1.600 hab. — Hôt. *Steffani; Post*), **Bains de Saint-Moritz** (**2** — Hôt. *Central; Bellevue*), Campfèr (**2.2** — Hôt. *Campfer*), **Silvaplana** (**2.4** — 300 hab. — Hôt *Corvatsch; Sonne*), Sils (**4.3** — Hôt. *Alpenrose; Edelweiss*), Kursaal de la Maloja (**5.8** — Hôt. *Longhin*), **Col de la Maloja** (**1.3** — Alt.: 1.811 m. — Hôt. *Maloja-Kulm; Villa-Vecchia*), Casaccia (**4.0** — Hôt. *Stampa*), Vicosoprano (**7.2** — 339 hab. — Hôt. *Couronne et Poste*), Borgonuovo (**1.5**), Stampa (**1.2** — Hôt. *Piz-Duan*), Promontogno (**3.1** — Hôt. *Scarlazzini*. — Ruines du château de Castelmur), Castasegna (**3.6** — Douane italienne — Hôt. *Schumacher*), Villa-di-Chiavenna (**2.4**) et **Chiavenna** (**7.2** — *V.* page 112).

Cette r., dite de la *Haute-Engadine*, remarquable par la beauté de ses sites grandioses et de ses lacs, bordés de grandes chaines de montagnes aux glaciers étincelants, remonte la vallée supérieure de l'*Inn* jusqu'au col de la Maloja.

A Samaden, se détache, à g., la superbe r. menant à Tirano (Italie), par **Pontresina** (**6** — Hôt. *Weisses-Kreus*), Bernina (**7.5**), le **col de Bernina** (**8** — Alt.: 2.330 m. — Hôtel), Poschiavo (**17.5** — 3.102 hab. — Hôt. *Albricci*), Brusio (**10.5**) et Tirano (**7** — Hôt. *Tirano*).

Rampe très dure entre Celerina et Saint-Moritz, le village le plus élevé de l'Engadine. Successivement, on côtoie les rives des *lacs de Saint-Moritz*, de *Campfer*, de *Silvaplana* et de *Sils*, qui empruntent leurs noms aux localités voisines où les étrangers affluent en été.

A Silvaplana, on laisse à dr. la r. de Coire (*V.* page 114).

Au delà du col de la Maloja, la r. descend très rapidement par douze lacets dans la vallée de l'*Orlegna*, torrent dont les eaux viennent se confondre avec celles de la *Mera*, au-dessous de Casaccia. On longe le beau val *Bregaglia*, puis, par de nouvelles courbes plus rapides, on descend au gros village de Vicosoprano; ensuite la r. s'aplanit.

De **Chiavenna** à **Coire**, par le col du Splügen, ou à **Bellaggio**, *V*. page 112.

De **Coire** à **Constance** (Grand-Duché de Bade), par Masans (**2.2**), Zizers (**7.0** — Hôt. *Krone*), Landquart (**3.4** — Hôt. *Landquart*), **Ragatz** (**7** — 1.866 hab. — Bains fréquentés — Hôt. *National*; *Mattmann*; *Rosengarten*), **Sargans** (**7** — Hôt. *Thoma*), Trübbach (**4.0** — Hôt. *Lœwe*), Weite (**2.6**), Sevelen (**1** — Aub. *Traube*), Buchs (**5.0** — Hôt. *Zum Arlberg*). Werdenberg (**0.7** — Château). Grabs (**2.3**), Gams (**2.1**), Sax (**3.5**), Frümsen (**2.2**), Ængstiriet (**2.3**), Sennwald (**1.2**), Lienz (**1.5**), Rüthi (**2.8**), Oberriet (**4.0** — Hôt. *Sonne*), **Altstætten** (**6.7** — 8.730 hab. — Hôt. *Drei-Kœnige*), Marbach (**3**), Rebstein (**1.3**). Balgach (**2**), Au (**4** — Hôt. *Schiff*), Sainte-Margrethen (**3.5** — Hôt. *Linde*), Rheineck (**3.8** — 2.032 hab. — Hôt. *Post*), Staad (**6.1**), **Rorschach** (**3.2** — 9.147 hab. — Hôt. *Hirsch*; *Grüner*; *Baum*), Horn (**3.2**), Steinach (**1.9**), Arbon (**1.8** — 5.677 hab. — Hôt. *Bær*), Frasnacht (**2.0**), **Egnach** (**2.5**), Haslen (**0.9**), Salmsach (**0.8**), Romanshorn (**1.0** — 4.580 hab. — Hôt. *Bodan*), Uttwil (**3.2** — Hôt. du *Lac*), Kesswil (**2.1** — Hôt. *Bær*), Güttingen (**2.5** — Hôt. *Lamm*), Landschlacht (**4**), Rottighofen (**3.5**), Kurzenrikenbach (**0.8**), Kreuzlingen (**2.2** — 4.732 hab. — Hôt. *Lœwe*) et **Constance** (**1.2** — 17.000 hab. — Hôt. *Halm*; *Schœnebeck*. — A voir : la Cathédrale, l'église Saint-Etienne, la Chancellerie municipale, l'Entrepôt, les Musées Wessenberg et du Rosgarten).

Cette r., unie, à peu près plate, descend insensiblement la grandiose et pittoresque vallée du *Rhin*; nombreuses ruines de châteaux.

A Sargans, s'éloigne à g. la r. vers Glaris, Lucerne et Zurich.

Au delà du défilé de Trübbach, la vallée va s'élargissant tandis que les versants des montagnes, puis des collines, se couvrent d'arbres fruitiers et de vignes.

A Altstætten, se détache à g. la r. d'Egnach, par Appenzell et Saint-Gall (*V*. page 118).

Près de Rheineck, le Rhin se jette dans le *lac de Constance*, véritable mer intérieure.

La r., inclinant vers l'O., côtoie la rive du lac jusqu'à Arbon; elle s'en éloigne un peu entre Arbon et Constance.

A Egnach, on laisse à g. la r. de Saint-Gall et d'Appenzell (*V*., en sens inverse, page 118).

De **Sargans** à **Lucerne**, *V*., en sens inverse, page 150; à **Nœfels** et à **Glaris**, *V*. pages 150 et 151; à **Pfæffikon** et à **Zurich**, *V*. pages 150 et 153.

De **Constance** à **Zurich**, *V*., en sens inverse, page 153; à **Schaffhouse** et à **Bâle**, *V*., en sens inverse, page 155.

De **Coire** à **Lucerne**, *V.*, en sens inverse, page 150; à **Zurich**
V., en sens inverse, page 153.

D'**Altstætten** à **Egnach** (*V.* page 117), par **Gais** (**9.6**
— 2.855 hab. — Hôt. *Krone*; *Ochs*), Bühler (**3.3** — Hôt.
Rœssli), Teufen (**3.8** — 4.599 hab. — Hôt. *Hecht*), **Saint-
Gall** (**5.8** — Ch.-l. du canton de Saint-Gall — 33.100 hab.
— Hôt. *Hecht*: *Hirsch*. — A voir : l'Ancienne abbaye, la
Cathédrale, l'église Saint-Laurent, le Musée du Grosse-Brühl,
le Musée industriel et professionnel, le Musée ethnographique
à l'Hôtel de Ville, le funiculaire du Mühleck — Centre manu-
facturier; broderies et articles de blanc), **Heil-Kreuz** (**2.1**),
Kronbühl (**2**), Lömiswil (**6**), Gristen (**3**), Neukirch (**1**) et
Egnach (**1.1**).

Cette r. traverse la région montagneuse comprise entre la
vallée du *Rhin* et la ville de Saint-Gall, dans la vallée du
Steinach. Longue côte, au début en lacets, pour atteindre les
pâturages de Gais.

A Gais, se détache à g. le ch. d'**Appenzell** (**4.9** — Hôt.
Hecht; *Lœwe*. — Ch.-l. du canton d'Appenzell — 4.574 hab.
— A voir : l'église Saint-Maurice, le Château).

Au delà de Gais, belle descente du vallon du *Rothbach*, puis
montée au village industriel de Teufen. Grande descente vers
Saint-Gall.

Après Saint-Gall, la r., quittant la vallée du Steinach, s'élève
sur un plateau dominant à g. les méandres de la vallée du *Sitter*.
On descend ensuite du plateau, à Lömiswil, pour se diriger, à
travers la grande plaine de Neukirch, vers Egnach où l'on
rejoint la r. qui vient d'Altstætten, par Rorschach (*V.* page 117).

Si l'on ne s'arrête pas à Aigle, sitôt après avoir traversé le pont sur le torrent de la *Grande-Eau* (*V.*
page 108), on tourne à g. dans la rue du *Collège*, en
bordure de la rivière. Cette rue longe les bâtiments du
Collège et de la Salle de gymnastique, à dr.; puis, négligeant un premier pont, à g., rejoint l'avenue des
Ormonts. Suivant cette dernière, à g., on franchit de
nouveau la Grande-Eau près de la station du ch. de fer
électrique *Aigle-Leysin* (**0.8**).

Le ch. de fer électrique monte à **Leysin** (Alt. : 1.263 m.
Prix : 5 f. 75, aller et retour; trajet en 1 h.; 6 départs par jour
dans les deux sens). Ce village, situé sur une terrasse de montagne,

exposée au soleil et à l'abri du vent du N., est un séjour très fréquenté par les malades atteints de la poitrine (Hôt. *Sanatorium;* du *Mont-Blanc*).

La station de Leysin est reliée au Sepey (**5.2** — *V.* ci-dessous) par une r. de voiture.

La r. du Sepey, tracée en corniche, s'éloigne de la vallée du Rhône et remonte (60', 35' et 45') celle de la Grande-Eau. On gravit de durs lacets, sur un versant escarpé, planté de vignes, tandis que les montagnes de la rive dr. sont couvertes de forêts touffues; de ce côté une échancrure, au-dessus du *Grand-Hôtel*, laisse apercevoir la *Dent du Midi*.

Après le hameau de Fontanney (**1.3**), on dépasse plusieurs cascatelles dont l'une est signalée par son *eau malsaine* (**3.1**). La r. atteint une grande élévation au-dessus du torrent; à dr., se dresse la cime du *Chamossaire*.

Le lit du torrent s'écarte vers l'E. et l'on pénètre dans le vallon adjacent du Sepey en passant au hameau de Au Vernay (**1.5**). La r., laissant à g. le ch. de Leysin (4.2 ou 5.2 jusqu'aux hôtels — *V.* ci-dessus), tourne busquement au N.-E. et franchit un ruisseau à l'entrée du Sepey, coquet village de chalets et localité principale de la vallée inférieure de la Grande-Eau (**1** — Hôt. du *Mont-d'Or; du Cerf*).

. Au delà du Sepey la montée continue encore (19') jusqu'à l'embranchement du ch. de Château-d'Oex qui se détache à g. (**1.2**).

On peut également se rendre à Gessenay (en all. *Saanen* — *V.* page 121) par La Comballaz (**3.9** — Hôt. de la *Couronne*), le col des Mosses (**2.2** — Alt. : 1.446 m. — Hôt. des *Alpes*), Passhohe (**2.4**), Etivaz (**7.4** — Hôt. des *Bains*), Les Moulins (**7.3**), Château-d'Oex (**2** — en all. *Œsch* — 3.025 hab. — Hôt. *Berthod; de l'Ours.* — Station d'été très fréquentée), Flendruz (**4.9**), Rougemont (**2.4** — en all. *Rothenberg* — Hôt. du *Rubli*) et Gessenay (**4.4**).

Ce passage, aussi très beau, offre une vue magnifique au col des Mosses. La qualité de la r. et la longueur des côtes sont à peu près les mêmes que celles de la r. par les Diablerets et le col de Pillon (*V.* page 120).

La r., un moment plate, retrouve la superbe vallée de la Grande-Eau, rivière formée par les torrents qui descendent du *glacier des Diablerets*, qu'on aperçoit à dr. On contourne le ravin de la *Raverettaz*, affluent de la Grande-Eau, pour passer au pied d'un éboulement.

Côte (10'), puis descente vers le groupe de chalets de A la Sernanty, dans un paysage enchanteur. Montée (2') et traversée d'un petit bois. Après Vers-l'Eglise (**1.9**), seconde localité de cette vallée, comme importance, la montée reprend (12'); on passe au-dessous de l'hôtel *Pillon*, admirablement posé sur une petite hauteur, à g., puis l'on descend au Plan-des-Iles, autre réunion de jolis chalets, formant avec ceux des Diablerets, un peu plus loin, la commune d'Ormont-Dessus.

Au début de la côte (6') qui précède le col de Pillon, se détache à dr. (**3.7**) le ch. qui descend à l'hôtel des *Diablerets* (**0.2**), situé vis-à-vis le *creux* et les *rochers de Champ*, au bas du glacier des Diablerets.

DES DIABLERETS A ZWEISIMMEN

Par le col de Pillon, Châtelet, Feutersoey, Gstaad et Gessenay.

Distance : **38** kil. **100** m. *Côtes :* **2** h. **42** min.

Nota. — Des Diablerets au col de Pillon, il y a une côte de quatre kil. deux cents m.; la r. descend ensuite jusqu'à Gessenay. A partir de ce bourg il faut encore gravir une montée de six kil., pour franchir le petit col qui sépare la vallée de la Sarine de celle de la Simme, puis l'on descend pendant sept kil. sept cents m. jusqu'à Zweisimmen.

Tout le parcours est remarquable par sa beauté, son caractère pittoresque et ses sites variés.

Au départ de l'hôtel des Diablerets, remonter (3') à la r. du col de Pillon et reprendre celle-ci à dr. (**0.2**), qui gravit une côte dure de quatre kil. (65'). Dans la partie supérieure et sauvage de la vallée, on aperçoit à dr. la *cascade du Dard*, puis l'on atteint le **col de Pillon** (**1** — Alt. : 1.550 m. — Buvette un peu plus bas), ouvert entre les montagnes de *La Palette* et des *Diablerets*, mais sans vue.

La r. descend rapidement vers la vallée de la *Reuschbach*, d'abord à travers des bois, puis en décrivant des courbes sur les prés où se disséminent les chalets de Grund; à dr., les superbes *rochers de l'Audon* profilent leurs cimes puissantes.

On arrive à Châtelet (**7.1** — en all. *Gsteig.* — Aub. de l'*Ours*), village dans un beau site, près du confluent de la Reuschbach et de la *Sarine*, cette dernière rivière tombant en cascade, au S., au pied du *Sanetschhorn*.

La r. descend agréablement, en pente plus douce, et côtoie un moment la Sarine, dans un petit défilé boisé qui précède les chalets de Feutersoey (**3.3**); on passe sur la rive dr. de la rivière, bordée de montagnes moins élevées, puis l'on monte (1') dans Gstad (**6.7** — Hôt. *Zum Olden*), village au débouché de la *vallée de Lauenen*.

Après Gstad, on croise la *ligne de Montreux à Spiez*; la vallée de la Sarine infléchit à l'O. et s'abaisse rapidement vers le joli bourg de **Gessenay** (**3** — en all. *Saanen* — 3.693 hab. — Fabrication spéciale du *fromage de Gruyère*).

A l'entrée de Gessenay, faire attention à ne pas se laisser entraîner sur la r. de Vevey, par Bulle, qui traverse le village (*V.* ci-dessous), mais prendre à dr. la r. de Zweisimmen.

Si l'on s'arrête à Gessenay, on devra traverser toute la localité pour se rendre à l'hôtel du *Grand-Logis* (**0.2**), puis revenir ensuite sur ses pas pour reprendre la r. de Zweisimmen (**0.2**), à g.

Pour mémoire. — De **Gessenay** à **Bulle**, *V.*, en sens inverse, page 103.

La r. de Zweisimmen décrit deux grandes courbes au-dessus du magnifique bassin de Gessenay et monte pendant six kil. (1 h. 30'). A mesure qu'on s'élève, la vue se développe très belle sur les neiges du *Sanetsch*, les glaciers des *Diablerets* et la gigantesque dent du *Rubli*. On franchit deux petits torrents, endigués et à gradins, dans les parages du hameau de Schonried (**1**), avant d'atteindre le val alpestre des *Saanen-Mœser* plus faiblement incliné.

Parvenue au point culminant du passage (**2.1** — Alt. : 1.283 m. — Aub.), la r. commence à descendre dans le vallon encaissé, boisé de pins, de la *Petite-Simme*, d'où l'on aperçoit les sommets neigeux du *Wildstrubel*.

Après deux ponts couverts, la pente s'accentue pour arriver à **Zweisimmen** (**7.7** — 2.070 hab. — Hôt. *Simmenthal; Krône*), ravissante localité, située près du confluent de la Petite-Simme et de la Simme.

DE ZWEISIMMEN A THOUNE

Par Boltigen, Weissenburg et Erlenbach.

Distance : **41** kil. **500** m. *Côtes :* **25** min.
Pavé : **1** min.

Nota. — Cette route inaugure dignement la série des splendeurs de l'Oberland Bernois. Descente presque continuelle de la superbe vallée de la Simme, à part quelques rares et courtes montées.

A l'époque de la saison, quand il y a affluence de touristes, il sera prudent de téléphoner de Zweisimmen au maître d'hôtel de l'hôtel du *Freienhof* ou du *Faucon*, à Thoune, pour retenir d'avance sa chambre.

Quittant l'hôtel *Simmenthal*, on néglige à dr. le ch. de Lenk (13.2) et l'on continue à g. par la r. de Thoune. Celle-ci descend agréablement la vallée de la *Simme*, entourée de belles montagnes; une côte (5'). Après avoir traversé la voie ferrée, puis la rivière, sur un pont couvert, on pénètre dans un petit défilé boisé où la Simme forme une jolie cascade; on revient sur la rive g. du torrent au hameau de Garstatt (**5.2**).

Dépassé Weisembach (**1.2**), deux montées (1' et 2');
à g., les pics rocheux et runiformes de la *Mittagfluh*
dominent le hameau de Reidenbuch (**1.9**): de ce côté,
se détache (**1**) le ch. de Bulle (31.5), par Jaun et Char-
mey. Montée (2'), puis descente à Boltigen (**0.6** —
1.933 hab. — Hôt. *Simmenthal*).

La **r.** longe la ligne du ch. de fer, ainsi que la Simme,
dans un étranglement très pittoresque de la vallée;
vis-à-vis, de superbes chaînes, aux crêtes joliment
dentelées, semblent barrer le passage. Plusieurs
chalets isolés et le petit groupe d'Oberwyl précèdent
le village de Weissenburg (**2.5**), situé au débouché
d'une gorge profonde et escarpée.

La **r.** s'élève (7') laissant à g. (**0.5**) le ch. des *bains
de Weissenburg* (1.5). La vallée s'élargit; on passe près
de la gare de Därstetten (Hôt. *Bahnhof*). Plus loin,
roulant à mi-côte, on domine les méandres de la Simme
au milieu d'un ravissant paysage; descente à Erlen-
bach (**6** — Hôt. de la *Couronne*). Après un raidillon (1')
et deux courtes montées (2' et 2'), la **r.** descend encore
dans le beau bassin de Latterbach, tandis qu'à dr.
s'ouvre la *vallée de Diemtig*, vers laquelle se dirigent
les deux ch. de Diemtigen. La pente s'accentue pour
traverser le majestueux mais court *défilé de la Port*,
taillé entre deux roches colossales. A la sortie de ce
passage, près d'un pont, formé d'une seule arche, suré-
levée au-dessus de la Simme, se détache à dr. (**6.2**) le
ch. d'Interlaken, par Wimmis.

Ce ch., médiocre, passe par Wimmis (**1** — Hôt. *Lœwe*), Spiez-
wiler (**2.9**), Spiezmoos (**0.8**), **Spiez** (**0.8** — Buffet à la gare
— Hôt. *Schonegg* — Vieux château), Faulensee (**2**) Leissigen
(**7**), Därligen (**3**), Unterseen (**4**) et Interlaken (**1.8** — *V.*
page 128), en longeant la rive S. du *lac de Thoune* depuis Faulensee. On arrive à Interlaken par la *Rugen-Park Strasse* qui
borde à g. la ligne du ch. de fer jusqu'à la gare. Dépassé la gare,
on rejoint la **r.** venant de Thoune par Gunten et Merligen, sur la
rive N. du lac (*V.* page 126).

Après avoir donné un coup d'œil sur le site, du haut
du pont de la **r.** d'Interlaken, on continuera devant soi
par la **r.** de Thoune, qui traverse presqu'aussitôt le
hameau de Brodhäusi.

L'horizon se dégage : à dr., à l'arrière-plan des montagnes, apparaissent les blanches cimes de la *Blümlisalp* et des géants de l'Oberland. La r., bordée de haies, infléchit vers l'O. et traverse des prés alternant avec quelques cultures: aux embranchements, suivre à dr.

Après une grande courbe, que domine à g. l'aiguille du *Stockhorn*, à l'entrée de la *vallée de Reutigen*, on se dirige au-dessus d'un nouveau défilé au fond duquel coulent les eaux réunies de la *Simme* et de la *Kander*. À dr., un moment, on a une vue superbe de la *Blümlisalp* et de la masse immense de ses glaciers; puis, au tournant de la r., on découvre tout à coup le *lac de Thoune*, ainsi que l'embouchure de la Kander; la ville de Thoune apparait dans le lointain. à l'O., à l'extrémité du lac, sur les confins d'une région aplanie.

Descente rapide pour croiser la *ligne de Thoune à Interlaken* et rejoindre. au bas de la côte (**5.5**), la r. venant d'Interlaken (22.2). par Spiez (9.8 — *V*. page 123), sur la rive S. du lac.

La r., vers Thoune, traverse le village de Gwatt; puis, ombragée par des arbres fruitiers, des marronniers et des tilleuls, elle contourne le lac que sépare une étroite prairie. S'embranchant sur la r. d'Amsoldingen. on coupe de nouveau le ch. de fer. puis l'on franchit l'Aar pour entrer dans la vieille et intéressante ville de **Thoune** (6.050 hab. — Ecole militaire fédérale).

De l'autre côté du pont, suivre devant soi la *Freienhof Gasse*, rue bordée de maisons à arcades (Pavé : 1'), et, laissant à g. la *Bälliz Gasse* (au 71, l'hôtel du *Faucon*). on s'arrêtera, quelques m. plus loin, à dr., à l'hôtel *Freienhof*, situé au n° 50 (**1.8** — Cafés-brasseries aux deux hôtels).

Visite de la ville de Thoune (environ 1 h.). — Devant l'hôtel *Freienhof*, traversant le second bras de l'Aar, on arrivera au croisement de la *Haupt Gasse*.

> Cette rue, à dr., conduit au chalet du Kursaal, dans la direction de la r. d'Interlaken par la rive N. du lac de Thoune (*V*. page 126).

Suivre la Haupt Gasse, à g., rue très originale avec son hôtel des *Maréchaux*, à dr., enluminé d'armoiries, ses maisons protégées par de larges auvents, ses deux rangées superposées de magasins et ses petites terrasses ménagées devant chaque boutique.

Parvenu au *Rathausplatz* (place de l'Hôtel-de-Ville), entouré de maisons à arcades, prendre dans un renfoncement, à dr. do l'hôtel *Metzgen*, l'escalier couvert qui monte au château de Zœhringen-Kybourg, massif donjon flanqué de tourelles. Au sommet des marches, suivre la ruelle à dr.; puis, gravissant encore à g. quelques degrés, on arrive à l'entrée du donjon, contigu au château plus récent des avoyers de Berne; le donjon renferme un petit musée historique (50 c.).

A la sortie du château, se diriger vers l'église, située un peu plus bas à l'E., passer sous le porche et faire le tour du cimetière; jolies échappées de vue.

Revenir ensuite sur ses pas vers le château et redescendre à la place de l'Hôtel-de-Ville. Sur cette place, continuer à dr. par la *Untere Haupt Gasse*; puis, tournant à g. dans *Markt Gasse*, on atteindra une petite place avec fontaine. Ici, la *Schwäbis Gasse*, à dr., conduit à l'une des vieilles portes de la ville; à l'extérieur, on remarque à dr. une tour et des vestiges de l'ancien mur d'enceinte; vis-à-vis, la promenade ombragée de la Schwäbis borde l'Aar.

Rentrant en ville, on traversera le pont à dr. De l'autre côté de l'Aar, quitter l'avenue qui conduit à la gare, pour prendre à g. la large *Bälli: Gasse*.

Celle-ci passe, plus loin, devant l'hôtel du *Faucon* et le bâtiment de la Poste avant d'aboutir à la *Freienhof Gasse*, en face de l'hôtel *Freienhof*.

Pour mémoire. — De Thoune à Berne, par Ortbühl (**3**), Heimberg (**1.7**). Kiesen (**3.3**), Ober-Wichtrach (**2.7**), Nieder-Wichtrach (**1**), Münsingen (**2.9** — Hôt *Lœwe*). Rübigen (**3.1**), Almendingen (**2.4**). Muri (**3.4**) et **Berne** (**3.9** — *V*. page 161).

Cette r., sur la rive dr. de la vallée de l'Aar, légèrement accidentée, est plutôt montante jusqu'à Nieder-Wichtrach. Forte côte entre Münsingen et Almendingen ; ensuite descente vers Muri, puis plat jusqu'à Berne.

DE THOUNE A INTERLAKEN

Par Gunten et Merligen.

Distance : **23** kil. **200** m. *Côtes :* **20** min.
Pavé : **3** min.

Nota. — Ce ravissant itinéraire, qui côtoie ou domine constam‑
ment la rive N. du lac de Thoune, offre une seule côte, un peu
longue, d'un kil., suivie d'une belle descente vers Interlaken; le
reste du parcours est plat ou très faiblement ondulé.

A l'époque de la saison, quand il y a affluence de touristes, il
sera prudent de téléphoner de Thoune au maître d'hôtel de l'un des
hôtels recommandés, à Interlaken (*V.* page 129), pour retenir
d'avance sa chambre.

A la sortie de l'hôtel *Freienhof*, traverser l'*Aar*, à
dr., et, quelques m. plus loin, tourner encore à dr. dans
la *Haupt Gasse* (Pavé : 3'), rue bordée de magasins et
de petits bazars, dont l'un d'eux, à g., s'intitule : le
Musée céramique de majoliques de Thoune.

On passe entre le bâtiment du *Grand-Hôtel* et le
parc de l'hôtel *Bellevue*, ensuite devant le *chalet du
Kursaal* (**0.2** — Concerts deux fois par jour; café-res‑
taurant), situé à g. sur le penchant de la colline, de‑
vant le débarcadère des bateaux.

La r., charmante, suit un moment la rive dr. de l'*Aar*,
à sa sortie du lac, et monte légèrement le long du parc
de la *Chartreuse* (château moderne). Elle court ensuite
au pied de collines, couvertes au sommet de forêts et,
plus bas, de villas, de pensions, disséminées au milieu
des vergers et des prairies, puis vient en bordure du
lac de Thoune (long. 18 kil. 1/2; larg. 3 kil.; super‑
ficie 48 kil. carrés; prof. maxima 217 m.); à dr., la vue
s'étend sur la chaîne du *Stockhorn* et sur le *Niesen*,
premiers contreforts des Alpes.

S'écartant un peu du lac, on traverse le riant village
de Hilterfingen (**3.9** — Côte : 3'), qui touche à celui
d'Oberhofen (**0.7** — Château), puis on regagne le bord
du lac; sur la rive opposée, la pyramide du *Niesen*
sépare les entrées des vallées de la *Simme* et de la

Kander, tandis que l'énorme champ de neige de la *Blümlisalp* scintille à l'arrière-plan. On passe à Gunten (**3.3** — l'ension du *Lac*), village situé vis-à-vis la petite ville de Spiez (*V*. page 123) qui occupe, avec son vieux et romantique château, un site délicieux sur la rive S., au pied du Niesen ; à g. de la r.. s'ouvre la curieuse *gorge du Guntenbach*.

De ce côté-ci, se dressent les pointes avancées des montagnes du *Sigriwylgrat* et du *Gügisgrat* qui enserrent la *vallée de Justis*, au débouché de laquelle est coquettement assis Merligen (**3.1** — Côte : 2' — Hôt. *Béatus*). Un peu plus loin, on passe devant le débarcadère de Beatenbucht (**1.1**), voisin de la station du *funiculaire de Saint-Beatenberg*.

Le funiculaire monte à **Saint-Beatenberg** (Alt. : 1.150 m. — Prix : 3 fr., aller et retour; trajet en 16 min.; 14 départs par jour dans les deux sens). Ce village, adossé à la montagne du même nom, au pied du *Gügisgratt*, et au-dessus du ravin du *Sundlauenen*, est tout ensemble station climatérique très recherchée et un ravissant but d'excursion (nombreux hôtels et pensions). De Saint-Beatemberg, on a une vue superbe sur les Alpes et le lac de Thoune.

Au delà de Beatenbucht, la r. s'élève durant un kil. (15') pour doubler la *Nase*, promontoire rocheux qui s'avance vers le lac. Dans le haut de la falaise à un tournant, on découvre les cimes géantes de l'Oberland : l'*Eiger*, le *Mönch*, la célèbre *Jungfrau* et le *Mittaghorn*, avec leurs blancs manteaux de glaciers et de neiges, dominant l'extrémité du lac et l'étroite plaine d'Interlaken, celle-ci mollement étendue au pied du mamelon boisé du *Petit-Rugen*.

La r., taillée en corniche dans le roc, à une grande hauteur, traverse deux courts tunnels, puis descend doucement sous bois ; elle franchit le lit desséché d'un large torrent et, après une légère rampe, le *Beatenbach* qui sort de la *grotte de Saint-Beat* (à 15' à pied de la r.). On passe sous quatre autres galeries avant de descendre rejoindre le niveau du lac, près de son extrémité E.

Après avoir encore franchi le torrent du *Lombach*, descendu de la *vallée d'Habkern*, la r., toute droite, parcourt les prairies du *Bœdeli*, puis rencontre les premières maisons d'**Interlaken** (7.170 hab.), localité formée par la réunion des villages d'Interlaken, de Matten et d'Unterseen. Ici, continuant toujours à dr., on traverse les trois bras de l'Aar, puis le passage à niveau de la *ligne du Bœdeli*.

De l'autre côté du passage à niveau (**O. 1**), laissant à dr. la gare de la *ligne de Thoune*, ainsi que la r. qui vient de cette ville, par la rive S. du lac, on suivra l'avenue à g., entre une pléiade d'hôtels, de pensions et de bazars d'objets en bois sculpté, pour gagner la *Centralplatz*, à un carrefour de rues, vis-à-vis l'Hôtel des Postes (**O. 2**).

Dépassé l'Hôtel des Postes, la *Höhe Strasse*, rue principale d'Interlaken (à g., café et hôt. de l'*Oberland*, bon; à dr., hôt. de la *Croix-Blanche*, plus simple; à g., hôt. du *Cerf*, même genre; cafés-pâtisseries *Seitz*, *Adlerhof*), conduit au début de la fameuse allée-promenade du *Hœheweg*. Celle-ci, bordée à g. par une rangée de somptueux hôtels, comparables à des palais, offre à dr. une vue merveilleuse sur la sublime *Jungfrau* qu'encadrent les deux versants de la *vallée de Lauterbrunnen*.

A peu près au milieu du Hœheweg, se trouvent à g. l'hôtel du *Schweizerhof* (1er ordre, recommandé) et, aussitôt après l'hôtel, l'entrée du *jardin de Kursaal* (**O. 5**).

Au Kursaal d'Interlaken ont lieu tous les jours des concerts : l'après-midi, de 4 h. à 5 h. 1/2, et le soir, de 8 h. 1/2 à 10 h. 1/2; on y trouve café et buffet, salons de lecture, salles de billard et de jeu du chemin de fer. Prix d'entrée : 1 fr. par personne, par jour; 5 fr. par abonnement d'une semaine ou 14 fr. par mois. L'entrée du Kursaal est publique tous les jours jusqu'à 1 h. de l'après-midi et de 5 h. 1/2 à 7 h. du soir.

En dehors du Kursaal, vis-à-vis l'entrée du jardin, à dr. sur le Hœheweg, s'élève un kiosque où la musique joue tous les matins, de 10 h. 1/2 à 11 h. 1/2, sauf le dimanche.

Dépassé le Kursaal, l'allée du Hœheweg continue encore pendant deux cents m., puis se prolonge un moment par une rue, toujours bordée d'hôtels et de magasins divers, principalement d'objets en bois sculpté. Cette rue se transforme ensuite en une avenue d'où se détache à g., à l'angle du *Grand-Hôtel* (**O.6**), la r. de Brienz (*V.* p. 131). En continuant devant soi dans la direction d'Iseltwald, on arrive à la gare d'*Interlaken-Ost*, tête de ligne du ch. de fer de l'*Oberland Bernois*, située vis-à-vis le débarcadère des bateaux à vapeur qui font le service sur le lac de Brienz (**O.3**).

Excursions recommandées au départ d'Interlaken. — Le nombre et la variété de ses ravissantes promenades ou excursions rendent particulièrement agréable le séjour à Interlaken, la reine de l'Oberland.

Dans Interlaken même, on ne se lassera jamais de parcourir l'allée de platanes du **Hœheweg**, ce joyeux et divertissant rendez-vous où les touristes du monde entier viennent y jouir de la vue inoubliable de la *Jungfrau*, surtout bien éclairée vers le soir. C'est en effet un spectacle féerique que de voir, au coucher du soleil, les glaces éternelles de la montagne se colorer et s'illuminer, prenant tour à tour les nuances les plus variées, depuis le rouge vif jusqu'au blanc cadavérique en passant par le rose, l'or et le vert (Un télescope, placé sur l'allée, permet d'observer les glaciers et les ascensions, prix : 50 c.).

Parmi les buts de promenades aux alentours immédiats d'Interlaken, nous signalerons : 1° le pavillon du **Hohbühl** (*V.* page 131): 2° le **Petit-Rugen**, la **Heimwehfluh** et l'**Abendberg**, au-dessus du **Grand-Rugen**, dont la visite réunie compose une charmante promenade. On déjeunera soit au restaurant de la Heimwehfluh, soit à l'hôtel *Bellevue*, sur l'Abendberg, pour revenir ensuite vers Interlaken par les villages de Saxeten, de Wilderswil et les **ruines d'Unspunnen**.

Les grandes excursions aux environs d'Interlaken sont facilitées et mises à la portée de tous par l'établissement d'un réseau circulaire de ch. de fer de montagne, qui permet de se transporter sans fatigue au fond des vallées et sur les cimes les plus célèbres de l'Oberland. Toutefois, avant de se mettre en route, même dans ces conditions, il sera prudent de prévoir le *beau temps*, autrement, dans la montagne quand il y a des nuages, on ne voit rien et c'est perdre son temps et son argent ; à moins qu'on ait le loisir et la patience de s'arrêter là où l'on se trouve jusqu'au retour d'un ciel clair.

La Schynige Platte. — Prendre le ch. de fer à la gare d'*Interlaken-Ost* (*V.* ci-dessus; prix : 9 fr., simple course, ou 11 fr. 60, aller et retour; trajet en 1 h. 1/2). A la station de *Wilderswil-Gsteig*, à 15 min. d'Interlaken, on change de voiture pour monter dans le ch. de fer à crémaillère. Parvenu à la station terminus de cette ligne, un ch. mène en quelques min. à l'hôtel *Schynige-Platte* (Alt. : 1.970 m.). De là, par un sentier facile (20'), on atteint le sommet de la *Daube* (Alt. : 2.061 m. — Restaurant) d'où l'on a un des panoramas les plus réputés de l'Oberland. La vue s'étend depuis le monde sévère des glaciers jusqu'aux croupes bleuâtres et vagues du Jura ; tandis qu'au pied de la montagne s'étale la plaine du Bœdeli avec Interlaken, dans un nid de verdure, entre les deux lacs de Thoune et de Brienz.

A PIED : D'Interlaken au village de Gsteig (**2.0**); puis de Gsteig, par un ch. muletier et un sentier, passant par la Schœnegg et le Kurhaus Breitlauenen, on gagne la Schynige Platte (1 h).

Le Faulhorn. — Cette ascension, facile, se fait, au départ d'Interlaken, par la Schynige Platte (*V*. ci-dessus). De la Schynige Platte on monte au Faulhorn, soit à pied (1 h.), soit à dos de mulet (mulets à l'hôtel de la Schynige Platte).

Sur la cime du Faulhorn est situé l'hôtel *Bohren Spycher* (Alt. : 2.683 m.), une des plus hautes habitations de l'Europe. Du Faulhorn, la vue sur les Alpes est d'autant plus imposante qu'on se trouve dans le voisinage immédiat des géants de l'Oberland.

Du Faulhorn, on peut se rendre à Grindelwald (*V*. page 132) par un bon sentier muletier (1 h.), passant par le lac de Bachsee, les chalets de la Bachalp, la chute du Mühlebach et Waldspitz (Hôt. *Alpenrose*).

Lauterbrunnen, Mürren, Lauterbrunnen, la Petite Scheldegg, la Jungfrau, Grindelwald et Meiringen,

Cette magnifique excursion circulaire, que toute personne qui visite l'Oberland Bernois doit entreprendre, si elle veut connaître les beautés de cette admirable région, peut se faire entièrement en ch. de fer, si on est pressé, ou partie en ch. de fer et partie à pied. ou encore complètement à pied.

L'excursion accomplie soit en ch. de fer, soit à pied, demande de quat·e à cinq journées. On laissera sa machine en garde à Interlaken et l'on emportera seulement avec soi les objets nécessaires de son paquetage.

Dans le cas où l'on ne voudrait pas, de Grindelwald, revenir à Interlaken mais se diriger vers Meiringen, *V*. l'itinéraire p. 133.

Interlaken est relié à Lauterbrunnen et à Grindelwald par une r. de voiture, bifurquant au village de Zweilütschinen, et montant presque constamment au delà de Wilderswil. Elle passe par Matten (**1**), Wilderswil (**1.8**), Zweilütschinen (**5** — Hôt. de l'*Ours*), Sandweid (**2**) et Lauterbrunnen (**3** — 2.553 hab. — Hôt. *Staubbach; Adler*); ou Zweilütschinen (**7.8** d'Interlaken), Gümlischwand (**1**), Riedlistalden (**1**), Bühl (**1.5**), Stegmatt (**1**), Burglauenen (**2**), Schwendi (**2**), Imgrund (**2.3**) et Grindelwald (**1.5**).

1er Jour. — D'INTERLAKEN A MÛRREN. — Prendre le ch. de fer à la gare d'*Interlaken-Ost* (V. page 129) directement pour Mûrren (Prix : 3 fr. 25 ou 1 fr. 95, jusqu'à Lauterbrunnen et 3 fr. 75 de Lauterbrunnen à Mûrren; trajet en 42 min. jusqu'à Lauterbrunnen et en 55 min. de Lauterbrunnen à Mûrren. Si l'on préfère revenir de Mûrren à Lauterbrunnen par le ch. de fer au lieu de suivre l'itinéraire pédestre indiqué ci-dessous, on pourra demander un billet d'aller et retour entre Lauterbrunnen et Mûrren, prix 6 fr. avec trois jours de validité).

Lauterbrunnen (*V.* page 130), dans un site grandiose, unit l'agreste à l'imposant. Ses prairies parsemées de chalets, ses vergers et ses groupes de rochers présentent un gracieux aspect, tandis que la **cascade du Staubbach** produit une impression saisissante. Au-dessus du sombre *Mönch*, l'on voit se dresser les cimes éclatantes de blancheur de la *Jungfrau* et du *Silberhorn*.

A Lauterbrunnen on change de train pour monter dans le funiculaire qui conduit (25') jusqu'à Grütschalp; puis, de Grütschalp un train électrique mène (25') à Mûrren.

Ce trajet offre un spectacle unique en son genre par suite du déploiement lent d'un panorama qui embrasse un hémicycle immense de montagnes et de glaciers.

Le village de Mûrren (Alt. : 1.636 m. — Hôt. *Eiger*; *Beau-Site*), un des plus élevés d'Europe, célèbre par sa vue, est un des endroits très fréquenté de l'Oberland comme séjour estival.

Dîner et coucher à Mûrren.

A PIED : D'Interlaken à Lauterbrunnen (12.8), r. de voiture par Natten, Wilderswil et Zweilûtschinen (Hôt. de l'*Ours*), en remontant la vallée de la *Lûtschine-Blanche*.

De Lauterbrunnen (V. page 130) à Mûrren (3 h.), ch. muletier.

2e Jour. — DE MÛRREN A LAUTERBRUNNEN. — Au lieu de redescendre directement à Lauterbrunnen en ch. de fer, il sera préférable de faire à pied (7 à 8 h.) le détour suivant par le ch. de la montagne. On passe à Gimmelwald (30' — Hôt. *Gimmelwald*), puis au bas de la *cascade de la Sefinen-Lûtschine*, pour monter ensuite à l'Obere-Steinberg (3 h. — Alt. : 1.769 m. — Hôt. *Tschingelhorn*. — Panorama grandiose). De l'Obere-Steinberg le ch. descend à Traschsellauenen (1 h. 1/2 — Hôt. *Schmadribach*), permettant de voir la **cascade du Schmadribach**, puis à Stechelberg où l'on rejoint la r. de voiture de la vallée.

Cette r. passe devant l'hôtel *Trümmelbach*, voisin de la **cascade du Trümmelbach** (à 10 min. de l'hôt. — 50 c.), et atteint le village de Lauterbrunnen (3 h. — Alt. : 806 m. — Hôt. *Adler*) près de l'hôtel *Staubbach*, également voisin de la **cascade du Staubbach** (à 7 min. de l'hôtel — 20 c.).

Dîner et coucher à Lauterbrunnen (V. page 130).

3ᵉ *Jour.* — DE LAUTERBRUNNEN A GRINDELWALD. — Prendre
le ch. de fer à crémaillère de la *ligne de la Wengernalp* jusqu'à
la station de la Petite Scheidegg (Prix : 8 fr. ou 5 fr.; trajet en
1 h. 1/2), passant par les stations de Wengen et de Wengernalp (*V.*
ci-dessous : *à pied*).

A la station de la Petite Scheidegg on change de voiture pour
monter dans le ch. *de fer électrique de la Jungfrau.* Cette ligne,
qui peut être considérée comme la huitième merveille du monde,
est projetée jusqu'à la station de la *Jungfraujoch* (Alt. : 3.396 m.)
d'où un ascenseur conduira le touriste au sommet de la **Jungfrau**
(Alt. : 4.167 m., soit 613 m. de moins que le Mont-Blanc). Actuel-
lement la ligne de la Jungfrau s'arrête à la station d'*Eigerwand*
(Alt. : 2.867 m. — Prix : 10 fr., aller et retour; trajet en 45 min.).

Redescendu à la Petite Scheidegg, on reprend le ch. de fer de la
ligne de la Wengernalp jusqu'à Grindelwald (Prix : 7 fr. 20 ou
4 fr. 50; trajet en 1 h. 1/4), passant par les stations d'Alpiglen et
de Grund (*V.* ci-dessous : *à pied*).

Tout le parcours, depuis Lauterbrunnen, est merveilleux et peu de
paysages par leur beauté grandiose, laissent un souvenir plus ineffaçable que cette vue dominante, fascinatrice, des vastes champs de
neige et des immenses glaciers, si rapprochés, de la *Jungfrau*, du
Mönch et de l'*Eiger.*

Le caractère imposant et pittoresque de Grindelwald (Alt. :
1.057 m. — Hôt. *Alpenruhe; Grindelwald; de la Gare*), sur-
nommé le village des glaciers, son admirable position au pied des
gigantesques montagnes de l'*Eiger*, du *Mettenberg* et du *Wetterhorn*, lui ont fait une réputation universelle. Grindelwald est non
seulement apprécié comme séjour d'été, mais aussi comme station
d'hiver.

De Grindelwald, on va visiter, soit à pied, soit à mulet, le **glacier supérieur** (Hôt. *Wetterhorn* — guide inutile), trajet en
1 h. 1/4.

De Grindelwald au *Faulhorn*, *V.* p. 130; à Meiringen, *V.* p. 133.
Dîner et coucher à Grindelwald.

A PIED : de Lauterbrunnen à Grindelwald, par le ch. muletier, on
compte environ 7 h. de marche. On monte à Wengen (1 h. 1/2 —
Alt. : 1.289 m. — Hôt. *Falken; Silberhorn; Hunnenfluh.* —
Station d'été très fréquentée), puis à la Wengernalp (2 h. —
Alt. : 1.878 m. — Hôt. *Jungfrau*), lieu célèbre par la vue superbe
qu'on y découvre de la *Jungfrau* et comme étant le meilleur endroit
d'où l'on peut contempler la chute des avalanches (quand il fait
chaud), qui se précipitent dans la vallée de Trümleten.

De la Wengernalp, on gagne la station et le **col de la Petite
Scheidegg** (45ᵐ — Alt. : 2.069 m. — Hôt. *Bellevue* — Panorama splendide) où s'embranche la *ligne de la Jungfrau* (*V.* ci-
dessus).

Le ch. muletier descend ensuite aux chalets de Mettlen, d'Alpiglen (Hôt. des *Alpes*), de Brandeck et de Grund pour gagner Grindelwald (2 h. 15' — *V*. page 132).

4e jour. — De Grindelwald a Interlaken. — Continuer avec la *ligne de l'Oberland Bernois* (Prix : 5 fr. ou 3 fr.; trajet en 1 h. 20 min.), qui passe aux stations de Zweilütschinen et de Wilderswil.

A PIED : De Grindelwald à Interlaken (**20.1**), la r. de voiture traverse le *défilé de l'Ortweid* puis descend la vallée de la *Lütschine-Noire*, où l'on rencontre les villages de Schwendi, de Burglauenen et de Gümllischwand. A Zweilütschinen on rejoint la vallée de Lauterbrunnen arrosée par la *Lütschine-Blanche*.

Nota. — L'excursion dans l'Oberland Bernois serait complète, si, au lieu de redescendre directement de Grindelwald à Interlaken, on continuait, encore par la montagne, vers Meiringen (*V*. ci-dessous).

Le seul inconvénient de ce parcours, est d'obliger, une fois rendu à Meiringen, de retourner à Interlaken pour y reprendre sa machine restée en garde. Dans ce cas, on en sera quitte pour faire un trajet ravissant dans les deux sens. On prend le train à Meiringen pour Brienz (Prix : 1 fr. 35. 95 c. ou 70 c. ; trajet : 25') puis le bateau de Brienz à Interlaken (Prix : 2 fr.; trajet en 1 h. ou 1 h. 1/2). On reviendra ensuite, par la route, d'Interlaken à Brienz, où l'on fera étape après avoir visité la cascade du Giessbach (*V*. page 136) puis jusqu'à l'embranchement voisin de la *gare de Brienzwyler* en suivant l'itinéraire indiqué à la page 131.

A la gare de Brienzwyler (*V*. page 136), au lieu de continuer à dr. dans la direction de Meiringen, qu'on connaît déjà, on montera (1 h. 15) devant soi la r. de Lucerne, par le village de Brienzwyler, qui rejoint la r. venant de Meiringen à 4 kil. 500 m. de la gare de Brienzwyler.

De Grindelwald a Meiringen. — Ch. facile, à pied en 7 h. 1/2, traversant une contrée alpestre splendide au milieu d'un monde de glaciers et de gorges.

De Grindelwald, on gagne le *glacier supérieur* (1 h. 15' — Hôt. *Wetterhorn*); puis, par le chalet de Lauchbühl (1 h. — joueur de cor), on monte au **col de la Grande Scheidegg** (40' — Alt. : 1.961 m. — Hôtel — Vue merveilleuse).

Du col, le ch. descend à l'hôtel *Schwarzwaldgletscher* (1 h.) et de là aux bains de Rosenlaui (1 h. 15' — Alt. : 1.330 m. — Hôtel). Continuant par la Gschwandenmad-Alp (panorama *célèbre*) et la *scierie de Kaltenbrunnen*, on atteint l'auberge *Zum Zwirgi* (1 h. 20'), qui domine la *vallée de Hasli*.

A l'auberge Zum Zwirgi on abandonne la r. de voiture pour prendre à g. le ch. qui descend à Meiringen, en longeant les célèbres chutes de la **cascade du Reichenbach**.

Il passe (5') devant un petit pavillon-café, dont la terrasse surplombe la splendide *chute supérieure*, et, plus bas, aboutit (8') à la plate-forme de la station d'un funiculaire.

Ce funiculaire, qui descend à l'hôtel des *Alpes*, dans la vallée de l'Aar (Prix : 25 c. ; trajet en 10 min.; départ toutes les 20'), permet d'admirer sur son trajet la *gorge supérieure* et la *chute du milieu* du Reichenbach.

De l'hôtel des *Alpes*, on gagne l'hôtel *Reichenbach*, voisin, où se détachent à g., le ch. qui conduit (8') à la *chute inférieure*, et, à dr., celui qui mène au croisement de la r. du Grimsel. Ici, tournant à g., on néglige à dr. le ch. de la *gorge de l'Aar* (V. page 139); puis, un peu plus loin, on franchit l'Aar sur le *pont de Willigen*, avant d'entrer dans Meiringen (15' — V. page 137).

D'INTERLAKEN A MEIRINGEN

Par Niederried, Oberried, Brienz, la gare de Brienzwyler et Eisenbolgen.

Distance : **30** kil. **200** m. *Côtes* : **25** min.

Nota. — Quitter Interlaken assez tôt afin de pouvoir prendre à Brienz le bateau de 10 h. 50 du mat. qui conduit au Giessbach. On déjeûnera sur la terrasse de l'hôtel du *Giessbach*, vis-à-vis la cascade.

Après avoir visité les chutes, on reprendra le bateau de 3 h. 38 du soir pour regagner Brienz et continuer par la route vers Meiringen. Si l'on manquait à Brienz le bateau de 10 h. 50, on pourrait encore prendre celui de 12 h. 50, mais dans ce cas on serait obligé de déjeuner à Brienz.

A part une côte de seize cents m. au départ d'Interlaken, tout le parcours de cet itinéraire est faiblement ondulé ou plat.

Au delà de l'entrée du *Kursaal*, on continue à suivre la promenade du *Hœheweg*; puis, parvenu à hauteur du *Grand-Hôtel*, après avoir dépassé cet établissement (**0.6**), on abandonne la direction de la gare d'*Interlähen-Ost* et d'Iseltwald (9.1) pour prendre à g. la r. de Brienz.

Celle-ci traverse le pont sur l'*Aar* (à g. promenade du *Hohbühl*, V. page 129), puis s'élève (17') sur les

flancs ombragés de l'*Harder Graggen*; ici, les arbres masquent la vue de l'Aar canalisé et de la plaine d'Interlaken. La côte cesse à l'hôtel *Helvetia*, un peu avant le
village de Goldswil (**1.9**); à dr., au bas d'une longue
croupe boisée, en partie couverte de prairies, le minuscule *lac de Faulensee*, occupe un creux pittoresque.

Descente douce à Ringgenberg (**1.5** — Eglise bâtie
dans les ruines d'un vieux château); plus loin, aux
hameaux de Moosrain et de Schadburg, on a de belles
échappées de vue sur le **lac de Brienz** (long. 11 kil.;
larg. 2 à 2 kil. 1/2; superficie 2.930 hect.; prof. maxima
261 m.), entouré de hautes montagnes qui lui donnent
un aspect beaucoup plus sévère que celui du lac de
Thoune.

Après une montée (5'), on passe dans une petite
tranchée rocheuse, sous bois, d'où l'on descend vers
Niederried (**3.7**), coquet village au milieu des vergers,
au pied de l'*Augstmatthorn*; légère rampe et côte (5').

La r., délicieuse, à flanc de montagne, court de
niveau à l'ombre des marronniers et des tilleuls, et
domine admirablement le lac; sur la rive opposée,
Iseltwald s'abrite à la base des grands escarpements
du *Bowald*.

Dépassé Oberried (**3.7**), la descente s'accentue et
amène au bord du lac qu'on côtoie jusqu'à son extrémité; ici, au fond du paysage, l'entrée de la vallée du
Hasli, ayant pour arrière-plan les neiges des *Sustenhœr-
ner*, forme un magistral décor. Le hameau d'Ebligen
(**2.9**) précède le bourg prospère de Brienz, assis ro-
mantiquement au pied du *Rothhorn* et au bas de hauteurs couvertes de pâturages et d'arbres fruitiers.

Dans **Brienz** (**2.1** — 2.580 hab. — Siège principal de
l'industrie de la sculpture sur bois), laissant à dr.
l'hôtel de l'*Ours*, qui possède une terrasse ombragée
au bord du lac, on gravit une légère rampe avant de
franchir le petit torrent du *Mühlbach*; on descend ensuite à Tracht, prolongement de Brienz, pour s'arrêter
à l'hôtel de la *Croix-Blanche* (**0.7**), situé vis-à-vis le
débarcadère des bateaux et à côté des gares des *lignes
du Brünig* et du *Rothhorn*.

Excursions recommandées au départ de Brienz. — La cascade du Giessbach.

Déposer sa machine en garde à l'hôtel de la *Croix-Blanche* et prendre à Brienz le bateau qui traverse le lac pour gagner le débarcadère du Giessbach, sur la rive S. (Prix : 1 fr. 40 ou 0 fr. 70, aller et retour; trajet en 15 min.).

Du débarcadère du Giessbach, un ch. de voiture (à pied : 20') et un funiculaire (Prix : 1 fr., aller et retour; trajet en 6 min. — se placer à dr.), au choix, conduisent à la terrasse de l'hôtel du *Giessbach*, situé en face des chutes.

La célèbre *cascade du Giessbach*, formée par un torrent qui se précipite de palier en palier, d'une hauteur de trois cents m., se compose de sept chutes plus belles les unes que les autres, dans un site merveilleusement ombragé. Des chemins et des ponts facilitent la visite des chutes, qui le soir, à 9 h. 1/2, du 15 mai au 30 septembre, sont illuminées aux feux de Bengale (prix 1 fr. 50).

Pour bien voir les chutes en détail, il suffit de gravir le *sentier des cascades* jusqu'au troisième pont (1 h., aller et retour); les petits réduits en planche, qu'on rencontre sur le bord du ch., servent le soir à abriter les feux de Bengale qui illuminent la cascade dans toute sa hauteur.

Le Rothhorn de Brienz. — Cette cime, point culminant de la montagne du *Brienzer-Grat*, est desservie par la ligne du ch. de fer à crémaillère *Brienz-Rothorn* dont la gare se trouve à côté de l'hôtel de la *Croix-Blanche* (Prix : 10 fr., aller et retour; trajet en 1 h. 20 min.; 7 départs par jour dans les deux sens).

Cette ligne aboutit à trois min. de l'hôtel *Rothhornkulm* d'où un ch. conduit (15') au sommet du *Rothhorn* (Alt. : 2.352 m.).

La vue qu'on découvre du Rothhorn est la plus vaste et la plus belle qu'il soit donné de contempler; elle rivalise et surpasse en étendue les panoramas du *Rigi* (*V.* page 147) et du *Faulhorn* (*V.* page 130). Le spectateur embrasse l'immense région qui va du Säntis et du Vorarlberg jusqu'aux Diablerets, aux lacs Léman et de Neuchâtel; du Jura au Rhin, à la Forêt Noire et aux Vosges.

Dépassé l'hôtel de la *Croix-Blanche*, on monte légèrement (Côte : 3') dans la continuation de Tracht; puis on finit de contourner l'extrémité E. du lac de Brienz, avant de pénétrer dans la large vallée d'alluvion de l'*Aar*, entourée de belles montagnes escarpées et boisées. La r , désormais plate jusqu'à Meiringen, longe le pied de la grande roche du *Ballenberg*, à g., et atteint, vis-à-vis l'hôtel *Balmhof*, la *gare de Brienzwyler* (1.7).

Ici, abandonnant la r. directe de Lucerne (50.8), par Brienzwyler (1.3) et Lungern (11.4), on prendra à dr.

celle de Meiringen qui traverse successivement la ligne du ch. de fer et l'Aar, canalisé; de l'autre côté du pont, à la bifurcation, continuer à g.

La r., toute droite, suit le talus qui borde la rivière; à dr., s'étendent de fraîches prairies limitées par les beaux versants rocheux d'une montagne d'où s'échappent plusieurs cascades, entre autres l'*Oltschibach*.

Parvenu à un groupe d'habitations (**6.8**), on laisse devant soi le ch. de Reichenbach (1 — *V*. page 138), et, inclinant à g., on franchit de nouveau l'Aar pour gagner le hameau d'Eisenbolgen (**0.7**), où se détache à g. la r. de Lucerne (52), par Hausen (0.9) et Lungern (13), qu'on prendra à l'étape suivante.

Cinq cents m. plus loin, commence la *Grande-Rue* de **Meiringen**, village principal de la *vallée du Hasli*, presque entièrement composé d'hôtels et de pensions. S'arrêter à g. à l'hôtel du *Brünig* (**0.6**), situé vis-à-vis l'avenue qui conduit à la gare.

Excursions recommandées au départ de Meiringen. — La cascade et la gorge de l'Alpbach (à pied : environ 2 h., aller et retour. Le matin, cette promenade est entièrement à l'ombre).

Itinéraire : A la sortie de l'hôtel du *Brünig*, suivre la *Grande-Rue*, à g.; puis, cent m. plus loin, prendre encore à g., la rue qui mène vers l'église (curieuse tour isolée dans un cimetière en contre-bas). Parvenu devant l'église, monter la rue à dr. pour passer bientôt à travers une ouverture pratiquée dans un mur. De l'autre côté de ce mur, on arrive sur une place où se trouve un gymnase découvert. Ici, s'engager dans le sentier à g., qui traverse un petit bois de jeunes sapins, et l'on atteindra le pied des deux chutes inférieures de l'*Alpbach* descendant du *Hasliberg*.

Revenant ensuite sur ses pas, à l'entrée du petit bois, on se dirige à g., d'après les indications des écriteaux, vers la gorge de l'Alpbach, ayant en vue les ruines de la *tour de Resti*.

On franchit le torrent et l'on monte sous bois (10') pour atteindre une cabane qu'il faut traverser avant de pénétrer dans la gorge (entrée : 80 c.).

Un ch., taillé en escalier dans le rocher et garni d'une balustrade de fer, conduit à un premier pont, jeté à une grande élévation au-dessus des chutes; puis l'on parcourt la partie centrale de la gorge, presque perpendiculaire, pour gagner l'entonnoir dans lequel la chute supérieure de l'Alpbach se précipite d'une hauteur de 60 m.

Au sortir de la gorge, on débouche (15') sur une petite terrasse près d'un chalet. Ici, devant le marronnier, suivre le sentier à dr.; vue admirable sur le versant S de la vallée où apparaissent, dans une découpure de la montagne et au-dessus de la cascade du Reichenbach, l'aiguille rocheuse du *Welhhorn* et la pyramide éblouissante du *Wetterhorn* émergeant des *glaciers de Rosenlaui;* à l'E., s'étend la chaîne de la *Grimsel*, tandis qu'à l'O. le lac de Brienz se distingue encore.

Le sentier remonte un moment la rive dr. du torrent, puis le traverse sur un pont en bois (6'); de l'autre côté du pont, continuer à dr. On passe devant deux chalets et par un bon ch., qui ramène devant la cabane d'entrée de la gorge de l'Alpbach, on redescend à Meiringen (30').

La cascade du Reichenbach et la gorge de l'Aar

(à pied : environ 2 h. 45' pour la cascade et 2 h. 15' pour la gorge). — *Itinéraire* : Suivre à g. la *Grande-Rue* dans toute sa longueur. Vers son extrémité, on infléchit à dr. et l'on monte pour gagner la sortie du village (**0.6**) Ici, au carrefour des ch., prendre à dr. la r. du Grimsel (*V.* page 139). Celle-ci franchit l'*Aar* au *pont de Willigen*. Un peu plus loin, on abandonne (**0.5**) la r. du Grimsel, et, laissant à g. le ch. de la gorge de l'Aar (*V.* page 139), on s'engage à dr. sur le ch., entre des haies, qui traverse la prairie et mène devant l'hôtel *Reichenbach*. Cet hôtel, avec façade décorée d'un portique, est voisin de la station du *funiculaire* et de l'hôtel des *Alpes*, situés à g. (**0.3**).

Ici, avant de prendre le funiculaire, on suivra, à dr. de l'hôtel *Reichenbach*, le ch. conduisant près d'un hameau (**0.4** où l'on traverse la rivière du Reichenbach. De l'autre côté du pont, tournant à g., on arrive à une scierie, vis-à-vis la *chute inférieure* du Reichenbach (**0.1**).

Revenir ensuite sur ses pas jusqu'à l'hôtel des *Alpes* (**0.5**) et prendre le funiculaire pour monter à la station supérieure Prix : 1 fr. 50, aller et retour; trajet en 10 min.; départ toutes les 20 min.; pente de 62 0/0). En s'élevant, on voit la *chute du milieu* puis la *gorge supérieure*. Le funiculaire aboutit à la station terminus sur une petite plate-forme absolument inondée par la magnifique *chute supérieure du Reichenbach*, qu'on ne saurait mieux comparer qu'à un superbe feu d'artifice liquide (illumination aux feux de Bengale tous les soirs à 9 h., au mois d'août; à 8 h. 1/2, au mois de septembre).

Derrière la plate-forme de la station, un ch., taillé en escalier, gravit l'escarpement de la montagne et permet d'admirer la formidable cascade, puis on arrive (10') à un pavillon-café dont la terrasse surplombe l'ensemble de la chute.

Derrière le pavillon, un sentier, à g., conduit (3') à une autre petite cascade; tandis qu'en continuant à monter, à dr., on atteint (10') la modeste auberge *Zum Zwirgi* (Alt. : 978 m.), située sur une étroite terrasse. Derrière cette habitation, une échancrure boisée de la montagne permet d'apercevoir la cime en pain de sucre du *Wellhorn*; devant le chalet, on a un très beau point de vue de la *vallée du Hasli*, de Meiringen, de la *cascade de l'Alpbach* et des montagnes environnantes.

De l'auberge Zum Zwirgi on descendra (13') reprendre le funiculaire pour revenir à l'hôtel des *Alpes* et, de là, se rendre au croisement de la r. du Grimsel (**O.3** de l'hôtel des *Alpes*), vis-à-vis le ch. de la gorge de l'Aar.

Ce ch., de l'autre côté de la r. du Grimsel, se dirige, à travers la plaine, vers l'Aar qu'on rejoint (**O.6**) près d'une passerelle qu'il faudra traverser au retour. Restant sur la rive g. du fleuve, on continuera le ch. jusqu'à l'auberge, située à l'entrée de la gorge (**O.5**), où l'on délivre les billets (prix : 1 fr.).

La visite de la *gorge de l'Aar* (long. 1.400 m.) est très intéressante. On parcourt toute une série de tunnels, taillés dans le roc, de galeries accrochées à des parois gigantesques, autant d'ouvrages d'une hardiesse inouïe suspendus au-dessus de l'Aar s'engouffrant dans l'étroit passage du *Kirchet*.

A la sortie des tunnels (10'), on voit à g. une cascade, et, plus loin (10'), un pont jeté à une grande hauteur en travers de la gorge (l'escalier à dr. qui conduit à ce pont, grimpe ensuite sûr les roches de la rive dr. pour gagner un curieux couloir, sorte de cheminée, donnant accès à une étroite gorge supérieure sans issue — 20', aller et retour).

Continuant par la galerie de la rive g., on dépasse encore à dr. (4') un espèce de puits latéral, en forme d'entonnoir, par le quel on peut sortir de la gorge (ce ch. conduit en 20 min. à l'auberge *Zur Lammi*, sur la r. du Kirchet, d'où l'on descend en 45 min. à Meiringen), puis l'on atteint par des lacets l'extrémité E. de la galerie et de la gorge (12') pour aboutir à une porte de sortie dans le voisinage de la r. du Grimsel; vis-à-vis, s'élève la belle cime du *Ritzlihorn*.

Il sera cependant préférable de revenir sur ses pas et de traverser une seconde fois la gorge, en sens inverse, pour regagner l'auberge (30) par laquelle on est entré.

De l'auberge, revenir encore à la passerelle, en aval sur l'Aar (**O.5**), qu'on franchit à dr. pour rentrer à Meiringen (**1.5**) par les prairies de la rive dr., peuplées de gracieux chalets.

Pour mémoire. — De **Meiringen** à **Gletsch** (glacier du Rhône), par Willigen (**1.1**). Im-Hof (**4.8** — Hôt. *Hof*), Gutannen (**0.2** — Hôt. *Bœr; Halisthal*), Hospice du Grimsel. (**11** — Hôtel), **Col du Grimsel** (**5** — Alt. : 2.161 m.) et **Gletsch** (**8** — V. page 109).

Après Meiringen, la r. franchit l'Aar au *pont de Willigen*, puis elle gravit la croupe boisée du *Kirchet*; elle descend ensuite par

trois courbes vers Im-Hof, groupe principal de la commune d'Inner-
tkirchen.

Trajet à peu près à plat pendant trois kil. auquel succède une
rampe, au début assez douce, mais continuelle, jusqu'à Guttannen,
ce village précédé d'une forte côte ; deux tunnels.

La vallée se rétrécit et devient très sauvage ; la montée s'accentue
et, par deux lacets, atteint le restaurant de la Handegg d'où l'on a
un point du vue magnifique sur la grandiose *cascade de la
Handegg*.

Plus loin, la r. passe sous une galerie, puis au bas de l'hôtel
Handegg; elle s'élève ensuite sans discontinuer et franchit de nouveau l'Aar avant de traverser le sauvage *défilé de Spitallamm*.

Au delà de l'hospice du Grimsel, situé au milieu d'un bassin dé-
sert, la **r**. contourne le petit *lac du Grimsel* et gravit de grands
circuits conduisant au col.

Du col, on descend très rapidement par de nombreux lacets jusqu'à Gletsch.

De Gletsch à Aigle, ou à Coire, *V*. page 109.

DE MEIRINGEN A LUCERNE

**Par Eisenbolgen, le col du Brünig, Lungern, Giswil, Sachseln,
Sarnen, Alpnach-Dorf, Alpnach-Stad, Hergiswil et Horw.**

Distance : **52** kil. **800** m. *Côtes :* **1** h. **12** min.
Pavé : **1** min.

Nota. — Cet itinéraire débute par une côte dure, longue de
six kil. pour gravir le col de Brünig; ensuite la route, descendante ou
plate, n'offre plus que quelques petites montées insignifiantes.

On peut aussi se rendre de Meiringen au col du Brünig, soit
en voiture de louage (7 fr.), soit en ch. de fer (1 fr. 20, 90 c., 40 c ;
trajet en 33 min.).

À l'époque de la saison, quand il y a affluence de touristes, il sera
prudent de téléphoner de Meiringen au maître d'hôtel de l'hôtel
du *Rütli*, à Lucerne, pour retenir d'avance sa chambre.

Quittant l'hôtel du *Brünig*, on reprend à dr. la r. de
Brienz qu'on suit jusqu'au hameau d'Eisenbolgen (**O.6**).
Ici, on abandonne à g. la r. de Brienz pour continuer
à dr. par celle de Lucerne.

Après le hameau de Hausen (**0.9**), la r. s'élève durement, pendant six kil. (1 h. 30'), sur le versant boisé de sapins du *Halisberg;* belles échappées de vue vers la vallée de Meiringen. A la sortie des bois, on contourne un petit cirque de pâturages, où se blottit le hameau de Brünigen (belle vue de la chaîne du *Schöniwanghorn*), puis l'on rejoint (**5**) la r. qui vient de Brienz (9.2), par Brienzwyler. Continuant à gravir celle-ci à dr. (bancs), on jouit d'un panorama magnifique sur la vallée de Meiringen avant d'atteindre, un peu après l'hôtel du *Brünig-Kulm*, le point culminant du **col du Brünig** (**1.1** — Alt. : 1.001 m. — A dr., *Grand-Hôtel du Kurhaus-Brünig*).

La r. passe devant la gare du Brünig, puis descend, d'abord assez doucement. Au delà de l'embranchement du sentier de piétons pour Lungern, elle dévale par des lacets rapides dans le pittoresque vallon de sapins du *Brünigmatt*, entouré de hautes montagnes; au loin, miroite le *lac de Lungern*.

Après Lungern (**5.5** — 1.825 hab. — Hôt. *Kurhaus-Lungern; du Lion-d'Or*), gros village très fréquenté, la r., aplanie, décrit une courbe au-dessus d'un ravissant bassin, ensuite domine la nappe allongée du lac de Lungern; à g., au-dessus de la dépression du Brünig, on aperçoit encore les blancs sommets du *Wetterhorn.*

Une légère rampe précède le hameau de Kaiserstuhl (**1.2**), à l'extrémité du lac, puis la descente reprend très rapide, en lacets, pour gagner la plaine inférieure où s'étale, plus loin, le beau *lac de Sarnen*. Au bas de la pente, on passe au village de Giswil (**3.6** — Ruines peu importantes du *château de Ruden:*) où l'on pourra s'arrêter pour déjeuner à l'hôtel *Bahnhof.*

Au delà de Giswil, après une faible rampe, la r. descend et vient côtoyer le **lac de Sarnen** (long. 6 kil.), parallèlement à la ligne du ch. de fer; au N.-E., les deux cimes du *Stanserhorn* délimitent la vallée. Légère montée; on s'écarte un peu du lac pour passer à Sachseln (**6** ÷ 1.628 hab. — Hôt. *Kreuz; Engel*), beau village, fleuri, au milieu des vergers. A g., dans le lointain, on distingue la chaîne du *Pilate.*

La r. se rapproche du lac et monte (3') à l'ombre des marronniers; à l'extrémité du lac, elle franchit la *Melch-Aa* pour entrer dans **Sarnen (3** — Pavé : 1' — Chef-lieu de l'*Obwald*, partie O. du canton d'Unterwald — 4.000 hab. — Hôt. *Obwaldner*).

A la sortie de Sarnen, on traverse sur un pont couvert la *Sarner-Aa*. La r., à présent bordée de peupliers, se déploie toute droite au milieu de la vallée, tapissée de prairies et complantée d'arbres fruitiers.

· Une petite rampe (5') précède Kägiswil (**1**); à g., la crête rocheuse du Pilate pointe au-dessus d'une montagne du premier plan. On franchit sur un autre pont couvert le large torrent de la *Grande Schlieren*, dont le lit présente un curieux amoncellement de pierres, puis l'on descend à Alpnach-Dorf (**2**). Après ce village, qui possède une belle église à clocher effilé, on traverse la *Petite Schlieren* pour atteindre Alpnach-Stad (**1.8** — Hôt. *Pilate*), hameau sur le bord du *lac d'Alpnach*, au point de départ de la *ligne du Pilate*.

Cette ligne de ch. de fer, à crémaillère, s'élève sur le flanc E. du **Pilate** (Prix : 16 fr., aller et retour; trajet en 1 h. 25 min.; 7 départs par jour dans les deux sens) et atteint la station terminus du *Pilatuskulm*, voisine de l'hôtel du même nom.

Un ch. facile conduit (8') de la station au sommet de l'*Esel* (Alt. : 2.122 m.) d'où la vue dépasse peut-être en beauté celle du Rigi (*V.* page 147). Un autre ch. mène (35') de la station au faîte du *Tomlishorn* (Alt. : 2.132 m.), le point le plus élevé du Pilate, mais d'où la vue est moins belle.

Le Pilate est un baromètre pour les habitants de la contrée : lorsque sa cime est sans nuage le matin, le temps peut se gâter dans la journée; mais si elle demeure cachée jusqu'à midi c'est le signe d'un beau temps.

A pied. — L'ascension à pied du Pilate se fait principalement au départ d'Hergiswil (*V.* page 143) et demande environ 4 h. On suit un ch. muletier qui passe par le Kurhaus-Brunni (1 h.), la Gschewendalp (30') et l'hôtel *Klimsenhorn* (1 h. 1/2). Ici, on continue par un sentier pour gagner le *Klimsenhorn* (15' — Alt : 1.919 m.), un des sommets du Pilate, puis le couloir du *Kriesiloch* (30') qui précède l'hôtel *Pilatuskulm* (5').

La r., délicieuse, tracée au pied des contreforts du Pilate, côtoie le lac d'Alpnach, qui n'est qu'un golfe du *lac des Quatre-Cantons.* Le décor merveilleux des montagnes environnantes se modifie à mesure qu'on avance (deux raidillons : 2') et qu'on double des caps formés de grandes roches; à dr., sur la rive opposée, on remarque l'hôtel construit au sommet du *Stanserhorn* (*V.* page 148), puis la gorge rocheuse du *Rotzloch*, à l'entrée de laquelle il y a une fabrique de ciment, enfin la vaste trouée de la *vallée de Stans*, ayant comme arrière-plan la chaine du *Buochserhorn*.

Au détour suivant, la nappe du lac des Quatre-Cantons apparait; elle est séparée du lac d'Alpnach par un petit détroit, en travers duquel on a établi une jetée en pierre, avec pont tournant (Akerbrücke), qui relie la rive S. au village de Stansstad, le port de la ville voisine de Stans (*V.* page 148).

La r. épouse toutes les sinuosités du rivage et passe à Hergiswil (**7.5** — Hôt. du *Cheval-Blanc*), dans un site agréable (bancs), au pied du Pilate (*V.* page 142), montagne qui présente, au soleil couchant, des profils formant de singulières figures. Montée (2') et traversée de plusieurs petits torrents.

La r., bordée de haies, s'éloigne un peu du lac, tandis qu'au N. se dessine fortement la longue croupe du *Rigi*. Après avoir longé la baie de Winkel, on franchit le passage à niveau de la *ligne de Lucerne à Meiringen*, dans la petite vallée-plaine de l'Allmend; à dr., se détache le ch. de Kastanienbaum (3.6 — interdit aux automobiles), près du village de Horw (**3.8**).

Dépassant le *champ de courses*, à g., on rejoint (**2**) la r. de Kriens (2).

Le beau village de Kriens (5.950 hab. — Filatures de soie et ateliers mécaniques), entouré de jardins et de vergers, s'étend à la base occidentale du Pilate. De Krienz, on monte sur la colline du **Sonnenberg** par un funiculaire (Prix : 1 fr. 50, aller et retour; trajet en 12 min.; départ toutes les 24 min.). De l'hôtel du Sonnenberg un ch. conduit (10') à la Kreuzhöhe (Alt. : 780 m.), hauteur d'où l'on a une vue superbe.

Un autre ch., en partie sous bois, mène du Sonnenberg au Gütsch (35' — *V.* page 156).

Ici, suivre l'avenue à dr., qui, plus loin, prend le nom de *Krienzer Strasse*, à l'entrée de la jolie ville de

Lucerne (30.868 hab. — Ch.-l. du canton de Lucerne).

Arrivé au point où la ligne du tramway tourne à dr. dans *Pilatus Strasse* (direction du pont du lac, ou *Seebrucke*, centre de la ville), on devra continuer devant soi par la large *Obergrund Strasse*. Cent m. plus loin, à un carrefour, prendre à g. la rue *Unterer Hirschen-Graben*. Au milieu de cette rue, s'arrêter à l'hôtel recommandé du *Rütli*, situé à dr., au n° 38 (**1.8**).

L'Unterer Hirschen-Graben aboutit devant une caserne à la *Basel Strasse* qui, à g., est le début de la r. de Berne, par Escholzmatt (*V*. page 156).

Nota. — Dans le cas où la place manquerait à l'hôtel du *Rütli*, on pourrait encore descendre aux hôtels : de l'*Ange*, voisin de l'hôtel du Rütli ; *Rossli*, 15, *Mühlen Platz* ; *Brünig*, 5, *Grendel Strasse* ; *Krone*, 12, *Wein Marckt* ; des *Balances* (plus cher que les précédents), place *Metzgerraine*.

Visite de la ville de Lucerne (environ 4 h. 1/2). — Au sortir de l'hôtel du *Rütli*, suivre à g. la *Rütli Gasse*. On croise la *Pfister Gasse* et l'on continue par la *Bahnhof Strasse ;* dans cette rue, sur la *Franziskaner Platz*, à dr., se trouve l'église des Franciscains et, au chevet de l'église, s'élève le grand bâtiment de l'École Cantonale (Musée d'histoire naturelle — entrée gratuite le dimanche, de 10 h. à midi et de 1 h. à 3 h. ; le mardi, de 1 h. à 3 h. ; les autres jours, 50 c.).

Continuant par Bahnhof Strasse, on passe entre une maison à arcades, à g. (Archives de l'État), et le Palais du Gouvernement, à dr. (n° 15, belle arrière-cour). Plus loin, la Bahnhof Strasse forme le quai de la *Reuss*, à sa sortie du lac des Quatre-Cantons ; sur ce quai on voit : à dr., l'église Saint-Xavier, puis le Théâtre. A g., le *pont de la Chapelle* (Kapellbrücke), tout en bois et couvert, présente à l'intérieur 121 panneaux peints ; attenante au pont s'élève une tour isolée et octogonale (Wasserturm) qui renferme les archives de la ville.

Au bout du quai, à l'angle de l'Hôtel des Postes, on arrive sur la *Bahnhof Platz ;* à dr., se trouvent la Gare, monument voisin d'une grande construction provisoire, imitant l'enceinte d'une vieille cité, qui contient le Musée international de la guerre et de la paix (entrée : 1 fr.).

Traverser à g. le *pont du Lac* (Seebrücke) d'où l'on a la vue la plus pittoresque de la ville. De l'autre côté du pont, après la *Schwanen Platz*, on suit à dr., dans toute leur longueur, les magnifiques quais du *Schweizerkof* et *National ;* ceux-ci, bordés de somptueux hôtels, s'étendent vis-à-vis du lac des Quatre-Cantons, dont le miroir bleu réfléchit le splendide décor de la chaîne des Alpes.

A l'extrémité du quai National, se trouve à g. le Kursaal (salons de lecture, de jeux, petits chevaux ; concert dans le jardin, tous les jours, à 4 h. 1/2 ; représentations théâtrales ou concert, le soir. Entrée : 1 fr. pour la journée). Ici, parvenu à hauteur de l'établissement des bains du lac, tourner à g. On passe entre le Jeu de tennis et le jardin du Kursaal pour prendre à g., devant l'hôtel *Beau-Rivage*, la rue *Halden Strasse* qui ramène vers la ville. Presqu'au bout de cette rue, tourner à dr. dans *Stift Strasse* et monter, encore à dr., l'escalier qui précède la cathédrale Saint-Léger (concerts d'orgues le lundi et le jeudi, de 11 h. à midi ; entrée : 1 fr.).

Après avoir fait le tour de l'église, par le cloître et le cimetière, on redescendra à la *Lœdegar Strasse*, au bas des escaliers. Quelques m. plus loin, la *Lœwen Strasse*, à dr., conduit à la *Lœwen Platz* et au Grand Panorama (Passage de l'armée française aux Verrières Suisse en 1871. — Entrée : 1 fr.).

Vis-à-vis le panorama, en suivant *Denkmal Strasse*, on arrive au petit parc ombragé, où se dresse la paroi de rocher, de 20 m. de haut, dans laquelle est taillé le fameux *Lion de Lucerne*, monument élevé à la mémoire des gardes suisses qui périrent massacrés en défendant le roi Louis XVI, le 10 août 1792 ; à l'entrée du parc s'élève une Chapelle expiatoire.

A g., en face du parc, l'Alpineum contient un grand diorama des Alpes et des glaciers (entrée : 1 fr.). En montant l'étroit ch., entre le parc du Lion de Lucerne et l'Alpineum, on atteint le Jardin des Glaciers (entrée : 1 fr. ; 2 fr. avec accès au Labyrinthe oriental) où l'on peut voir, entre autres curiosités géologiques, les pots de glaciers, vestiges d'un des laboratoires du monde en formation (notice explicative, 20 c.), le musée zoologique de Stauffer, de magnifiques plans en relief, et diverses constructions intéressantes.

A la sortie du Jardin des Glaciers, revenir sur ses pas vers l'Alpineum, puis prendre à dr. la rue qui ramène à la *Lœwen Platz*, devant le Grand Panorama. Ici, appuyant à dr. on tournera ensuite à g. dans *Züricher Strasse*, où se trouve situé, au n° 1, le Diorama Meyer (vues du Pilate, du Rigi et du Gornergrat — entrée : 1 fr.).

L'avenue à dr., à l'angle du diorama, monte vers la porte de l'extrémité N.-E. du Musegg, reste remarquable de l'ancien mur d'enceinte dont les neuf tours donnent un cachet si particulier à la ville.

Continuant par la large *Alpen Strasse*, on regagne le quai du *Schweizerhof* qu'on suit à dr. jusqu'à la *Schwanen Platz*, à l'entrée du pont du Lac.

Ici, tourner à dr. sur la *Kappel Platz* (à g., l'église Saint-Pierre et le pont en ligne brisée du Kappelbrücke) et pénétrer par la

Cappel Gasse dans l'ancienne ville. Ce quartier très pittoresque de la vieille cité suisse fourmille de petits hôtels et de maisons, aux façades richement enluminées, au-dessus desquelles se balancent de curieuses enseignes en fer forgé du vieux temps.

A g., sur la place de *Korn Marckt*, l'ancien Hôtel de Ville renferme l'Exposition des Beaux-Arts et le Musée historique (ouvert de 9 h. du matin à 6 h. du soir ; entrée : 1 fr. ; le dimanche, 50 c.).

Un peu plus loin, tourner à dr. sur *Hirschen Platz*, ornée d'une gracieuse petite fontaine avec personnage en bronze, puis à g. sur la place de *Wein Marckt*. Celle-ci possède une ravissante fontaine monumentale surmontée de la statue de Saint-Maurice qu'entourent des guerriers cuirassés.

Dépassant la belle façade peinte de l'hôtel des *Balances*, on tourne à dr. dans la petite rue de *Kran Gasse* qui mène devant l'hôtel *Rössli* (Cheval-Blanc), situé à l'angle de la *Mühlen Platz*.

Traverser cette place, à g., pour gagner le *pont des Moulins* (Spreuerbrücke). Ce pont couvert, à la charpente massive, fait le pendant au pont de la Chapelle ; comme lui il est décoré à l'intérieur dans le même goût, avec des peintures représentant une danse des morts. On franchit de nouveau la Reuss en apercevant à dr. la tour (Nöllithor) qui défendait l'extrémité S.-O. du mur d'enceinte du Musegg.

De l'autre côté de la rivière, on passe sous une voûte attenante à la caserne ; cette voûte donne accès dans *Pfister Gasse*, vis-à-vis l'*Hirschen Graben* qui ramène à l'hôtel du *Rütli*.

Excursions recommandées au départ de Lucerne. — Au **Sonnenberg** (*V.* page 143); au **Gütsch** (*V.* page 156); au **Pilate** (*V.* page 142).

Le tour du lac des Quatre-Cantons, en bateau à vapeur. Cette superbe excursion demande une journée. On prend dans la matinée le bateau à Lucerne avec billet d'aller et retour pour Flüelen (Prix : 5 fr. 30 ou 3 fr. 55; trajet en 2 h. ou 2 h. 40 min. ; bon restaurant à bord). Pour les heures de départ de Lucerne et de Flüelen consulter l'horaire à l'embarcadère des bateaux.

Nota. — On peut réunir en une seule les deux excursions du tour du lac des Quatre-Cantons et de l'ascension du Rigi (*V.* page 147). Au retour de Flüelen on s'arrête à Vitznau où l'on prend le funiculaire pour monter au Rigi. On passera la nuit à l'hôtel du *Rigi-Kulm* pour assister au coucher et au lever du soleil et l'on reviendra le lendemain à Lucerne.

Le *lac des Quatre-Cantons*, ainsi nommé des quatre cantons d'Uri, d'Unterwald, de Schwytz et de Lucerne qui l'entourent, est le plus grandiose et le plus beau de la Suisse. Représentant à peu près la forme d'une croix dont le pied recourbé se trouverait à Flúelen, il mesure 38 kil. de longueur sur 3 kil. de largeur moyenne; sa profondeur maxima est de 214 m. et il embrasse une superficie de 11.390 hectares.

Le *bateau express*, après avoir dépassé la *baie de Küssnacht*, à g., et la *baie de Stansstad*, à dr., qui sont comme les deux bras de la croix formée par la disposition du lac, ne s'arrête qu'à **Vitznau** (point de départ de la *ligne du Rigi*, V. ci-dessous) et à Brunnen, qui est le plus beau point du lac des Quatre-Cantons.

Mais que de souvenirs évoquent ses rives, qui deviennent, à mesure qu'on avance, de plus en plus étroites et entourées de montagnes abruptes, au-dessus desquelles scintillent les hautes cimes couvertes de neige et de glaciers; à dr., c'est le *Rütli*, la petite prairie où, le 8 novembre 1307, les conjurés des trois cantons d'Uri, de Schwytz et d'Unterwald jurèrent l'alliance qui devait délivrer leur patrie du joug de l'Autriche; plus loin, à g., c'est la *Tellsplatte*, avec la *chapelle de Tell*, fondée en 1388, à l'endroit historique où Guillaume Tell sauta de la barque de Gessler sur le rivage.

A Flúelen (Hôt. de la *Croix-Blanche*; de l'*Aigle*), on descendra du bateau pour se rendre, soit par le ch. de fer, soit par la r., au bourg d'**Altdorf** (à 3 kil. de Flúelen — V. page 148), autre endroit où, suivant la tradition, Guillaume Tell traversa d'une flèche une pomme placée sur la tête de son fils.

Revenir ensuite à Flúelen pour reprendre un des bateaux dont le départ pour Lucerne a lieu dans la soirée.

Le Rigi. — On se rend en bateau à vapeur de Lúcerne à Vitznau (Prix : 3 fr. ou 1 fr. 50, aller et retour; trajet en 55 min. ou en 1 h. 15 min.).

Le village de Vitznau (896 hab. — Hôt. *Rigibahn; Rigi*), au pied du *Vitznauer-Stock*, dans un joli site, est un lieu de séjour très amusant, égayé par le va-et-vient continuel des touristes qui débarquent ici pour prendre le *ch. de fer du Rigi*.

La ligne à crémaillère du Rigi, la plus fréquentée et la plus ancienne qu'il y ait en Europe, accuse une circulation moyenne annuelle de plus de 128.000 voyageurs. Les départs et les arrivées du ch. de fer du Rigi correspondent à Vitznau avec ceux de tous les bateaux à vapeur faisant le service de Lucerne, Brunnen, Flúelen et Alpnach.

Le ch. de fer du Rigi (prix : 10 fr. 50, aller et retour; trajet en 1 h. 1/4; se placer à g.) gravit le flanc de la célèbre montagne avec une rampe de 20 0/0 et conduit à la station terminus du *Rigi-Kulm* (Hôt. *Rigi-Kulm*), voisine du sommet le plus élevé du groupe du Rigi (Alt. : 1.800 m.).

La magnificence de la vue dont on jouit du Rigi sur l'immense chaîne des Alpes, le lac des Quatre-Cantons et un horizon de cinq cents kil. est déjà merveilleuse; mais nul ne saurait contempler un coucher et un lever de soleil du haut de cette montagne sans emporter un souvenir ineffaçable de ces deux spectacles dont les splendeurs défient toute description.

Si l'on consacre au Rigi une journée entière, on visitera encore les sommets voisins du *Staffel* (Alt. : 1.607 m) et du *Rothstock* (Alt. : 1.662 m.) qui possèdent un panorama particulier à chacun d'eux.

Le Bürgenstock. — On se rend en bateau à vapeur de Lucerne à Kehrsiten (Prix : 1 fr. 50 ou 80 c.; trajet en 25 min.). A Kehrsiten on prend le funiculaire électrique qui gravit l'arête du *Bürgenstock* (Prix : 2 fr. 50 ou 1 fr. 50, aller et retour; trajet en 15 min.).

Du Bürgenstock (Alt. : 870 m. — Hôt. du *Parc*; *Helvetia*), on jouit d'une vue splendide et des plus variées sur les diverses baies du lac des Quatre-Cantons, sur Lucerne et sur les Alpes.

Le Stanserhorn. — On se rend en bateau à vapeur de Lucerne à Stansstad (Prix du billet jusqu'au Stanserhorn 8 fr., aller et retour; trajet complet en 3 h.) puis en tramway électrique de Stansstad à **Stans** (Chef-lieu du *Nidwald*, partie E. du canton d'Unterwald — 2.793 hab. — Hôt. *Sanserhof* — A voir : le monument d'Arnold de Winkelried; le Musée historique, 30 c.).

De Stans, un funiculaire monte à la station du *Stanserhorn-Kulm* (Hôt. *Stanserhorn*). Le sommet de la montagne (Alt. : 1.900 m.), est situé à 15 min. de l'hôtel; magnifique vue.

Pour mémoire. — De Lucerne à **Lugano** par Meggen (**7.3** — Hôt. *Gottlieben*), **Küssnacht** (**5** — 3.560 hab. — Hôt. du *Lac*; de l'*Aigle*), Greppen (**3.1**), Weggis (**4** - 1522 hab. — Hôt. du *Lac*; du *Lion-d'Or*), Vitznau (**5.2** — 896 hab. — Hôt. *Rigi*; *Rigibahn*), Gersau (**6.6** — 1.887 hab. — Hôt. *Gersau*), **Brunnen** (**6.8** — 3 085 hab. — Hôt. du *Cerf*), Sisikon (**5.6** — Hôt. *Urirothstock*), Chapelle de Tell (**2**), Flüelen (**4.1** — Hôt. de la *Croix-Blanche*; de l'*Aigle*), **Altdorf** (**2.9** - Ch.-l. du canton d'Uri — 3.117 hab. — Hôt. de la *Clef-d'Or*; *Tell* — Statue de Guillaume Tell), Erstfeld (**7.6** — Hôt. *Bahnhof*; de la *Poste*), Silenen (**3.7**), Amsteg (**3** — Hôt. de l'*Étoile-d'Or*; du *Cerf*), Gurtnellen (**7.3** — Hôt. *Saint-Gothard*), Wasen (**3.7** — Hôt. des *Alpes* — Vue de la plate-forme de l'église), Gœschenen (**4.7** — Hôt. du *Cheval-Blanc*; de la *Gare*). **Andermatt** (**5.9** — 811 hab. — Hôt. rest. du *Touriste*), **Hospental** (**3** — Hôt. du *Lion-d'Or*), **Col du Saint-Gothard** (**10.1** — Alt. : 2.114 m. — Hôt. du *Mont-Prosa*), Airolo (**13.7** — 1.800 hab. — Hôt. de la *Poste*; des *Alpes*), Piotta (**4**), Ambri (**2.6**), Piesso (**3.2**), Faido (**6.2** — 835 hab. — Hôt. *Suisse*; *Fransioli*), Chiggiogna (**2.2**), Giornico (**0.5** — Hôt. *Posta*), Bodio (**1.2**), Biasca (**6.2**

— Aub. *Gottardo*, Osogna (5.9 — Aub. *Posta*), Cresciano (3.5), Castione (7.2), **Bellinzona** (4.1) et **Lugano** (31.0 — *V.* page 113).

Au départ de Lucerne, la r. longe un moment le *lac des Quatre-Cantons*, puis elle s'élève pour franchir un promontoire; descente à Meggen où l'on regagne la rive du lac. Trajet très accidenté entre Küssnacht et Weggis; depuis Greppen on gravit, ensuite on descend, les deux versants d'une autre pointe de terre. A partir de Weggis, la r. côtoie constamment le lac; elle passe à Vitznau, où se trouve la station de la ligne à crémaillère du *Mont-Rigi*, et traverse plus loin les terrains d'alluvion de l'embouchure de la *Muota*, avant d'atteindre Brunnen.

A Brunnen, localité située au plus bel endroit du lac des Quatre-Cantons, se détache à g. le ch. de **Schwytz** (5 — *V.* page 150).

La r., sous le nom d'*Axenstrasse*, comportant de grands travaux d'art, conduit presqu'à plat de Brunnen à Flüelen, passant tantôt au-dessus, à côté, ou au-dessous de la *ligne du Saint-Gothard*. Deux kil. après Sisikon, apparaît à dr., au bord du lac, la *chapelle de Tell*, élevée à l'endroit, où d'après la légende Guillaume Tell aurait sauté de la barque de Gessler. La r. traverse un long tunnel.

A Flüelen, on atteint l'extrémité du lac et l'on pénètre dans la large vallée de la *Reuss*, ici couverte d'arbres fruitiers, pour gagner Altdorf la petite ville remplie du souvenir de Guillaume Tell.

A partir d'Erstfeld, la vallée se rétrécit et la r. commence à monter durement, la rampe continuant jusqu'au col du Saint-Gothard. Parcours splendide : ponts, cascades, vue sur les ouvrages grandioses du chemin de fer.

Dépassé Gœschenen, la r. s'engage dans la sauvage *gorge des Schœllenen*, longue de quatre kil., puis elle s'élève par de nombreux circuits; après une galerie, on franchit le fameux *pont du Diable*, célèbre par les combats que soutinrent, en 1799, les Français contre les Autrichiens et les Russes.

Au delà du pont du Diable, de nouveaux lacets conduisent à la galerie, dite du *Trou d'Uri*, percée au milieu d'importants ouvrages de fortification. A l'issue de la galerie, on entre dans la solitaire *vallée d'Urseren* précédant Andermatt, village où se détache à g. la r. de Coire, par le col de l'Oberalp.

Plus loin, au sortir d'Hospenthal, on laisse à dr. la r. de Sion, par le col de la Furka.

La r. du Saint-Gothard continue à remonter la vallée déserte de la Reuss jusqu'au col.

De l'autre côté du col, descente en lacets du *val Tremola* qui vient rejoindre le *val Leventina*, ou vallée supérieure du Tessin, deux kil. avant Airolo, près du débouché du *tunnel du Saint-Gothard* (14.998 m. de long).

La descente continue dans la vallée du *Tessin*, d'ordinaire très poussiéreuse jusqu'à Bellinzona. Après Chiggiogna, on remarque à dr. la belle *cascade de la Cribiasca*; plus loin, traversée de la pittoresque *gorge de Biaschina*. La contrée se couvre d'une végétation luxuriante.

D'Andermatt à **Coire**, *V.* page 109.

D'Hospenthal à **Sion** et à **Aigle**, *V.*, en sens inverso, page 109.

De Bellinzona à **Lugano**, ou à **Coire**, *V.*, page 113; à **Locarno**, *V.* page 114.

De Lugano à **Brigue**, *V.*, en sens inverse, page 111.

De Lucerne à **Coire**, par **Küssnacht** (**12.3** — *V.* page 148), Immensee (**2.3** — Hôt. *Rigi*). Arth (**6.5** — 3.400 hab. — Hôt. de l'*Aigle*), Oberarth (**1.5**), Goldau (**1.5**), Lowerz (**3.5**), Seeven (**4** — Hôt. *Rœssli*), **Schwytz** (**2.9** — Ch.-l. du canton de Schwytz — 7.390 hab. — Hôt. du *Cheval-Blanc* — A voir : l'Hôtel de Ville), Sattel (**8.6** — Hôt. *Neue-Krone*), Rothenthurn (**4.2** — Hôt. *Ochs*), Altmatt (**3**), Biberbrücke (**4.1** — Hôt. *Krone*), Schindellegi (**3.5** — Hôt. *Freihof*), **Pfœffikon** (**6.2** — Hôt. *Hœfe*), Lachen (**6.2** — Hôt. *Bahnhof*), Siebnen (**4.2**), Schübelbach (**2.4**), Reichenburg (**3.6**), Bilten (**4.1** — Hôt. *Hirsch*, Niederurnen (**3.4**), **Nœfels** (**3** — 2.587 hab. — Hôt. *Schwert*), Mollis (**1.4** — Hôt. *Bœr*), Beglingen (**2**), Pilzbach (**3.6** — Hôt. *Mürtschenstoch*), Obstalden (**2** — Hôt. *Hirsch*), Mühlehorn (**3.6** — Hôt. *Zur Mühle*), Murg **3.4** — Hôt. *Rœssli*), Unterterzen (**2.8** — Hôt. *Freieck* — Cascades), Walenstadt (**5.6** — 3.000 hab. — Hôt. *Churfirsten*), Bärschis (**3.2**), Halbmil (**3.5**), Ragnatsch (**2**). Heil-Kreuz (**2.1**), **Sargans** (**3**) et **Coire** (**27.5** — *V.*, en sens inverse, page 117).

Après Küssnacht, au bout de l'une des profondes baies du *lac des Quatre-Cantons*, la r. se dirige vers le *lac de Zug*. Elle laisse à g. Immensee, dans un site délicieux; puis, infléchissant à l'E., vient en bordure du lac de Zug, au pied de la pyramide escarpée du *Mont-Rigi*.

Depuis Arth, à l'extrémité du lac, on traverse le *chaos de Goldau*, énorme amoncellement de rochers provenant de l'éboulement de la montagne du *Rossberg* qui, en 1806, ensevelit quatre villages. La r. contourne le gracieux *lac de Lowers*, sur un longueur de trois kil., avant d'atteindre le gros bourg de Schwytz.

A Schwytz, se détache à g. le ch. de **Brunnen** (**5** — *V.* page 148), port du lac des Quatre-Cantons.

Longue côte entre Schwytz et Sattel, ce dernier village dans le haut de la vallée boisée du *Steinen-Aa*. On descend ensuite vers Rothenthurm et la vallée de la *Biber*, celle-ci parsemée de tourbières.

A Biberbrücke, on laisse à dr. le ch. d'**Einsideln (5 — 8.500 hab. — Hôt. du *Paon*; du *Soleil* — Pèlerinage célèbre), par l'étroite vallée de l'*Alpthal*.

La r. descend sur la rive g. de l'*Alp*, rivière qui se joint bientôt au cours torrentueux de la *Sihl*, traversée à Schindellegi. Ici, abandonnant la direction de Richterswil, on prend à dr. le ch. de Pfeflikon conduisant à peu près en droite ligne vers le bord du *lac supérieur de Zurich*.

La r. suit la rive entre Pfeflikon et Lachen; puis, s'éloignant du lac, parcourt une région en partie marécageuse, coupée par le *canal de la Linth*. On incline ensuite à dr. dans la vallée de la *Linth* qu'on remonte jusqu'en vue de Næfels où il faut abandonner la direction de G'aris (*V.* ci-dessous), pour franchir à g. la rivière et le canal avant de gagner Mollis.

Longue montée en lacets jusqu'à Beglingen, puis l'on s'élève encore un peu, à flanc de montagne, en découvrant le *lac de Walenstadt*. Après Filzbach, la r. contourne la *gorge du Sallerntobel*; elle descend ensuite vers Obstalden, puis, par de grandes courbes rapides, à Mühlehorn. On côtoie le bord du lac jusqu'à Walenstadt.

A partir de Walenstadt, on remonte la large vallée de la *See* jusqu'à Sargans.

De Næfels à Glaris, par Netstall (**4.2** — 2 026 hab.) et Glaris (**3** — Ch.-l. du canton de Glaris — 4.845 hab. — Hôt. *Glarnerhof* — A voir : l'église, le Musée d'antiquités, à la Poste; le Musée de peinture, au Tribunal; le plan relief du canton, à l'Hôtel du Gouvernement).

Cette r. continue à remonter la vallée de la *Linth*, entre Næfels et Glaris.

De Coire, à Constance, *V.* page 117; à **Zurich,** *V.,* en sens inverse, page 153; à **Ponte,** *V.* page 115; à **Silvaplana,** *V.* page 114; à **Lugano,** *V.* page 113; à **Bellagio,** *V.* page 112; à **Davos-Dorf,** *V.* page 112; à **Sion** et à **Aigle,** *V.* en sens inverse, page 103.

De Lucerne à Bâle, par Emmenbrücke (**3.3** — Hôt. *Emmenbrücke*), Neuenkirch (**7.7**), Nottwil (**6.8**), Oberkirch (**2.9**), Sursee (**2** — 2.595 hab. — Hôt. du *Soleil*. — A voir : l'Hôtel de Ville), Saint-Erhard (**3.3**), Uffikon (**5.8**), Dagmersellen (**2.5**), Reiden (**4.3** — Vieux château), Adelboden (**3**),

Zofingen (**2.2** — 4.596 hab. — Hôt. du *Cheval* — A voir : le
Musée), Kreuzstrasse (**3.9**), Aarbourg (**1.9** — 2.279 hab. —
Hôt. de la *Couronne*), Olten (**3.5** — 7.000 hab. — Hôt. *Suisse*
— A voir : l'église paroissiale, l'église des Capucins — Manufac-
tures de chaussures), Trimbach (**1.7**), Hauenstein (**5.1**), Lœufel-
lingen (**3.3** — Aub. *Sonne*), Buckten (**1.9**), Rümlingen (**1.8**),
Diepflingen (**2.9**), Thürnen (**1.2**), Sissach (**1.8** — Hôt. du *Lion*),
Itingen (**2**), Lausen (**1.8**), Liestal (**2.5** — 5.400 hab. — Hôt.
du *Faucon* — A voir : le Musée cantonal), Schönthal (**2.2**),
Schweizerhall (**5.1** — Salines), Birsfelden (**5.5**) et Bâle (**3.5**
— Ch.-l. du canton de Bâle — 109.160 hab. — Hôt. de l'*Europe*;
des *Balances*; *Métropole*; *Central* — A voir : les ponts, la Cathédrale et son cloître, le Musée, l'Hôtel de Ville, le Musée historique,
l'église Sainte-Elisabeth, le Monument de Saint-Jacques, le Monument de Strasbourg, la porte Saint-Paul, l'église Saint-Paul, l'é-
glise Saint-Mathieu, le Jardin Zoologique, l'Erlenpark).

Cette r., qui présente une longue montée jusqu'à Neuenkirch,
descend ensuite insensiblement, découvrant à dr. la plaine de
Sempach, celle-ci célèbre par la victoire d'Arnold de Winkelried
contre le duc Léopold d'Autriche, en 1386.

Plus loin, on longe le *lac de Sempach*, sans trop s'en éloigner,
jusqu'à Sursee.

Forte côte à Saint-Erhard, puis descente par la vallée d'Uffikon
vers Dagmersellen, dans la large vallée de la *Wigern*. On suit la
rive dr. de cette dernière, en terrain uni, jusqu'à Aarbourg sur le
bord de l'*Aar*.

D'Aarbourg à Olten, la r. continue à plat, sur la rive dr. de l'Aar;
on traverse le fleuve en vue d'Olten.

Après Olten, montée très dure, depuis Trimbach jusqu'à Hauenstein, pour atteindre le point culminant du passage à travers la
chaîne des monts du Jura suisse.

Descente de l'étroit et pittoresque *vallon de Hombourg* qui
débouche, près de Sissach, dans la vallée de l'*Ergolz*.

Descente douce sur la rive g. de l'Ergolz, rivière se jetant dans
le *Rhin* un peu en aval de Bâle.

D'**Aarbourg** à Berne, *V.*, en sens inverse, page 163.

D'**Olten** à **Soleure**, *V.*, en sens inverse, page 161; à
Aarau et à **Schaffhouse**, *V.* page 163.

De **Bâle** à **Zurich**, *V.*, en sens inverse, page 151; à
Schaffhouse et à **Constance**, *V.* page 155; à **Soleure** et à **Berne**, *V.*, en sens inverse, page 164; à **Delémont**, à **Bienne** et à **Berne**, *V.*, en sens inverse,
page 165.

De **Lucerne** à **Zurich**, par Ebikon (**5.1**), Dierikon (**2.2**), Root (**2.4**), Gisikon (**2.6**), Honau (**1**), Rothkreuz (**1.8**), Holzhäusern (**1.9**), Cham (**3.1** — Hôt. *Rabe*), **Zug** (**3.9** — Ch.-l. du canton de Zug — 6.800 hab. — Hôt. *Hirsch*; *Lœre* — A voir : l'ancien Hôtel de Ville, l'église Saint-Oswald, l'église des Capucins, l'Arsenal, le Rosenberg — Anciens remparts), Baar (**3.5** — 4.465 hab. — Hôt. *Saint-Gothard*; *Lindenhof* — Manufactures et fabriques), Sihlbrugg (**5.6** — Hôt. *Krone*), Langnau (**10**), Adlischwil (**3.4**), Wollishofen (**3.7**), Enge (**1**) et **Zurich** (**2.5** — Ch.-l. du canton de Zurich. — 150.000 hab. — Hôt. de l'*Epée*; *Saint-Gothard*; *Bern* — A voir : l'église des Augustins, l'église Saint-Pierre, le quai des Alpes, l'église du Fraumünster, le Helmhaus et le Musée d'Antiquités, la Cathédrale, la Haute Promenade, le Musée du Künstler-Gütli, l'école Polytechnique, la Statue d'Alfred Escher, le Musée national suisse, le Jardin Botanique, L'Uetliberg).

Cette r., faiblement ondulée, longe la voie ferrée jusqu'à Zug, petite ville sur le bord du lac du même nom.

Après Baar, on traverse la *Lorze* et l'on pénètre dans un pays montueux pour gagner Sihlbrugg sur la rive g. de la *Sihl*. La r. descend cette vallée jusqu'à Adlischwil, puis vient côtoyer le *lac de Zurich* à partir de Wollishofen.

De **Zurich** à **Coire**, par Enge (**2.5**), Wollishofen (**1** — Hôt. *Hirsch*), Bendlikon (**3**), Rüschlikon (**1.6**), Thalwil (**1.7** — 7.000 hab. — Hôt *Catharinahof*), Oberrieden (**2**), Horgen (**2.8** — 6.889 hab. — Hôt. *Lœre* — A voir : l'église), Käpfnach (**1.2**), Au (**2.2** — Hôt. *Au*), Vædenswil (**3.6** — 7.580 hab. — Hôt. de l'*Ange*), Richterswil (**3.7** — 4.080 hab. — Hôt. des *Trois-Rois*), Freienbach (**4.9**), Pfæffikon (**1.4**) et **Coire** (**92.6** — *V.* page 150).

Cette r., peu accidentée, mais parfois médiocre comme terrain, entre Zurich et Pfæffikon, longe le *lac de Zurich*; ravissants points de vue.

De **Zurich** à **Constance** (Grand-Duché de Bade), par Schwamendingen (**5.5**), Brüttisellen (**5**), Baltenschwil (**1.1**), Tagelswangen (**2.6**), station de Kempthal (**3.9**), Töss (**4.6**), **Winterthur** (**1.6** — 22.315 hab. — Hôt. du *Lion-d'Or*; de la *Couronne*. — A voir : le Musée du Kunsthalle, le panorama du Rigi. — Grand centre industriel), Ober-Winterthur (**2.7**), station de Wiesendangen (**2.7**), Islikon (**5.7**), **Frauenfeld** (**4.5** — Ch.-l. du canton de Thurgovie — 7.737 hab. — Hôt. *Falke* — Vieux château; filatures de coton), Felben (**4**), Pfyn (**2.1**), Mühlheim (**4.1**), Sonterswylen (**6**) et **Constance** (**10.8** — *V*. page 117).

Au départ de Zurich, la r. monte en décrivant une grande courbe pour contourner le mont du *Zurichberg*. Elle se dirige ensuite en plaine vers le *vallon du Kemptthal* qu'on descend jusqu'à Tòss, dans la large vallée du même nom.

Dépassé Winterthur, on parcourt le fertile canton de Thurgovie arrosé par la *Murg*, franchie à Frauenfeld, et la *Thur*, traversée entre Felben et Pfyn.

La r. est accidentée depuis Mühlheim.

> De **Constance** à **Coire**, *V*., en sens inverse, page 117;
> à **Schaffhouse** et à **Bâle**, *V*., en sens inverse, page 155.

De **Zurich** à **Schaffhouse**, par **Winterthur** (**24.3** — *V*. page 153), Oringen (**3**), Hettlingen (**2.8**), Andelfingen (**0.4** — Hôt. du *Lion*), Orlingen (**3.5**). Benken (**2.0**), Uhwiesen (**2.0**), Feuerthalen (**4.5**) et **Schaffhouse** (**0.3** — Ch.-l. du canton de Schaffhouse — 15.280 hab. — Hôt. *National*; de la *Gare* — A voir: la Cathédrale, l'église Saint-Jean, la maison du Chevalier, le château de Munot, l'Inthurneum, le Museum, Anciennes murailles, la promenade de l'œseustaub, la chute du Rhin).

La r. traverse, entre Winterthur et Andelfingen, une région assez unie, dominée à g. par les coteaux vignobles de Neftenbach qui produisent le vin le plus renommé du nord de la Suisse.

On franchit la *Thur* à Andelfingen. Plus loin, la r. présente de belles échappées sur le *Rhin*, profondément encaissé à g. ; de ce côté, après Uhwiesen, apparaît le *château de Laufen*, situé au-dessus de la fameuse *chute du Rhin*.

Descente à Feuerthalen d'où l'on a une des vues les plus pittoresques de la ville de Schaffhouse.

> De **Schaffhouse** à **Bâle**, ou à **Constance**, *V*. page 155; à **Aarau** et à **Berne**, *V*., en sens inverse, page 163.

De **Zurich** à **Bâle**, par Altstætten (**4.8**), Schlieren (**3.3**), Dietikon (**4** — Hôt. du *Lion*), Killwangen (**5.2**), Neuenhof (**1.8**), **Baden** (**4.3** — 6.050 hab. — Hôt. de la *Gare*; de la *Balance* — Bains renommés; Ancienne forteresse), Windisch (**8.8**), Brugg (**1.2** — 2.345 hab — Hôt. *Central; Rotes-Haus*), Umiken (**1.5**), Stalden (**3.8**), Effingen (**3**), Bötzen (**1.8**), Hornussen (**1.6**), Frick (**3.2** — Hôt. *Adler*), Eiken (**4**), **Stein** (**3.3** — Hôt. *Lœwe*), Nieder-Mumpf (**1.0** — Hôt. *Sonne*), Mœhlin

(5.6 — Hôt. *Sonnenberg*), **Rheinfelden** (4.8 — 3.400 hab. — Hôt. *Soolbad Schützen; Bellevue* — Salines importantes), Augst (5.8), Schweizerhalle (2.5 — Salines), Birsfelden (5.5) et **Bâle** (2.5 — *V.* page 152).

Jusqu'au delà de Baden, la r., unie, suit la rive g. de la large vallée de la *Limmat*. On passe à Dietikon, célèbre par la fameuse traversée de la Limmat qu'opéra Masséna, en 1799, pour repousser les Russes et s'emparer de Zurich.

Après Baden, on contourne la pointe de colline qui sépare la vallée de la Limmat de celle de la *Reuss*, en vue de la jonction de ces deux rivières avec l'*Aar*, fleuve franchi à Brugg.

On s'éloigne de l'Aar pour gravir la chaîne du *Jura* et atteindre le point culminant du passage à Stalden (574 m.). La r. descend ensuite la jolie et fertile *vallée de Sisseln* jusqu'à Stein, localité au bord du *Rhin*. Côte dure après Nieder-Mumpf, puis descente à Mœhlin.

Se rapprochant du Rhin à Rheinfelden, on suit la rive dr. de ce fleuve jusqu'à Bâle.

De **Bâle** à **Schaffhouse** et à **Constance** (Grand-Duché de Bade), par **Stein** (28.6 — *V.*, en sens inverse, page 154), Sisseln (3.7), **Laufenbourg** (6.3 — Hôt. des *Salines* — Vieux château; rapides du Rhin), Schwaderloch (8.3), Leibstatt (2.3), Koblenz (7.4), Riethcim (3.9), Zurzach (2), Reckingen (3.1), Rümikon (4.2), **Kaiserstuhl** (4.7), Weyach (1.9), Glattfelden (5.3), **Eglisau** (5.6 — Hôt. *Lœwe*), Rafs (5.3), Lotstetten (3.1), Jestetten (3.4), Neuhausen (6.8), **Schaffhouse** (1.8 — *V.* page 151), Feuerthalen (0.3), Langwiesen (2.5), **Diessenhofen** (7 — Hôt. de l'*Aigle*), Rheinklingen (4.9), Wagenhausen (3.8), Burg (0.6), Eschenz (1.6), Mammern (3.4 — Hôt. *Ochs* — Établissement hydrothérapique), **Steckborn** (5.6 — 5 241 hab. — Hôt. *Krone*), Berlingen (3.4), Mannenbach (2.3 — Hôt. *Schiff*), Ermatingen (2.4 — Hôt. *Adler*), Triboltingen (2.5), Tægerweilen (1.4), Kreuzlingen (3.4) et **Constance** (1.2 — *V.* page 117).

Cette r. suit la rive dr. du *Rhin*, à une distance plus ou moins rapprochée, jusqu'à Eglisau, où l'on traverse le fleuve, pour remonter au N. vers Schaffhouse.

Le terrain laisse à désirer entre Laufenbourg et Leibstatt, ainsi qu'entre Weyach et Glattfelden.

De **Schaffhouse** à **Aarau** et **Berne**, *V.*, en sens inverse, page 163; à **Zurich**, *V.*, en sens inverse, page 154.

De **Constance** à **Coire**. *V.*, en sens inverse, page 117; à **Zurich**, *V.*, en sens inverse, page 153.

DE LUCERNE A ESCHOLZMATT

Par Emmenbrücke, Malters, Schachen, Werthenstein, Wolhusen, Ebnet, Entlebuch, Hasle et Schüpfheim.

Distance : **15** kil. **900** m. *Côtes :* **1** h. **25** min.
Pavé : **3** min.

Nota. — Jolie route qui remonte la vallée de la Petite Emme. Rampes assez douces sauf une côte dure de trois kil., entre Wolhusen et Ebnet, et deux côtes de six cents et de neuf cents m. précédant Escholzmatt, bourg au point culminant du passage entre Lucerne et Berne.

Quittant l'hôtel du *Rütli*, suivre à dr. la rue *Hirschen-Graben* qui aboutit à la *Kasernen Platz*. Ici, devant la caserne, tourner à g. dans *Basel Strasse* (Pavé : 3'). Plus loin, on laisse à g. la station du *funiculaire du Gütsch*, située au n° 21 (**O. 1**).

Le funiculaire monte sur la colline du **Gütsch** (Prix : 60 c., aller et retour; trajet en 3 min.; départ toutes les 10 min.) où s'élève l'élégant hôtel-café-restaurant dont la tour élancée, semblable à un minaret, attire les regards depuis Lucerne. De la terrasse du Gütsch (Alt. : 525 m.), la vue sur la ville et le lac, sur le Rigi et les Alpes est ravissante.
Un excellent ch., en partie dans une magnifique forêt de sapins, conduit du Gütsch au *Sonnenberg* (45' — *V.* page 143). Si l'on réunit ces deux promenades, il vaudra mieux mon'er au Sonnenberg, par Krienz (*V.* page 143), puis descendre ensuite au Gütsch.

La r. passe sous le pont de la *ligne du Saint-Gothard* et monte légèrement dans le faubourg. A la première bifurcation, négligeant à g. (**O. 7**) la *Bern Strasse*, qui indique la direction d'Entlebuch, on continuera à dr.

Le ch., à la suite de la Bern Strasse, longe à flanc de montagne le versant N. du *Sonnenberg*, passe par le haut de Littau, à Rengg, et rejoint la r., par Emmenbrücke (*V.* page 157), au delà du village de Blatten. Il raccourcit de 2 kil. 300 m. mais il est mal entretenu et présente quatre côtes dures (25', 3', 3' et 5'), suivies d'une descente très rapide vers Blatten.

Après avoir franchi deux torrents et avoir croisé la *ligne de Berne*, on se rapproche un moment de la *Reuss;* on s'en écarte bientôt pour pénétrer dans la vallée de la *Petite Emme*, près du confluent des deux cours d'eau. Un peu plus loin, on laisse à dr. le *pont d'Emmenbrücke* (**1.8**), sur lequel passe la r. de Bâle (*V.* page 151).

La r. de Berne, restant sur la rive dr. de l'Emme, contourne la colline de Rothen et se déploie dans la large vallée pour toucher à la station de Littau (**3.8**). On traverse ensuite deux fois la rivière, puis la voie ferrée ; à g., se détache (**4**) le ch. venant de Lucerne, par Blatten (*V.* page 156).

Les grandes montagnes des Alpes ont disparu, et le regard s'étend à présent sur le gracieux paysage, plus calme, des jolies collines bordant les fraîches prairies de l'Emme. La r., ondulée (Côtes : 2', 2', 2' et 3'), passe à Malters (**3** — Hôt. *Kreuz*), puis à Schachen (**3**), autre village où l'on franchit sur un pont couvert un torrent qui prend naissance dans la chaîne du *Pilate;* à g., s'éloigne le ch. de Farnbühl (2.5).

Après une étroite plaine, on traverse de nouveau l'Emme. La vallée, rétrécie, devient pittoresque ; à dr., tombe une petite cascade. Plus loin, un ancien couvent, converti en asile de sourds-muets, couronne un joli promontoire boisé, au-dessus du hameau de Werthenstein (**4.4**).

Au gros village de **Wolhusen** (**8.1** — 1.928 hab. — Côte : 2' et légère rampe), parvenu à hauteur de l'hôtel du *Cheval-Blanc*, on laisse à dr. le ch. de Willisau (10) et l'on continue à g. pour franchir l'Emme, qui divise la localité en deux parties.

La vallée, dirigée à présent vers le S., porte depuis Wolhusen le nom d'*Entlebuch;* longue de cinq kil., elle est entourée de montagnes boisées, tandis que de belles prairies couvrent ses nombreux plissements de terrain.

Ayant encore croisé la voie ferrée, à l'embranchement du ch. de Dopplischwand (3.3), laissé à dr., il faut gravir une forte côte (10'), décrivant plusieurs

courbes, pour gagner la petite terrasse ondulée
d'Ebnet (**6.6**). La r. descend ensuite, puis monte (3' et
1') dans **Entlebuch** (**2** — 2.670 hab. — Hôt. du *Port*),
riant village qui présente de belles maisons et qui
domine une longue paroi de roches émergeant du
profond ravin creusé par le lit de la rivière.

La r. descend pour traverser l'*Entlen*, affluent de
l'Emme, à sa sortie d'une gorge boisée à l'E. Montée
(5') suivie d'une descente rapide dans Hasle (**2**). Légères
ondulations (Côte : 2'); ensuite rampe douce pour gagner **Schüpfheim** (**1.1** — 3.012 hab. — Hôt. *Kreuz*;
Adler), principale localité de la vallée.

A l'extrémité de Schüpfheim, on peut prendre indiffé-
remment le ch. de dr. ou celui de g.; tous deux se rejoignent au delà de la gare. Plus loin, la r. de Langnau, laissant à g. (**1.3**) le ch. de Sörenberg (15),
franchit, à dr., la Petite Emme, rivière qui prend sa
source au *Rothorn* de Brienz, dont les belles crénelures
rocheuses limitent l'horizon au S.-E.

On remonte à présent la vallée de l'*Emme Blanche*,
où la rampe s'accentue par place (Côtes : 8', 2', 10' et
3'). Après le hameau de Feldmoos (**1.7**), on atteint
Escholzmatt (**2.3** — Alt. : 853 m. — 3 086 hab. —
Séjour estival très fréquenté — Belle église), gros village disséminé sur la crête qui sépare l'Entlebuch de
la vallée de la Grande Emme. Au delà de l'église, s'arrêter à dr. à l'hôtel *Lœwe* ou du *Lion*.

D'ESCHOLZMATT A BERNE

Par Wiggen, Trubschachen, Bärau, Langnau, Signau, Zæziwil, Höchstetten et Worb.

Distance : **45** kil. **800** m. *Côtes :* **49** min.
Pavé : **1** min.

Nota. — Cette route descend jusqu'à Langnau, puis ondule faiblement. Côte de deux kil. après Zæziwil, suivie d'une agréable descente de six kil. Autre montée d'un kil. après Worb, ensuite descente douce.

La r. descend la ravissante vallée de l'*Ilfis*, rivière qui va se jeter dans la *Grande Emme*, en aval de Langnau (*V.* ci-dessous). Près de Wiggen (**3**), on néglige à g. le ch. de Schangnau (9.2), pour continuer à dr.

La vallée, rétrécie, dirigée vers l'O., présente sur ses deux versants des entailles, cerclées de roches, et des hauteurs boisées de sapins du plus pittoresque aspect.

Après le hameau d'Ilisfluh (**3.2**), on passe à Trubschachen (**3.1**), premier village du canton de Berne à l'embouchure du *Trubbach ;* à dr., se détache le ch. de Trub (3.6).

Les montagnes diminuent d'importance, mais le paysage demeure charmant. On traverse les villages de Bärau (**2.9**) et de Golengrund (**0.5**), dont les chalets éparpillés touchent ceux de **Langnau** (8.161 hab. — Hôt. *Hirsch*), localité prospère, la plus importante de l'*Emmenthal*, vallée célèbre par ses fromages et sa fertilité.

Dans Langnau, à la bifurcation de Dorfschachen (**1.5**), suivre la r. à dr. ; elle longe des habitations, précédées de jardins, puis traverse une petite place où se trouve situé à dr. l'hôtel *Hirsch* ou du *Cerf* (**0.2**).

Cent m. au delà de l'hôtel, on croise une rue transversale pour passer devant le bureau de la Poste, puis l'on franchit le pont du ch. de fer ; à dr., se détache

(**0.6**) le ch. de Burgdorf (22.5) et, à g., celui qui vient directement de la bifurcation de Dorfschachen (*V.* page 159).

Après le pont sur l'Ilfis, négligeant à dr. le ch. qui descend vers la vallée, on continuera à g. par celui qui monte légèrement à flanc de coteau (Côte 2'). On franchit la *Grande Emme* au pont de Schüpbach (**1.3**). Un peu plus loin, le ch. de Röthenbach (13.8) s'éloigne à g. dans la vallée de l'Emme, à l'extrémité de laquelle apparaissent les jolies dentelures de la chaine du *Brienzer Grat ;* une côte (5').

La r. parcourt une région vallonnée, très verdoyante, et monte (3') à **Signau** (1 — Hôt. *Thurm*); légère rampe (Côte : 1'). On passe devant la station de Bowil (**3.1**) et, après une montée (2'), au village de Zæziwil (**2.9**) où s'écarte à g. le ch. de Thoune (20.5).

Longue côte (17') pour atteindre Höchstetten (**2**), riche village, entouré de jardins et de vergers, situé sur le versant du *Hürnberg.* Au S., une dépression de la vallée permet d'apercevoir les montagnes de l'O-berland; de ce côté, à g., se détache un second ch. vers Thoune (20.5).

Continuant de monter (7') à dr., on gagne la crête d'un pâturage, formant col (**0.5**), où viennent aboutir : le ch. de Burgdorf (21), à dr., et, un peu plus loin, celui de Schlössvil (2.1), à g.

La r. descend dans un petit bassin de prairies peuplé de hameaux. Après un raidillon (1'), la pente s'accentue : successivement on rencontre les groupes de chalets de Ried (**2.1**) et de Rychigen (**2.5**). Au bas de la descente (**1.3**), le ch. de Munsingen (7.2) vient s'embrancher à g.; à dr., le village industriel de **Worb** (Hôt. *Stern*) disperse ses habitations au pied d'une colline que couronne un ancien château.

La r., bordée d'arbres fruitiers, gravit une assez forte rampe (10') pour gagner le faîte d'une nouvelle arête. Ensuite la descente, douce, parallèle à la voie du ch. de fer, conduit dans la grande vallée où l'*Aar* coule encaissé dans de profondes gorges. Au S., la chaine tourmentée des Alpes blanchit l'horizon, tandis qu'à l'O., le profil adouci des montagnes du Jura repose le regard; on croise le ch. de fer au passage à niveau de la station de Gümlingen (**2.9**).

Plus loin, un raidillon (1'), puis notre ch. rejoint (**2.3**) la grande r. de Thoune (24), devant la halte d'Egghölzli. La r. de Berne, à dr., se déploie sous la forme d'une majestueuse avenue qu'on suit jusqu'à la station de Burgernziel (**1**); à cet endroit, il faut tourner à g., avec la ligne du tramway, dans la *Thun Strasse*.

Cette large rue, à l'entrée de la ville de Berne, descend à la *Helvetia Platz*, où se dresse à g. l'édifice, dans le style du Moyen Age, qui renferme le *Musée historique bernois* (V. page 162). Ici, franchir en face le *pont du Kirchenfeld*, construction métallique des plus hardies, jeté à 35 m. au-dessus de l'Aar, et, de l'autre côté du pont, monter la rue, à g. (2'), qui débouche sur la *Theater Platz*. On traverse cette place (Pavé : 1') pour arriver, quelques m. plus loin, près d'une tour avec horloge, à dr., au croisement de la principale artère de Berne (67.990 hab. — Ch.-l. du canton de Berne et siège du gouvernement fédéral — Cafés *Bubenberg*; des *Maréchaux*; *Kornhaus Keller*). Vis-à-vis la tour, s'arrêter à l'hôtel des *Boulangers* (**1.9**).

Visite de la ville de Berne (environ 3 h.; la visite des musées non comprise).

Devant l'hôtel des *Boulangers* s'élève la Tour de l'Horloge dont la façade E. porte une seconde horloge avec un coq qui chante et un troupeau d'oursons, déguisés, qui tourne au coup de l'heure devant un personnage assis articulé. Suivre à g. la *Kram Gasse* rue à arcades, décorée de fontaines remarquables qui, avec les statues et les portraits des *ours*, sont les ornements caractéristiques de la ville.

Au milieu de la rue, la courte *Rathhaus Gasse*, à g., conduit devant l'Hôtel de Ville, dans le style gothique, voisin de l'église des Vieux-Catholiques.

Revenant à la Kram Gasse, on continue à g. par son prolongement la *Gerechtigkeits Gasse* pour gagner le *pont de la Nydeck*, au-dessus de l'Aar. De l'autre côté de ce pont, est creusée à dr. la fameuse fosse aux Ours où s'ébattent les amusants animaux que la ville entretient depuis plus de quatre siècles comme de vivants emblèmes.

Revenir sur ses pas et repasser le pont de la Nydeck pour prendre la première rue à g. la *Junkerer Gasse*. Celle-ci mène au chevet de la Cathédrale où, tournant à g., on entrera dans le jardin-terrasse attenant à l'église (vue magnifique de l'Aar et de la chaine des Alpes — A g., un ascenseur électrique relie la terrasse au quartier du bord de l'Aar, 10 c.).

Sortant du jardin par la grille à l'O., on se trouve sur une place, ornée de la statue équestre de Rodolphe d'Erlach, devant la Cathédrale (entrée gratuite le dimanche, de 2 h. à 6 h.; les autres jours, 20 c.; ascension de la tour, 20 c.; de la galerie supérieure, 50 c. en plus. Concerts d'orgue les lundis, mardis, mercredis et vendredis à 8 h. 1/2 du soir, 1 fr.).

Vis-à-vis le portail de la cathédrale, suivre à g. la *Herren Gasse* et, par la petite place de la *Klosterhof*, on arrivera au *pont du Kirchenfeld*. Traverser ce pont pour aller visiter le Musée historique bernois situé, de l'autre côté de l'Aar, sur l'*Helvetia Platz* (ouvert au public le dimanche, de 10 h. 1/2 à midi et de 2 h. à 4 h. et les mardis et samedis, de 2 h. à 4 h.; les autres jours, 50 c. de 8 h. à midi et de 1 h. à 6 h., en été, de 9 h. à midi et de 1 h. à 4 h. en hiver).

A la sortie du Musée, repasser le pont du Kirchenfeld (vue de la ville et, à g., des deux Palais Fédéraux reliés par une construction médiane à dôme, rappelant en diminutif la disposition du palais du Trocadéro à Paris). De l'autre côté du pont, on montera la rue à g. qui débouche sur la *Theater Platz*.

Ici, tourner à g. devant le corps de garde de la gendarmerie et s'engager dans la *Amthaus Gasse*. Cette rue mène à la *Bæren Platz* où se trouve à g. l'entrée centrale des Palais Fédéraux (salles ouvertes au public, de 9 h. 1/2 à 11 h. 1/2 et de 2 h. à 5 h.; s'adresser au concierge).

A la sortie des palais, la *Bundes Gasse*, à g., conduit bientôt, après avoir dépassé l'hôtel de *Berne* (à g., un petit funiculaire descend au bord de l'Aar, 10 c.), à la *promenade de la Kleine Schanze*, établie à g. sur un ancien bastion d'où l'on découvre une vue superbe des Alpes Bernoises. Faire le tour de la promenade en montant au belvédère (table d'orientation, kiosque pour concerts) et sortir par la même grille.

Vis-à-vis cette grille, croisant la Bundes Gasse, on continuera par la *Christoffel Gasse* qui aboutit sur la *Bubenberg Platz*, en face de la gare et de l'église du Saint-Esprit; ici, tourner à dr. dans la *Spital Gasse* (fontaines). Parvenu devant la tour des Prisons, qui précède la *Markt Gasse* (fontaines), on tourne à g. sur la *Waisenhaus Platz*. Tout à l'extrémité de cette place, dépassant le bâtiment du Gymnasium, on prendra la *Waisenhaus Strasse*, à g. Au bout de cette rue se trouvent : à dr., le Musée des Beaux-Arts (entrée libre le dimanche, de 10 h. 1/2 à midi et de 1 h. à 4 h. et le mardi, de 9 h. à midi et de 1 h. à 5 h.; les autres jours, aux mêmes heures, 50 c.), et, à g., le Musée d'histoire naturelle (ouvert au public le mardi et le samedi, de 2 h. à 4 h. ; le dimanche, de 10 h. 1/2 à midi 1/2 et de 2 h. à 4 h. ; les autres jours, de 8 h. à 6 h., 50 c.).

Au bas de la Waisenhaus Strasse, tourner à dr. pour traverser le pont métallique du ch. de fer sous lequel on a ménagé un passage destiné aux piétons et aux voitures. Sur l'autre rive de l'Aar, la *Breitenrain Strasse*, à dr., monte et longe le *Jardin Botanique*, en contre-bas à dr. Après le passage à niveau du ch. de fer, laissé à g., on se dirigera à dr. vers la hauteur boisée sur laquelle est situé le Kursaal Schänzli (Café restaurant, salle de théâtre, concerts), dont la terrasse offre le plus beau panorama de la ville et des Alpes.

Descendant du Schänzli, on traversera encore une fois l'Aar sur le *pont du Kornhaus*, construction grandiose ornée de pylônes, pour rentrer en ville par la *Kornhaus Platz* ; sur cette place s'élèvent, à dr., le Théâtre et le grand bâtiment de la Halle au Blé. Celle-ci transformée en école industrielle, renferme le Musée industriel cantonal (entrée derrière la place ; public tous les jours, de 10 h. à midi et de 2 h. à 5 h. ; le dimanche, de 10 h. à midi ; et le vendredi, de 7 h. à 9 h. du soir). Au-dessous de la Halle au Blé, la brasserie de la *Kornhauskeller* (au n° 18) est une des curiosités de la ville.

Au S., la Kornhaus Platz touche à la *Theater Platz* et, à g., s'élève la tour de l'Horloge voisine de l'hôtel des *Boulangers*.

Pour mémoire. — De Berne à Aarau et à Schaffhouse, par Enge (3), Zollikofen (3.1), Station de Zollikofen (1.3), Moos-Seedorf (2.3), **Schœnbühl (1.3),** Hindelbank (5.4), Kirchberg (6.6), Saint-Niklaus (5.7), Hœchstetten (1.8), Hellsau (1.2), Seedorf (1.9), Ober-Renz (3.8), **Herzogenbuchsee** (1 — 2.536 hab. — Hôt. du *Soleil*), Bützberg (4.7), Nurgenthal (9.1), Station de Rothrist (6.2), **Aarbourg (3.6** — 2.309 hab. — Hôt. de la *Couronne*), **Olten** (3.5 — 7.000 hab. — Hôt. *Suisse.* — A voir : l'église paroissiale, l'église des Capucins — Manufactures de chaussures), Starrkirch (1.9), Dœnikon (3.7), Schœnenwerd (2.5), **Aarau** (4.3 — Ch.-l. du canton d'Argovie — 8.000 hab. — Hôt. *Gerber*; du *Lion* — A voir : l'Hôtel du Gouvernement, le Musée industriel cantonal, le Musée d'histoire naturelle, la Statue d'H. Zschokke, l'Alpenzeiger, Buchs (2.6), Hunzenschwil (4.1), **Lenzbourg (4.3** — 2.581 hab. — Hôt. *Krone* — Ancien château; Maison de correction), Othmarsingen (3), Mægenwil (2), Wohlenschwil (2.5), Mellingen (2), Dœttwil (5), **Baden** (3 — *V.* page 154), Ehrenlingen (4), Sigisdorf (7), **Kaiserstuhl (3.5)** et **Schaffhouse (33.2** — *V.* page 155).

Cette r., qui, au début, domine la rive g. de l'Aar, franchit ce fleuve et monte à Zollikofen. Elle descend ensuite vers Schœnbühle, puis continue, peu ondulée, s'accidentant toutefois légèrement entre Saint-Niklaus et Seedorf.

On traverse la *Murg* à Murgenthal, où l'on retrouve la vallée de l'Aar. La r. longe de nouveau la rive dr. du fleuve jusqu'à Aarau, en passant successivement devant les petites villes d'Aarbourg et d'Olten.

Après Aarau, la r., inclinant vers l'E., s'éloigne de nouveau de l'Aar. On franchit la *Reuss*, à Mellingen, et la *Limmat*, à Baden. De Baden à Kaiserstuhl, le trajet est accidenté.

D'Aarbourg à **Lucerne**, *V.*, en sens inverse, page 152.

D'Olten à **Bâle**, *V.* page 152; à **Soleure**, *V.*, ci-dessous, en sens inverse.

De **Schaffhouse** à **Bâle**, ou à **Constance**, *V.* page 155; à **Zurich**, *V.*, en sens inverse, page 151.

De **Berne** à **Soleure** et à **Bâle**, par Schœnbühl (**11 — *V.*** page 163), Urtenen (**0.9**), Jegenstorf (**2.6**), Grafenried (**3.4**), Fraubrunnen (**1.3**), Schalunen (**2.7**), Bœtterlanden (**2.7**), Kraylingen (**2**), Biberist (**6.4**), **Soleure** (**3.6 —** Ch.-l. du canton de Soleure — 9.500 hab. — Hôt. de la *Couronne;* du *Cygne* — A voir : l'église Saint-Ours, l'Arsenal, la Tour de l'Horloge, le Musée municipal, les vieux bastions et les fontaines publiques), Attiswil (**7.7**), Wiedlisbach (**2.6**). Ober-Bipp (**1.6**), **Dürrmühl** (**2.5**), Balsthal (**6.5**), Holderbank (**5.3**), Langenbrucke (**2.5**), **Waldenbourg** (**5.2 —** Hôt. du *Lion* — Vieux château). Oberdorf (**1.5**), Niederdorf (**1.2**), Hœllstein (**2.8**), Bains de Bubendorf (**5.1**), **Liestal** (**3.4 —** 5.400 hab. — Hôt. du *Faucon;* de l'*Ange)* et **Bâle** (**16.3 —** *V.* page 152).

Cette r. est faiblement accidentée jusqu'à Soleure, très ancienne ville située sur l'*Aar*.

Entre Soleure et Ober-Bipp, légère montée. Deux kil. après Dürrmühle, la r., quittant la vallée de l'Aar et la direction d'Olten (*V.* ci-dessous), s'engage à l'O. dans la chaîne du *Jura;* longue et dure côte jusqu'à Langenbrucke.

De Langenbrucke à Liestal, descente de jolis vallons.

De **Soleure** à **Olten**, par Dürrmühle (**14.4 — *V.*** ci-dessus), Œnsingen (**3.9**), Egerkingen (**6.1**), Hœgendorf (**1.1**), Wangen (**2.3**) et **Olten** (**2.8 — *V.*** page 163).

Deux kil. au delà de Dürrmühle, laissant à g. la r. de Bâle, on continue à descendre légèrement jusqu'à Olten en longeant le pied de la chaîne du *Jura*.

De **Soleure** à **Moutier**, par Lœngendorf (**2.7**), Oberdorf (**1.3**), Kurhaus du Weissenstein (**5.6** — Hôtel), Gœnsbrunnen (**4.3**), Crémine (**1.1** — Aub. de la *Croix*), Grandval (**1.6**) et **Moutier** (**3.8** — *V.* ci-dessous).

Cette r., qui monte très durement depuis Oberdorf, passe près de la cime du *Weissenstein*, une des montagnes de la Suisse dont la vue peut rivaliser avec celle du Rigi. De l'hôtel du Weissenstein à Gœnsbrunnen, descente très rapide.

A Moutier, ville située sur l'un des plus intéressants passages du *Jura*, on rejoint la r. de Bienne à Bâle.

De **Bâle** à **Schaffhouse** et à **Constance**, *V.* page 155; à **Zurich**, *V.*, en sens inverse, page 151; à **Lucerne**, *V.*, en sens inverse, page 151; à **Delémont**, à **Bienne** et à **Berne**, *V.*, ci-dessous, en sens inverse.

De **Berne** à **Bienne**, à **Delémont** et à **Bâle**, par la station de Zollikofen (**7.1** — *V.* page 163), München-Buchsee (**2.1** — Hôt. — *Kœch*), Schwanden (**4.1**), Lyss (**8.3** — Hôt. du *Cerf*), **Aarberg** (**4.3** — 1.249 hab. — Hôt. de la *Couronne* — Ancien château), Bühl (**4.2**), Hermrigen (**1.3**), Saint-Niklaus (**1**), Belmund (**2.2**), Nidau (**2.3** — Vieux château), **Bienne** (**1** — 22.000 hab. — Hôt. de la *Couronne; de la Gare; Suisse* — A voir : l'église paroissiale, le Musée Schwab), Frinvilliers (**4**), Reuchenette (**2.5** — Hôt. de la *Truite*), La Heutte (**2**), Sonceboz (**4.5** — Hôt. de la *Couronne*), Tavannes (**4** — Hôt. de la *Gare*), Reconvilier (**2.8**), Malleray (**3.8**), Bévillard (**0.8**), Sorvilier (**1.6**), Court (**2.8** — Hôt. de l'*Ours*), **Moutier** (**3.8** — 3.086 hab. — Hôt. de la *Gare; du Cerf*), Roche (**2.5** — Hôt. du *Cheval*), Choindez (**3**), Courrendlin (**2** — Hôt. du *Cerf*), **Delémont** (**4.7** — 5.058 hab. — Hôt. du *Faucon* — Ancien château), Soyhières (**4.3** — Hôt. de la *Gare*), Liesberg-Mühle (**5.2**), Laufen (**6.9** — 2.177 hab. — Hôt. du *Jura*), Zwingen (**3.1** — Ancien château), Grellingen (**4.1** — Hôt. de l'*Ours* — Fabriques importantes), Esch (**4.2**), Reinach (**2.7**) et **Bâle** (**8** — *V.* page 152).

La r. d'Aarberg, par München-Buchsee, légèrement accidentée, contourne le massif montagneux du *Frienisberg*, à g., ensuite descend le vallon de la *Lyss*.

De Lyss à Aarberg, on reste sur la rive g. de l'*Aar*, puis l'on traverse le fleuve et la vieille ville d'Aarberg, celle-ci sur une île de l'Aar.

La r., unie jusqu'à Hermrigen, gravit la côte de Saint-Niklaus et atteint le sommet de collines d'où l'on domine le *lac de Bienne*.

Descente pour franchir, en vue de Nidau, un canal réunissant l'Aar au lac et gagner la ville de Bienne.

Après Bienne, la r., pénétrant dans une gorge que creuse la Suze, s'élève a travers les hauts vallons de la chaine du Jura; montée continuelle. On franchit plusieurs fois la Suze.

A Sonceboz, la r. tourne brusquement vers le N. et pénètre dans le défilé de la Pierre-Pertuis; au point culminant du col (Alt. : 7ʰ2 m), on passe sous une ouverture naturelle du roc. Descente vers Tavannes.

La r. remonte encore un peu jusqu'à Reconvilier puis descend la vallée, d'abord uniforme, de la Birse. Dépassé Court, la vallée se resserre ; on traverse le pittoresque défilé des Roches de Court. Le Val-Moutier, qui commence après Moutier, est encore plus beau; le passage, percé entre des murailles gigantesques de rochers, devient grandiose.

De Courrendlin à Delémont, la vallée s'élargit en un large bassin, arrosé par plusieurs cours d'eau; après Delémont. elle se rétrécit de nouveau et décrit de nombreuses courbes; intéressantes ruines des châteaux de Vorbourg, de Soyhières, de Zwingen et d'Angensein.

La région s'aplanit à partir d'Esch vers les plaines du Rhin.

De Bienne à Neuchâtel, ou à Soleure, V. page 171.

De Delémont à Delle (France), par Develier (1), Malettes (10 , Cornol (5.8), Courgenay (3.6), Porrentruy (4.1 — 6.800 hab. — Hôt. National — Ancien château), Courchavon (5.5), Courtemaiche (2), Grandcour (1.8). Buix (1.8), Boncourt (2) et Delle (2 — Buffet de la gare — Grottes de Milandre).

Dure traversée du Mont-Terrible dans la chaine du Jura. La r. monte sans discontinuer entre Develier et Malettes ; une autre forte côte d'un kil. précède Cornol ; région intéressante. Descente vers Porrentruy dans la vallée du Crougena qu'on suit jusqu'a Delle.

De Bâle à Schaffhouse et à Constance, V. page 155: à Zurich, V., en sens inverse, page 154; à Lucerne, V., en sens inverse, page 151; à Soleure et à Berne, V., en sens inverse, page 161.

De Berne à Fribourg et à Lausanne, V., en sens inverse, page 100; à Payerne et à Lausanne, V., en sens inverse, page 101; à Thoune, V., en sens inverse, page 125.

DE BERNE A NEUCHATEL

Par Frauenkappeln, Mühleberg, Gümmenen, Gürbru, Kerzers, Müntschemier, Ins, Gampelen et Saint-Blaise.

Distance : **18** kil. **300** m. *Côtes :* **1** h. **10** min.
Pavé : **8** min.

Nota. — Cette route présente une côte de deux kil. avant Frauenkappeln, puis descend agréablement jusqu'à Gümmenen. Parcours légèrement accidenté entre Gümmenen et Kerzers, ainsi qu'entre Müntschemier et Ins.

Quittant l'hôtel des *Boulangers*, on traverse la ville à dr. par les rues de *Marckt Gasse* (Pavé : 7') et de *Spital Gasse*. A la place *Bubenberg* on passe devant l'église du Saint-Esprit et la gare, pour continuer par la *Laupen Strasse*, qui vient un moment en bordure de la ligne du ch. de fer.

Plus loin, à un carrefour de rues (**1.5**), on laisse à dr. la r. de Bühl, et, à g., celle de Fribourg (*V.*, en sens inverse, page 100); petite montée (2').

La r. de Neuchâtel, au début une magnifique avenue, dépasse encore à dr., au delà du cimetière (**0.7**), le ch. de Wohlen (6.2); puis, à g. (**1.9**), celui de Bümpliz (12).

Après une plaine légèrement montante, la contrée s'accidente; on traverse un vallon occasionnant une descente assez rapide, suivie d'une longue côte (27'). Celle-ci conduit au village de Frauenkappeln (**5.8**), situé sur le penchant d'un étroit plateau qui domine une ceinture lointaine de hautes collines.

La r. suit la lisière d'un bois (Côte : 6'): à dr., la chaîne du Jura souligne l'horizon. Au hameau d'Heggidorn (**2.9**), après une courbe, commence l'agréable descente qui mène à Mühleberg (**3.6** — Hôt.). La pente se prolonge ensuite dans un étroit et joli vallon débouchant, au village de Gümmenen (**1.7**), dans la vallée de la *Saane*.

Après avoir franchi, sur un pont couvert, cette large rivière, on laisse à g. (**0.3**) le ch. de Laupen (1.8 — Hôt.

de l'*Ours*), dans la direction du beau viaduc de la *ligne
de Berne à Neuchâtel*. Petite côte très dure (8') pour
gravir le versant O. de la vallée. Arrivé presqu'au faîte
de la montée, à la bifurcation de Ritzenbach (**3.2**), on
devra abandonner la r. de Murten, ou Morat (11.2 — V.
page 101), qui continue devant soi, et prendre à dr. celle
de Kerzers.

Après deux raidillons (1' et 2'), on descend encore au
milieu de petits vallonnements; puis la r., sinueuse,
entre des haies et des vergers, monte à Gürbru (Côtes :
5' et 2'). Au delà de ce village, on descend le dernier
plan de prairies incliné vers la plaine de Kerzers; au
S.-O. s'irise la nappe d'eau du *lac de Morat* (V.
page 171).

Dans le gros village de Kerzers, on néglige à g. le
ch. de Morat (8); puis, devant la gare (**3.3** — Hôt. de
l'*Ours; du Chemin-de-Fer*), on tourne à dr. pour traverser, quelques m. plus loin, le passage à niveau de la
ligne de Lyss à Lausanne, à g.

La r., bordée de peupliers, court toute droite
sur la large plaine qui s'étend entre des collines, au N.,
et les rives des lacs de Morat et de Neuchâtel, au S.:
elle infléchit au S.-O. devant la sablière de Müntschemier (**4.5**).

A partir du village de ce nom, on monte (7' et 5') pour
gagner le faîte des collines et parcourir un plateau
ondulé. En face, la grande chaîne du Jura barre le
paysage; une côte (2').

Au village d'Ins (**3.3** — Hôt. de l'*Ours*), où se détache
à dr. la r. de Bienne (19.5), on tourne à g.; puis la r.,
descendante, continuant plus bas à dr., néglige de ce
même côté le ch. d'Erlach (4), petite localité au bord
du *lac de Bienne*, voisin mais caché.

On longe le pied de coteaux, sur lesquels commencent
à apparaître les vignobles qui fournissent le vin estimé
de Neuchâtel.

Après Gumpelen (**1**) on franchit, près du hameau de
Thièle (**2.1**), la rivière de la *Thièle*, qui relie le lac de
Neuchâtel au lac de Bienne; à dr., s'éloigne le ch. de

Landeron (6.5), autre localité sur la rive S. du lac de
Bienne.

On gravit une petite côte (3'), d'où l'on aperçoit la belle
perspective du *lac de Neuchâtel*. Dépassé Marin (**3** —
dans le voisinage de la célèbre station lacustre de la
Tène), une descente rapproche du lac, et, par une jolie
avenue, on atteint Saint-Blaise (**1**), après avoir croisé
le ch. de fer; à dr., s'écarte la r. de Soleure (*V.* page 171).

La r., dirigée vers le S., traverse le village de Saint-
Blaise par la *Grande-Rue* et la rue de la *Directe;* puis,
restant à une certaine distance du lac, se déroule au
pied du *Chaumont*, contrefort du Jura, jusqu'à **Neuchâtel** (20.700 hab. — Ch.-l. du canton de Neuchâtel
— Café brasserie *Strauss* — Vins mousseux).

On entre en ville par le fg du *Crêt* que prolonge l'a-
venue du *Premier-Mars*, celle-ci en bordure du *Jardin
Anglais.* A l'extrémité de l'avenue, dépassant l'Hôtel
des Postes, à g., on atteint la place du *Port* où se
trouve situé, vis-à-vis, l'hôtel du *Lac*, au n° 4 (**5.5**).

En suivant la rue *Saint-Honoré* (Pavé : 1'), à g. de
l'hôtel du Lac, puis la rue des *Epancheurs*, on arrive à
la place de *Purry*. A dr. de cette place vient aboutir la
rue *Seyon*, où est situé l'hôtel du *Soleil* (plus simple),
à g., au n° 1 (**0.3**).

Visite de la ville de Neuchâtel (environ 4 h.). —
Partant de la place du *Port* (*V.* ci-dessus), on se dirige vers le lac.
A dr., sur la place *Numa Droz*, adjacente, s'élève le bâtiment du
Gymnase qui renferme le Musée d'histoire naturelle (ouvert les
dimanches et jeudis, de 10 h. à midi et de 1 h. à 5 h.; de 1 h. à
4 h. en hiver; les autres jours, 1 fr. par personne, 25 c. par personne en sus).

A la sortie du Gymnase, traverser à dr. la place du Port et
prendre, à dr. de l'Hôtel des Postes, le quai du *Port;* continuer
ensuite à dr. par le quai des *Alpes*. A l'angle de ce quai, à g., se trouve
le Musée des Beaux-Arts contenant la galerie de peinture et diverses
collections historiques, ethnographiques et d'antiquités lacustres
(ouvert les dimanches et jeudis, de 10 h. à midi et de 1 h. à 5 h.;
de 1 h. à 4 h. en hiver; les autres jours, 50 c.).

On continuera le quai des Alpes jusqu'à son extrémité où l'on
tourne à g., à l'angle de l'Ecole de Commerce, dans la rue *Agassiz*.
Celle-ci passe entre le *Jardin Desoir*, à dr., et le bâtiment de l'A-
cadémie, à g., pour déboucher sur l'avenue du *Premier-Mars;* à

dr., derrière le petit monticule boisé du *Crêt*, s'élève, au bord du lac, la nouvelle église catholique.

Ici, tournant à g., on traversera le *Jardin Anglais* dans toute sa longueur (Café — Collections de cerfs, de chamois et d'oiseaux divers vivants); à l'extrémité S. du Jardin Anglais est érigé le Monument commémoratif de la réunion de la ville de Neuchâtel à la Suisse.

Revenu à la place du Port, tourner à dr. devant l'hôtel du *Lac* et monter la rue de l'*Hôtel-de-Ville*, en passant devant le Théâtre et l'Hôtel de Ville. A l'angle de ce dernier bâtiment, à colonnade, prendre à g. la rue de l'*Hôpital* (fontaines) qui, plus loin, coupe la rue du *Seyon* et atteint presqu'aussitôt un petit carrefour.

A g., la rue du *Trésor* mène à la place des *Halles*, où l'on voit à dr. l'ancien Hôtel d'Orléans-Longueville.

A dr., la rue des *Moulins* conduit au fᵉ de l'*Ecluse*, vis-à-vis la station du funiculaire *Ecluse-Plan*. Ce funiculaire monte à la station terminus du Plan (20 c. à la montée; 10 c. à la descente; trajet en 5 min.; départ toutes les cinq min.), où se trouve à dr. le café *Belle-Vue* d'où l'on jouit d'un magnifique panorama sur la ville et le lac de Neuchâtel (bon vin blanc pétillant).

Traversant le carrefour, on gravira vis-à-vis la rue escarpée du *Château* (dans cette rue, au nᵒ 6, une vieille tour, à dr., surmontée d'une horloge, sert de demeure au concierge qui fait visiter la Collégiale, *V.* ci-dessous). Plus haut, on aperçoit la tour de la Prison, à g., dans le fᵉ du *Château*. Ici, monter à dr. la rue de la *Collégiale*, en lacets, qui conduit à la porte fortifiée du château, après être passé devant la partie la plus ancienne de cet édifice.

Le Château, aujourd'hui occupé par les bureaux de l'administration, possède une belle cour et, à l'intérieur, les salles du Tribunal et du Grand-Conseil qui sont à voir (s'adresser au concierge).

A la sortie du château, passant sous la voûte qui relie la salle du Grand-Conseil à la collégiale, on traverse un ancien cloître et l'on arrive sur la terrasse de l'Église collégiale (à l'intérieur, le cénotaphe des comtes de Neuchâtel), décorée de la statue du réformateur Farel, et ombragée de tilleuls; belle vue.

A l'angle S.-O. de la terrasse, derrière la statue, un passage et un pont, sur un ancien fossé du château, relient la terrasse au parc *Dubois* (porte ouverte jusqu'à 6 h.). Traverser ce parc, en se dirigeant en biais, à g., pour sortir par une autre porte qui ouvre sur une rue bordée de murs. Dans cette rue, à dr., on trouve, cent m. plus loin, un ch. à g., qui descend en zigzag, sous des arbres, à une route qu'il faut prendre à dr. Tournant ensuite, presque aussitôt à g., dans la rue du *Régional*, on aboutit au quai du *Mont-Blanc* sur le bord du lac.

Suivre à g. le quai du *Mont-Blanc*, puis le quai *Osterwald*, pour regagner la place du *Port*.

Excursions recommandées au départ de Neuchâtel. — A **Estavayer** (Hôt. de *Ville*. — Château de Chenaux), sur la rive du **lac de Neuchâtel**, en bateau à vapeur (Prix : 3 fr. ou 2 fr. 30, aller et retour; trajet en 1 h. 1/2).

Le *lac de Neuchâtel* mesure 40 kil. de longueur, 6 à 10 kil. de largeur et a une profondeur maxima de 154 m. La rivière de la *Broye*, navigable pour les bateaux à vapeur, le relie au *lac de Morat*.

A **Morat** (*V.* page 101), sur la rive du **lac de Morat** (Long. 9 kil.), en bateau à vapeur (Prix : 3 fr. ou 2 fr. 20, aller et retour; trajet en 2 h. 15 min.).

Pour mémoire. — De **Neuchâtel** à **Bienne** et à **Soleure**, par Saint-Blaise (5.6), Cornaux (4.2), Cressier (1.8), Landeron (2.4 — Hôt. de la *Poste*), Neuveville (2.4 — 2.268 hab. — Hôt. du *Faucon* — A voir : le Musée archéologique, les ruines du Château), Gléresse (4.4), Douanne (1.9 — Hôt. de l'*Ours*), Dauchez (3.6), **Bienne** (4.2 — *V.* page 165), Bözingen (2.4), Pieterlen (5.7), Lengnau (2.2), Grenchen (2.7), Selzach (5.5) et **Soleure** (6 — *V.* page 164).

Très jolie r., plate et unie, longeant le pied de la chaîne du *Jura*, à g. On côtoie le *lac de Neuchâtel* jusqu'à Saint-Blaise, puis le *lac de Bienne*, entre Landeron et Bienne.

De **Bienne** à **Delémont** et à **Bâle**, ou à **Berne**, *V.* page 165.

De **Soleure** à **Bâle**, ou à **Berne**, *V.* page 164; à **Olten**, *V.* page 164; à **Moutier**, *V.* page 165.

De **Neuchâtel** à **Yverdon** et à **Lausanne**, *V.*, en sens inverse, page 99.

De **Neuchâtel** à **Pontarlier** (France — *V.* aussi l'itinéraire de la page 172), par Valangin (5.5 — Vieux château), Boudevilliers (2), Malvilliers (2), Les Hauts-Geneveys (2 — Hôt. du *Jura*), Les Loges (2), **Col des Loges** (2 — Alt. : 1.286 m. — Hôt. *Vue des Alpes*), Boinod (2), **La Chaux-de-Fonds** (5 — 36.800 hab. — Hôt. *Central*; de la *Fleur-de-Lis* — A voir : l'église, le Musée de peinture au collège, le Musée historique, le parc du Petit-Château — Grandes fabriques d'horlogerie), Les Eplatures (2), Le Cret (2.5), **Le Locle** (4 — 12.500 hab. — Hôt. des *Trois-Rois* — Industrie horlogère), **Col des Roches** (3 — Alt. : 968 m.), Les Bassots (3), Villers-le-Lac (4.5) et Pontarlier (38 — *V.*, en sens inverse, à l'excursion du saut du *Doubs*, page 179).

Cette r. remonte, au N. de Neuchâtel, les gorges pittoresques du Seyon pour gagner le large bassin du *val de Ruz*, épanoui au-dessus de Valangin.

Après Les Hauts-Geneveys, la r. s'élève fortement; puis, dépassé Les Loges, elle gravit les lacets du col des Loges, ouvert entre le *Mont d'Amin*, à dr., et la *Tête-de-Rang*, á g. Plus loin, on contourne le *Mont-Sagne*, à dr., avant d'atteindre La Chaux-de-Fonds.

La r descend le grand val de pâturages des Eplatures, entre La Chaux-de-Fonds et Le Locle, puis monte par une superbe combe vers le col des Roches, qui sépare la Suisse de la France.

Du col des Roches à Villers-le-Lac, descente.

DE NEUCHATEL A PONTARLIER

Par Serrières, Auvernier, Colombier, Bôle, Rochefort, Brot, Noiraigue, Travers, Couvet, Môtiers, Fleurier, Les Verrières-Suisses, Les Verrières-de-Joux, Frambourg et La Cluse.

Distance : **55** kil. **600** m. *Côtes :* **2** h. **39** min.
Pavé : **3** min.

Nota. — De Neuchâtel à Rochefort, la route, qui passe par Corcelles, raccourcit d'un kil. et demi, mais est moins agréable et plus dure.

A l'exception de deux côtes, longues : la première de cinq kil., entre Colombier et Rochefort, et la seconde de quatre kil., après Fleurier, le reste de l'itinéraire est faiblement ondulé. Belle descente de Brot à Noiraigue.

A la sortie de l'hôtel du *Soleil*, on traverse à dr. la place de *Purry* et l'on se dirige vers le lac, en passant entre la statue de David de Purry, à g., et le bâtiment de la Caisse d'Epargne, à dr. Ici, suivre à dr. le quai du *Mont-Blanc* que prolongent les quais *Philippe-Suchard* et *Jean-Renaud*.

La r., au pied d'une colline escarpée, peuplée d'habitations, côtoie le bord du lac; elle passe à Serrières (**2.5** — Usines de la chocolaterie Suchard), puis à Auvernier (**2.5** — Hôt. du *Lac*), joli village entouré de vignes, où l'on quitte la rive du lac.

Au delà d'Auvernier, après un pont sur un ruisseau, il faut abandonner (**0.6**) le ch. du Bied (1.2) et suivre à dr. la belle avenue d'arbres séculaires qui monte (3') à **Colombier** (**1** — 2.058 hab. — Hôt. de la *Couronne* — Vins blancs renommés).

Cette petite ville est précédée d'une porte fortifiée, attenante à l'ancien château, aujourd'hui transformé en caserne. De l'autre côté de la porte, la rue du *Château* croise la rue *Basse* et rejoint la rue *Haute*. A l'extrémité de cette dernière, on tourne à dr. sur la r. de Bôle devant la Poste; petite descente.

La r., bordée de tilleuls, s'élève (1 h. 10') sur les premiers versants, plantés de vignes, des contreforts de la chaîne du Jura et traverse la *ligne de Neuchâtel à Yverdon* avant le petit village de Bôle (**1.2**).

De Bôle à Noiraigue par le sentier des *gorges de l'Areuse*, *V.*, en sens inverse, page 174.

Dépassé Bôle, on franchit la *ligne de Neuchatel à Pontarlier* (**0.5**) et l'on pénètre dans les bois, laissant à g. (**1**) le ch. de Chambrelien (1). La r., à dr., monte très durement, par deux lacets, pour couper deux fois la *ligne de Neuchâtel à La Chaux-de-Fonds*, d'abord au-dessus d'un tunnel puis sous un pont.

On sort des bois en arrivant à Rochefort (**1.7**), village situé sur la r. de Neuchâtel (9.5), par Corcelles (5.5).

Ici, abandonnant la r. des Ponts (11), vis-à-vis, on prend à g. la r. de Pontarlier. Celle-ci s'élève encore (Côtes : 3' et 8') entre de hautes montagnes et s'engage dans la vallée boisée de l'*Areuse*, dominant le large sillon de profondes gorges qui s'étendent jusqu'à Noiraigue (*V.* page 174), mais qu'on ne peut bien détailler de la r.; à g. (**1.7**), se détache le ch. du Champ-du-Moulin.

Ce ch. descend sous bois, par des lacets très rapides, à la station du Champ-du-Moulin (**2.2**), puis au charmant hameau du même nom (**0.7** — Hôt. de la *Truite*), situé dans la partie médiane des *gorges de l'Areuse* (*V.* page 174).

La rampe continue peu sensible, on passe au hameau de Fretereules (**2**), ensuite au village de Brot (**2**), d'où l'on distingue parfaitement le vaste hémicycle de rochers du *Creux-du-Van*, de l'autre côté de la vallée (*V.* page 175). Après Brot, la r., taillée dans une immense falaise, descend rapidement vers le bassin des fraiches prairies qu'arrose l'Areuse, en amont de Noiraigue. Au pied de la descente, on laisse à g. (**3.1**), le ch. de **Noi-raigue**, village situé en contre-bas, en dehors de la r.

Le ch. de Noiraigue conduit à la gare de Noiraigue (**0.8**); devant la gare, on tourne à g. pour entrer dans le village et gagner l'hôtel de la *Croix-Blanche* (**0.3**) où l'on s'arrêtera, si l'on veut visiter ensuite *les gorges de l'Areuse* ou entreprendre l'ascension et le tour du *Creux-du-Van*, deux excursions recommandées.

Le parcours des **gorges de l'Areuse** ne peut se faire qu'à pied (3 h. 1/2 jusqu'à la station de Bôle), en suivant l'excellent sentier, bien indiqué, qui longe la rivière, depuis Noiraigue jusqu'au pont de la Fabrique, sur une distance d'environ dix kil. et demi. Au tiers du ch., on trouve un bon petit hôtel au hameau du Champ-du-Moulin. A la sortie des gorges, une r. de voiture, longue de deux kil., conduit au pont de la Fabrique, ensuite à la station de Bôle sur la *ligne du Jura-Simplon*, où l'on prend le train pour revenir à Noiraigue (1 fr. 05, 75 c., 55 c.; trajet en 25 min.).

Sortant de l'hôtel de la *Croix-Blanche*, tourner à g. pour traverser le pont sur la *Noiraigue*, puis suivre la r. à dr. jusqu'à ce que l'on rencontre la ligne du ch. de fer (8'). Ici, longer la voie, à g., et, arrivé en vue d'une fabrique de ciment, traverser à dr. le passage à niveau (3'). De l'autre côté de la ligne, on reprend à g. le sentier, en bordure du ch. de fer, conduisant dans la direction du Champ-du-Moulin (suivre les marques rouges).

On descend à l'*usine du Plan-de-l'Eau* (15') et l'on pénètre dans la première partie des gorges, en traversant une passerelle au-dessus de l'Areuse. Sur l'autre rive, le sentier gravit des escaliers taillés dans le roc et mène près d'un banc. Ici, continuant à dr., on atteint un petit tertre boisé où se trouve un autre banc (10'); à cet endroit aboutit le ch. de la *ferme Robert*, qui descend du Creux-du-Van, à dr. (*V.* page 175).

Inclinant à g., on descend de nouveaux escaliers qui conduisent au fond de l'étroit défilé où la rivière forme le *Saut du Brot* (5'). A l'issue du défilé, on repasse sur la rive g. par un pont pittores-que en dos d'âne. Plus loin, le sentier franchit un cheneau, dans lequel tombe avec force un ruisseau écumant, semblable à un ruban d'argent; puis, après l'*usine des Molliats* (5'), atteint le délicieux petit bassin de prairies où repose le hameau du Champ-du-Moulin.

Laissant à g. la r. qui monte à la station du ch. de fer, ainsi qu'à la r. de Neuchâtel (2.9 — *V.* page 173), on traverse encore l'Areuse (20') pour passer entre les deux hôtels du *Sentier de la Gorge* et de la *Truite*, et suivre le sentier, derrière l'hôtel de la Truite, qui monte sous bois, puis qui longe la rivière, alternativement sur l'une ou l'autre rive.

Le paysage, très boisé, ravissant, se rétrécit au delà de l'*usine de Combe-Garot* (45'). Arrivé près d'un poteau indiquant la direction de Boudry, on continue par le sentier de g. serpentant au fond de la gorge ; on franchit un pont de pierre qui ramène sur la rive g. Plus loin, revenu sur la rive dr., on néglige à g. le ch. de Chambrelin et l'on rencontre l'*usine des Clées* (45').

Le sentier, devenu r., traverse un tunnel (10') à la sortie des gorges, ensuite passe sous le viaduc de la *ligne de Neuchâtel à Yverdon* (5') avant d'atteindre le pont de la Fabrique (5').

Ici, la r., à g., monte à la station de Boudry (10'), puis au village de Bôle (20'). Ce dernier est situé à cinq cents m. de la station de Bôle (5') où l'on prend le train pour revenir à Noiraigue.

L'ascension et le tour du **Creux-du-Van** demande environ 3 h. 1/4, aller et retour.

A la sortie de l'hôtel de la *Croix-Blanche*, tourner à dr., puis prendre la première rue à g. qui conduit au passage à niveau de la ligne du ch. de fer (6'). Ayant traversé la voie, on laisse à dr. le ch. du *Tir* et l'on continue à g. pour monter au hameau de Verschez-Joli. Deux cents m. au delà des maisons, abandonnant le ch. direct de la *ferme Robert*, on gravit à dr. celui qui mène à la *ferme des Œuillons* (45' — Rafraîchissements). Des Œuillons, on gagne la *ferme du Soliat* (1 h.), ainsi que le bord supérieur du Creux-du-Van, par le *sentier des quatorze contours*.

Au Soliat, le ch., tournant à g., se rapproche du gouffre, qu'on longe à g., et atteint, vers le milieu de l'immense amphithéâtre, le point le plus élevé de la montagne. Le sommet du Creux-du-Van (Alt. : 1.465 m.) offre au S. une vue merveilleuse, s'étendant du Pilate au Mont-Blanc, et présente au N., du côté de la vallée de l'Areuse, un gigantesque entonnoir en forme de fer à cheval, de 160 m. de profondeur et d'une lieue de circuit.

Le sentier continue en bordure de l'abîme ; un kil. plus loin, on a le choix pour se rendre à la *ferme Robert* (V. ci-dessous) : soit de faire le grand tour du Creux-du-Van, en suivant devant soi le ch. qui passe à la *ferme de la Grand-Vy* et qui, au delà, continue jusqu'à la ferme Robert sous le nom de *ch. de la Déracinée* ; soit de descendre à g. par un sentier abrupt, assez dangereux au début, qui mène à la *Fontaine-Froide* (1 h. 1/2), au fond même du Creux-du-Van. De la fontaine, on se dirige vers la ferme Robert (35' — petit restaurant) en passant devant le *Grand et le Petit Parc* (élevage de divers animaux et station botanique).

De la ferme Robert on peut regagner directement Noiraigue (35'); ou bien, par un sentier à dr , descendre au *Saut-du-Brot*, dans la gorge de l'Areuse (35' — *V*. page 174).

De Noiraigue, retour à la r. de Neuchâtel à Pontarlier (**1.1**).

La r., à peu près de niveau, très faiblement ondulée jusqu'au delà de Fleurier (*V*. ci-dessous), remonte le joli *val de Travers* aux penchants revêtus de prés et de bois, et peuplé de gros villages industriels (fabriques d'horlogerie, d'absinthe, usines).

A dr., la r. des Ponts (9.1) rejoint la nôtre (**1.8**) ; une côte (2'). Après Travers (**2.2** — Hôt. de l'*Ours*), vient la localité plus importante de Couvet (**3.8** — 2. 500 hab. — Hôt. de l'*Aigle*), qui possède de coquettes maisons, entourées de jardins. A l'entrée du village, laissant devant soi le ch. moins bon de Fleurier, par Boveresse, on tourne à g. dans la *Grande-Rue*. Plus bas, ayant traversé l'Areuse, puis la ligne du ch. de fer, on monte, vis-à-vis le passage à niveau, la rue *Saint-Gervais* ; deux côtes (2' et 2').

La r., à l'ombre de beaux arbres, conduit ensuite (Montée : 2') à Môtiers (**2.6** — Hôt. de la *Maison-de-Ville*) qui a une intéressante église et un Hôtel de Ville avec arcades.

Au delà de Môtiers, la chaussée se déploie à plat et toute droite, parallèlement à la ligne du ch. de fer, jusqu'à **Fleurier** (**2.6** — 3.801 hab. — Hôt. de la *Poste*).

On traverse cette petite ville, qui respire la prospérité, par la rue du *Temple* et la *Grande-Rue*. Après le pont sur la *Deneiyriaz* la r. bifurque (**0.3**) ; laissant à g. la direction des Coteaux-Fées (9.3', on suit à dr. la rue de la *Place-d'Armes* qui, plus loin, à la sortie de la ville, longe une promenade.

On croise successivement la *ligne de Fleurier aux Bulles*, puis celle de *Neuchâtel à Pontarlier*, avant de repasser sur la rive g. de l'Areuse. A la bifurcation suivante (**0.7**), se détache à g. le ch. de Saint-Sulpice (0.7). Continuant à dr. on commence à gravir la longue côte (1 h) du col des Verrières.

La r. s'élève sur le flanc de la montagne en contournant un petit cirque pittoresque de prairies au fond duquel on aperçoit le village de Saint-Sulpice et sa grande fabrique de ciment et de pâte de bois, actionnée par l'Areuse naissante ; à dr., la ligne du ch. de fer grimpe et franchit deux viaducs.

Dépassé une courte galerie, taillée dans le roc, on découvre une vue ravissante sur l'ensemble du paysage admirablement encadré par les montagnes.

La r., en corniche, pénètre dans le court *défilé de la Chaîne*, entre des parois de rochers et des sapins, puis gagne l'issue supérieure de la gorge où elle rejoint l'ancienne r. Au hameau du Haut-de-la-Tour (**3.6**), la rampe s'adoucit dans l'étroite vallée supérieure des Verrières, aux versants sévères plantés de sapins ; deux côtes (2' et 2').

La r. atteint le point culminant du passage au **col des Verrières** (**1.5** — Alt. : 940 m.), sans vue ; elle continue ensuite, à peu près de niveau, puis monte légèrement vers l'entrée du village des Verrières-Suisse (**3** — Hôt. de la *Ville*), où vient aboutir la r. du Locle (**30.1**).

A l'extrémité de la longue rue des Verrières-Suisses, on franchit la ligne du ch. de fer et l'on atteint la frontière, après avoir dépassé l'hôtel *Fédéral* (**1.9**).

Cet endroit de la r. a été choisi par le peintre E. Castres pour faire le tableau du Grand Panorama, qu'on voit à Lucerne, représentant le passage de l'armée française de l'Est, commandée par Bourbaki, en février 1871 (*V*. page 145).

Immédiatement après le poteau indiquant la frontière, on arrive aux premières maisons du village français des Verrières-de-Joux, où se trouve la douane.

Ici, on doit s'arrêter pour présenter sa bicyclette plombée (ou exhiber son *passavant* si l'on est à motocyclette ou en automobile) au bureau de la *douane française*.

Au delà des Verrières-de-Joux, la r. descend modérément, s'engage avec la voie du ch. de fer, dans un petit couloir rocheux, puis se déroule, à peu près plate dans la vallée de pâturages qu'arrose la *Morte*, affluent du *Doubs* ; deux montées (2' et 1').

Au village du Frambourg (**7..1**), on rejoint la r. qui vient de Jougne (14.5), à g. La contrée redevient intéressante; on passe dans le défilé fortifié de *La Cluse*, situé entre les deux promontoires escarpés que couronnent le *fort de Joux*, à g., et le *fort de Lormont*, à dr.

Après le village de La Cluse (**0.8**), on voit à dr. de la r. le *Monument* érigé « aux derniers défenseurs de la Patrie », en février 1871 (**0.7**); puis, descendant la rive dr. du Doubs, on laisse à g. (**0.1**) le ch. de Champagnole, par Mouthe et Les-Planches-en-Montagne (*V.* p. 34)..

On entre dans **Pontarlier** (Ch-l. d'arr. — 7.577 hab.) par le *fg Saint-Etienne*, qui longe la grande fabrique d'absinthe Pernod.

Après avoir franchi le Doubs, suivre la *Grande-Rue* (Pavé : 3') et s'arrêter à hauteur du n° 55, où se trouve situé à g. le *Grand-Hôtel de la Poste* (**2.5** — Café Parisien).

Visite de la ville de Pontarlier (environ 1 h.). — A la sortie de l'hôtel de la *Poste*, suivre à g. la *Grande-Rue*, pendant cinquante m., et, arrivé à hauteur du n° 67, à côté du portail de l'ancienne chapelle des Annonciades, descendre à dr. la rue *Sainte-Anne*, en laissant à g. la continuation de la Grande-Rue et l'Hôtel de Ville. Au bas de la rue Sainte-Anne, traverser en biais la place *Cretin*, à dr., pour passer sous le portail de la caserne Marguet. De l'autre côté de ce passage, on atteint la *promenade du Cours*. Suivre cette promenade à dr., puis, à son extrémité, franchissant, à dr., un bras du Doubs, se diriger par la rue du *Cours*, qui croise la rue *Basse* et la *Grande-Rue*, vers la place *Saint-Bénigne*, où s'élève l'église de ce nom, précédée d'un portail latéral isolé.

Sortant de l'église par le portail principal, on montera à g. la rue *Tissot* en longeant les rails du tramway. Parvenu sur la place de la *Gare*, on laisse à g. le Palais de Justice et la rue *Michaud* pour passer devant la gare.

La rue Michaud, à g., à l'angle du Palais de Justice, longe le ch. de fer et conduit à la rue *Morieux*. Tournant à dr. dans cette dernière, on passe sous les deux ponts de la ligne. De l'autre côté des ponts, inclinant à g. par le *fg Saint-Claude*, on trouvera le sentier qui mène à la chapelle de *N.-D. de Bonne Garde*, située sur un monticule (Alt. : 894 m. — 25', aller e retour — très belle vue de Pontarlier et de ses environs, ainsi que de la grande plaine qui s'étend à l'O., servant de champ de tir pendant la période des *écoles à feu*).

Dépassé la gare, il faut abandonner la direction des rails, à l'entrée de la r. de Bonnevau, pour traverser, en biais, à dr., la place du *Champ de Foire*. Arrivé devant le tertre du *Château-d'Eau* (belle vue), prendre à dr. la rue du *Mont* qui conduit à l'entrée du f *Saint-Pierre*. Ici, passant à dr. sous l'Arc de triomphe, on regagnera l'hôtel par la Grande-Rue.

Excursions recommandées au départ de Pontarlier. — Les lacs de Saint-Point et de Remoray, la source du Doubs, *V.,* en sens inverse, l'itinéraire de *Champagnole à Pontarlier,* page 34.

Le saut du Doubs (38 kil. jusqu'à Villers-le-Lac — Côtes : 11').

Pour cette excursion on devra partir de bon matin de Pontarlier et aller déjeuner à Villers-le-Lac, où l'on prend le bateau, à 2 h., qui conduit au saut du Doubs. On est de retour à Villers-le-Lac à 4 h. 1/2 et l'on peut alors, si l'on ne revient pas par la r., profiter du train, qui part de Villers-le-Lac à 5 h. 25, pour rentrer le soir même à Pontarlier à 9 h. 52. Sur ce parcours, on est obligé de descendre à la station de Morteau pour la visite de la douane française. Si l'on veut éviter cet inconvénient, il faut refaire par la r. le trajet entre Villers-le-Lac et Morteau (6.3) et prendre le train seulement à Morteau. Entre Morteau et Pontarlier, un arrêt de 2 h. 1/2, à la station de Gilley, où l'on arrive vers 7 h., permet de dîner à l'hôtel situé en face du ch. de fer.

Itinéraire: Au sortir de l'hôtel de la *Poste*, tourner à dr., puis de suite à g. dans la rue de *Vannolles*. Au bas de cette rue, on croise la rue *Basse* pour passer, vis-à-vis, dans le passage ouvert sous le portail de la caserne *Marguet*. De l'autre côté du portail, ayant franchi les deux bras du *Doubs*, on arrive à une bifurcation **(0.3).**

Ici, négligeant à dr. le ch. de Morteau (28.2), par les Allemands (8.7) et les Gras (19.2), prendre à g. la r. de Morteau, par Arçon. Celle-ci s'élève (7') à flanc de coteau et domine à g. la large plaine de Pontarlier. Plus loin, on aperçoit du même côté le village de Doubs et sa grande église au clocher inachevé (**2.2** ; la région, mollement ondulée, offre un horizon de collines aux lignes reposantes.

Descente au village éparpillé d'Arçon (**3.4**) où l'on retrouve le Doubs, au milieu d'un paysage plein de douceur.

La r., qui suit désormais la rive g. de la rivière, ondule faiblement et ne présente plus que de très légères rampes dans ses parties montantes. On descend au-dessous de la gare de Maisons-du-Bois (**3.2**); puis, ayant dépassé (**1.8**) le ch. de La Fresse (7.1), à dr., on arrive à **Montbenoît (2.7** — Ch.-l. de c. — 218 hab.), village jadis fortifié, où subsiste une intéressante église.

L'uniformité de la vallée disparaît au delà du hameau de la Ville-du-Pont (**1.9**); la r. pénètre sans transition dans la cluse sinueuse et solitaire d'*Entre-Roche*, où le Doubs se fraye un passage des plus pittoresques, au pied de belles roches taillées en encorbellement; ensuite la vallée, rétrécie, est bordée d'escarpements sauvages et rocheux qui bientôt se couvrent de sapins. Après quatre kil. de méandres d'un charme infini, on sort du défilé pour continuer à travers un étroit vallon de prairies, encadré de sapinières, où la rivière s'assoupit.

On atteint le délicieux petit bassin de Remonot (**6.1**) que domine à l'E. l'église de Colombière; ensuite la r. s'engage dans un nouvel étranglement de la vallée. A g., voisine de l'hôtel de la *Grotte* (**0.2**), se trouve l'entrée de la *grotte de Notre-Dame-de-Remonot*, profonde de 300 m. (on peut visiter) qui servit autrefois d'église.

Plus loin, au delà du défilé du *Coin de la Roche*, défendu par des rochers géants qu'encaissent de hauts versants de sapins, la vallée s'élargit progressivement pour déboucher (**4.7**) dans le grand bassin de Morteau.

La r., décrivant une large courbe, gagne la petite ville industrielle de **Morteau** (**4.7** — Ch.-l. de c. — 3.576 hab. — Hôt. du *Commerce* — Hôtel de Ville occupant un ancien prieuré — Fabriques d'horlogerie, taillanderies, fonderies).

La rue de la *Gare*, qui passe devant une intéressante maison du XVI⁰ s., conduit (Côte : 2') à la place *Carnot*, d'où l'on descend pour remonter ensuite (2') la rue de l'*Helvétie*, à la sortie de la ville.

La r. achève sa courbe et rentre dans la vallée rétrécie où le Doubs, au pied des hautes pentes boisées, étale son cours paisible sur un tapis de prairies : à dr., la *ligne de Besançon à Neuchâtel* s'éloigne en s'élevant à flanc de montagne pour gagner la frontière suisse au col des Roches (*V.* page 181).

Parvenu au bourg de **Villers-le-Lac**, dont le nom officiel est Lac-ou-Villers (**6.3** — Fabriques d'horlogerie), joliment étagé à mi-côte, on s'arrêtera, avant le pont, à l'hôtel recommandé de *France*, situé à g., vis-à-vis la caserne des Douanes.

Villers-le-Lac est le point de départ le plus pratique pour se rendre au *saut du Doubs* dont la plus belle vue se présente de la rive française. Le propriétaire de l'hôtel de France possède un petit bateau, à moteur à pétrole, amarré à deux pas de l'hôtel, qui fait le service régulier de Villers au Saut du Doubs, matin et soir, même dans le cas où il n'y aurait qu'un seul voyageur (Départs à 9 h. et à 2 h., retour à 11 h. 1/2 ou à 4 h. 1/2; trajet en 35 min.; prix : 2 fr., aller et retour).

Pendant la traversée en bateau, on suit les sinuosités du cours du Doubs, au milieu des prairies, pendant environ un kil. et demi; puis la rivière s'élargissant forme le *lac de Chaillexon* (long. 4 kil.; larg. de 300 à 500 m.). Sur la rive dr., qui appartient à la

Suisse, on aperçoit le village des Brenets et sur la rive g., française, le hameau de Chaillexon, tous deux en amphithéâtre sur des pentes de pâturages.

Le lac, diminuant de largeur, s'encaisse peu à peu entre de grandioses assises de roches, curieusement découpées, aux gradins couverts de sapins. À l'entrée de ce passage, on remarque sur la rive dr. la *grotte de la Toffière;* tandis que sur la rive g., à l'angle d'un promontoire rocheux, on peut réveiller un *écho* surprenant.

Le bateau aborde à la pointe extrême du lac, sur la rive française, près de l'hôtel de la *Chute.* Ici, un bon ch., sous bois, conduit (10') au belvédère d'où la vue plonge sur la gorge d'où s'échappe la rivière pour former le *saut du Doubs.* Cette magnifique cascade, encadrée dans un décor montagneux de toute beauté, constitue une des merveilles du Jura.

Retour au lac de Chaillexon (10'), puis, en bateau (35'), à Villers-le-Lac.

De Villers-le-Lac, pour se rendre à la station du ch. de fer (*V.* page 179), il faut traverser le pont sur le Doubs; deux cents m. après le pont, on gravit à dr. le ch. qui conduit à la station (1).

La r. de Villers-le-Lac au *col des Roches* est intéressante; mais si l'on s'y engage il faudra remplir à la *douane française* les formalités nécessaires (*V.* page 61) pour pouvoir repasser à Villers-le-Lac sans contestations. La r. suit un moment la rive dr. du Doubs puis, laissant successivement à g. (0.8) le ch. des Pargots (1.5), ensuite le village des Bassots (0.8), commence à monter (45'), dominant à g. le profond ravin du *Bied;* très belle vue. On croise quatre fois la ligne du ch. de fer avant d'atteindre la première galerie du *col des Roches* (2.9 — Alt.: 963 m.). Entre cette première galerie et une seconde, toute voisine, se détache à g. le ch. des Brenets (3.5); de l'autre côté de la seconde galerie se trouvent la *douane suisse* et l'hôtel *Fédéral.* Le site du col a un cachet tout spécial.

Pour mémoire. — De Pontarlier à Salins, *V.,* en sens inverse, page 26; à **Champagnole,** *V.,* en sens inverse, page 31; à **Neuchâtel** (Suisse), par La Chaux-de-Fonds, *V.,* en sens inverse, page 171.

De Pontarlier à Orbe (Suisse), par La Cluse (3.6), Frambourg (0.8). Les Hôpitaux-Vieux (10.5), Les Hôpitaux-Neufs (1.5), Jougne (2.5 — Hôt. *Lafferrière*), **Vallorbe** (7.2 — 3.279 hab. — Hôt. de *Genève; Belvédère* — Douane suisse), Bretonnières (9.8), Agioz (3) et Orbe (2.2 — *V.* page 96).

De Pontarlier au Frambourg, *V.,* en sens inverse, page 178.

Au village du Frambourg, laissant à g. la r. des Verrières-de-Joux, on suit à dr. celle de Jougne, qui franchit la *Morte* et remonte un étroit vallon de prairies, entre des versants couverts de sapins. On gagne ainsi le plateau de pâturages des Hopitaux, dominé par des hauteurs boisées.

La r., ayant franchi la ligne de faîte qui sépare le bassin du Rhône de celui du Rhin, près du bourg industriel de Jougne, descend ensuite dans la belle vallée de la *Jougnenaz* et pénètre en Suisse; superbe vue sur la vallée de l'*Orbe*.

Après Vallorbe, côte d'un kil.; on domine la profonde entaille du ravin de l'Orbe, d'où émerge, plus loin, la tour du *château des Clées*. Fortes ondulations entre Bretonnières et Orbe.

On peut encore quitter la r. de Vallorbe, trois kil. avant cette ville, pour prendre à g. le pittoresque ch. qui monte à Ballaigues (4 — Hôt. *Aubépine*; de la *Sapinière* — Station estivale très fréquentée), sur une terrasse au-dessus de la rive g. de la vallée de l'Orbe, puis qui passe par Lignerolles (4 — Hôt. *du Versé*) et Montcherand (5.5) d'où il descend vers Orbe (3.5).

DE PONTARLIER A ORNANS

Par La Main, Mouthier, Lods, Vuillafans et Montgesoye.

Distance : **34** kil. **300** m. *Côtes* : **21** min.
Pavé : **6** min.

Nota. — Très belle route traversant les magnifiques gorges de la Loue. Deux descentes de quatre et de huit kil.; côtes peu importantes.

Si l'on doit déjeuner au *Chalet de la source de la Loue*, on fera bien d'emporter quelques provisions, à moins de se contenter des maigres ressources du chalet.

Les trajets accidentés d'Ornans à Besançon (*V*. page 185), ou d'Ornans à Mouchard (*V*. page 191). obligeront peut-être à faire étape à Ornans qui n'a rien qui puisse retenir le touriste.

Au départ du *Grand-Hôtel de la Poste*, suivre à g. la *Grande-Rue* (Pavé : 3'). De l'autre côté de l'Arc de triomphe. on arrive à une bifurcation (0.1) dans le fg *Saint-Pierre*. Ici, laisser à g. la r. de Salins, par Levier (*V*., en sens inverse, page 26) et prendre à dr. celle de Besançon.

Après avoir croisé la *ligne de Pontarlier à Gilley*, on se rapproche un moment d'un des méandres du *Doubs*, puis l'on parcourt la grande plaine du plateau de la Chaux-d'Arlier, qui s'étend à l'O. de Pontarlier. On passe à la croisée (**2.5**) du ch. de Doubs (0.4), village, à dr., dont la grande église présente un clocher inachevé; à g., s'élève un petit oratoire dédié à Saint-Claude.

La r. franchit le *Drugeon*, puis, ayant atteint l'extrémité de la plaine, gravit un chaînon de collines (Côtes : 5' et 3'). La contrée s'accidente et se boise; descente au croisement (**6**) du ch. de Levier (20.5) à Morteau (25.8).

On monte encore une rampe (10'), ensuite commence une belle descente de quatre kil., en partie ombragée sous les sapins de la *forêt de Septfontaines*. Au sortir du bois, le regard embrasse une région pittoresque : dans le lointain apparaissent : à dr., l'éperon de la *roche de la Haute-Pierre*; et, à g., les *rochers du Capucin*.

Au hameau de La Main (**1.9**) se détachent le ch. d'Etalans (19.2), à dr., et d'Ouhans (3.7), à g. Après une petite côte (3'), la descente, qui durera huit kil., reprend, avec des contours assez rapides, dans la superbe *gorge de la Loue*. Celle-ci forme ici de véritables abîmes, entourés de rocs et de verdure.

Parvenu à la *borne 63.3* (**2.9**), près d'une remise, une enseigne pendue au rocher, à g., indique le restaurant du *Chalet de la Source* (rafraîchissements, œufs et jambon). C'est ici qu'il faut s'arrêter pour visiter la *source de la Loue*.

Le châlet de la Source, situé immédiatement derrière le rocher, un peu en contre-bas, au pied de quelques marches, précède l'entrée d'un sentier facile, ombragé, garni de bancs, qui conduit à la **source de la Loue** (1 h. 10', aller et retour), la plus belle des fontaines jurassiennes.

A l'extrémité du sentier, on descend un escalier, et l'on arrive à un moulin relié à une scierie par un pont couvert. Celui-ci est jeté vis-à-vis de la caverne d'où sort la Loue, avec un débit déjà considérable.

Pour atteindre cette caverne, on traverse le pont, puis l'on prend le sentier à g. qui mène à l'orifice même de la caverne.

La r., taillée en corniche, continue à descendre sur le versant des grandioses escarpements de la gorge, qui prend ici le nom de *combe de Nouaille;* à dr., une inscription dans le rocher (**O.5**) rappelle la mort d'un entrepreneur de la r., tombé dans le précipice, le 25 août 1838. On passe entre deux grandes roches perpendiculaires et, plus bas, sous une petite galerie (**1.2**); belle vue plongeante, en aval, sur Mouthier.

Trois cents m. après la galerie, à hauteur de la *borne 61.3*, un sentier à g. descend à la *grotte de la Vieille-Roche*, située au-dessus de la belle *source du Pontet* (30', aller et retour); mais comme il n'existe aucune maison sur le bord de la r., où l'on puisse déposer sa machine, cette promenade ne peut se faire qu'au départ de Mouthier (*V*. ci-dessous).

On sort des gorges en arrivant au village de Mouthier (**1.9** — Hôt. recommandé des *Voyageurs,* truites, kirsch et vins renommés), station estivale dont le beau site attire chaque année de nombreux visiteurs.

Au delà de Mouthier, la r., atteignant le bas de la descente, rejoint le bord de la Loue. La vallée, étroite et tortueuse, est des plus pittoresques avec ses fonds, plantés de marronniers et de cerisiers, et ses penchants en partie couverts de vignobles, au pied de grands entablements rocheux; à g., à l'angle des *rochers du Capucin*, on aperçoit le profil du *moine de Mouthier*, taillé dans une quille isolée.

La r., très faiblement ondulée, plutôt descendante, touche à Lods (**2.3** — usines et forges) où s'éloigne à g. le ch. de Bolandoz (14), qui franchit la rivière sur un vieux pont. On rencontre de nombreuses scieries sur le reste du parcours en passant successivement à Vuillafans (**4.1**), aux moulins et usines de Haute-Rive (**1**), dans de jolis petits bassins. La vallée s'élargit progressivement au delà de Montgesoye (**1.7**), puis la r., décrivant une courbe, croise sous un pont la *ligne de Besançon à Lods,* à l'entrée du vieux bourg d'**Ornans** (Ch.-l. de c. — 3.204 hab. — Anciennes maisons).

Dans la rue *Edouard-Bastide,* parvenu au pavage, descendre la rue macadamisée à g. Plus loin, on rejoint la *Grande-Rue* (Pavé : 3') pour arriver à l'hôtel de

France (**1.9**), situé au milieu de la localité, vis-à-vis le
pont que traverse la r. de Salins.

Pour mémoire. — D'Ornans à **Salins**, par Chantrans
(**8.5**), Silley (**2**), Bolandoz (**2.5**), Nans-sous-Sainte-Anne (**11**)
et Salins (**14** — *V.* page 21).

Cette r. s'élève à travers le *bois des Epesses*, en longeant le
vallon de *Leugny*, et gagne les plateaux ondulés de Chantrans et
de Bolandoz. Belle descente d'une combe boisée en arrivant à
Nans-sous-Saint-Anne.

De Nans-sous-Sainte-Anne à Salins, *V.* page 25.

D'ORNANS A BESANÇON

Par Tarcenay et Morre.

Distance : **21** kil. **800** m. *Côtes :* **1** h. **23** min.
Pavé : **15** min.

Nota. — Itinéraire rendu un peu dur par la côte de quatre kil.
qui précède le plateau de Tarcenay. Magnifique descente de quatre
kil. et demi vers Besançon.

D'Ornans à Mouchard, directement sans passer par Besançon,
V. page 191.

La *Grande-Rue* (Pavé : 5') passe devant la Halle,
bâtiment à arcades, et conduit à l'extrémité d'Ornans.
La r. monte ensuite (8'), pour couper la ligne du ch. de
fer, et domine la vallée de la *Loue*, bordée de monta-
gnettes verdoyantes.

Près d'un débit (**2.3**), on laisse à g. le **chemin de
Quingey** (*V.* page 191).

La r. de Besançon, continuant à dr., attaque une côte
de quatre kil. (1 h.) et remonte le vallon de la *Brême* ;
à g., on aperçoit dans les broussailles l'orifice du *puits
de la Brême*, sorte de caverne qui, après les grandes
pluies, rejette des quantités d'eau. Plus loin, après avoir
croisé de nouveau le ch. de fer, la r. s'élève sur le flanc
d'un ravin rocheux pour gagner le plateau ondulé de
Tarcenay. On s'éloigne de la région jurassienne.

Après le village de Tarcenay (**7.1**), la descente continue, entrecoupée de deux montées insignifiantes (3' et 2') ; traversée des *bois du Petit-Frêne*. A la sortie du bois, on rejoint (**5.9**) le ch. de Morteau (56.3), par Etalans (16), près du passage à niveau de la *ligne de Besançon à Neuchâtel*.

De l'autre côté de la voie, s'étend la large vallée-plaine marécageuse de Saône, bornée au N. par le *Mont des Buis*. La r gravit ce mont (10') et traverse sa crête sous un petit tunnel (**2.9**). Sur l'autre versant, commence une superbe descente de quatre kil. et demi qui conduit à Morre (**1.9**), village très fréquenté par les Bisontins.

Au delà de Morre, on découvre une vue magnifique sur la vallée du *Doubs* ; d'importantes usines bordent la rive dr. de cette rivière.

Parvenu au bas de la descente, on passe sous la curieuse *porte Taillée* (**2.7**), fortifiée, précédant le fg *Rivotte*, au pied de la citadelle de Besançon ; à g., débouche le tunnel du *canal du Rhône au Rhin*.

Plus loin, la *porte Rivotte* (**0.7**), également fortifiée, donne accès dans la ville de **Besançon**, l'ancienne capitale de la Franche-Comté jusqu'en 1648 (Ch.-l. du dépt du Doubs — 57.556 hab.).

Ayant traversé la petite place des *Jacobins* (Pavé : 10'), on continuera par les rues *Rivotte* et de la *Lue*, prolongées, au delà de la place de l'*Etat-Major*, par les rues du *Châteur* et des *Granges*.

Dans cette dernière se trouve situé à dr. l'hôtel de *Paris*, au n° 33 (**0.9** — Cafés du *Commerce*; de la *Bourse* — Ateliers de réparations pour les machines, garage et fosse de visite pour automobiles, chez M. E. Robert, fg *Taragnoz* — V. page 188).

Visite de la ville de Besançon (environ 5 h. 1/2). — A la sortie de l'hôtel de *Paris*, tourner à dr. dans la rue des *Granges*, puis de suite à g. dans la rue *Saint-Pierre*, qui mène à la place Saint-Pierre. Sur cette place s'élèvent : à g., l'église Saint-Pierre, et, à dr., l'Hôtel de Ville. Pénétrant dans la cour de l'Hôtel de Ville, on aperçoit, vis-à-vis, la façade du Palais de Justice.

Revenu à la place Saint-Pierre, suivre à dr. la *Grande-Rue*, dans toute sa longueur (au n° 66, l'Hôtel Terrier ; au n° 86, la

cour des Carmes est ceinte d'un grand bâtiment avec arcades).
Après la rue de la *Préfecture*, laissée à dr., on voit au n° 96 le
palais Granvelle dont la cour, entourée de portiques, est décorée
de la statue de N. Perrenot de Granvelle ; un passage, à l'O. de la
cour, donne accès à la *promenade Granvelle*, large place plantée
d'arbres, où se trouve à l'angle S. le pavillon du Kursaal, qui
sert aujourd'hui de cirque.

A l'extrémité de la Grande-Rue (à dr., au n° 138, maison natale
de Victor Hugo), ayant traversé la place *Victor-Hugo*, on monte
la rue *Saint-Jean*, en bordure du *square archéologique Castan*,
qui contient les vestiges romains du théâtre de Vesontio associés
aux restes du premier baptistère de l'église chrétienne de Besançon.

Un peu plus loin, au delà de la *porte Noire*, primitivement
porte de Mars, on arrive devant l'entrée de la cathédrale Saint-
Jean. Derrière la cathédrale, la rue de la *Citadelle* mène à la Citadelle (visible seulement avec une autorisation du commandant de
place dont les bureaux se trouvent au n° 3 de la rue Charles-
Nodier, *V.* ci-dessous).

De la cathédrale, on redescend la rue Saint-Jean pour prendre,
après la place Victor-Hugo, la rue *Ronchaux*, à g. Tourner ensuite
dans la rue *Mégevand*, la première à dr. Celle-ci passe entre le
Théâtre, à dr., et l'Université, à g. (Musée d'histoire naturelle,
ouvert le dimanche et le jeudi, de 2 h. à 4 h. ; les autres jours
s'adresser au concierge).

Parvenu au croisement de la rue de la *Préfecture*, quitter la rue
Mégevand et suivre à g. la rue de la Préfecture. A son extrémité,
devant la Préfecture, on prend à dr. la rue *Charles-Nodier* (au n° 3
bureaux de la Place) qui débouche sur la *promenade de Cha-
mars*.

Ici, laissant devant soi l'avenue de *Canot*, on traverse à dr. la
place *Saint-Jacques*, entre l'Arsenal, à dr., et l'Hôpital, à g. La
rue de l'*Orme-de-Chamars*, qui fait suite à la place Saint-Jacques,
mène à un carrefour de rues où l'on continuera, vis-à-vis, par la rue
de l'*Arbalète*. Celle-ci rejoint la *Grande-Rue* près de la place
Saint-Pierre.

Descendre à g. la Grande-Rue (au n° 44, l'Hôtel d'Anvers) ; au
bas, on traverse le *pont de Battant*, sur le Doubs qui encercle la
presqu'île de Besançon. De l'autre côté de la rivière, sur la place
C. de Jouffroy, s'élève l'église de la Madeleine.

Repassant le pont de Battant, on prendra, dans la Grande-Rue, la
rue des *Boucheries*, la première à g. Elle conduit sur la place
Labourey où est situé la Halle aux Grains, monument massif renfermant les Musées d'archéologie, de peinture et de sculpture
(ouverts le dimanche et le jeudi, de 1 h. à 4 h. ; les autres jours
s'adresser au concierge).

A l'angle S.-E_u de la place Labourey, la rue des *Granges* ramène à la croisée de la rue Saint-Pierre. Suivant cette rue, à g., on franchira de nouveau le Doubs sur le *pont Saint-Pierre*. De l'autre côté du pont, sur une petite place ronde, se trouvent : à dr., la *promenade Micaud*, et, vis-à-vis, le *parc du casino des bains salins de la Mouillère* (eaux souveraines dans le traitement du lymphatisme, de la scrofule, de l'anémie et de la débilité — Entrée du casino : 50 c., de 2 h. à 7 h. du soir ; 50 c., de 7 h. du soir jusqu'à la fermeture ; le dimanche soir, 1 fr. — concerts tous les jours de 5 h. à 6 h. et, le soir, de 8 h. 1/2 à 10 h. lorsqu'il n'y a pas théâtre).

Traversant à dr. la promenade Micaud, qui longe la rive dr. du Doubs, on atteint le *pont de Brégille* sur lequel on franchit encore une fois la rivière ; puis par la *rue de Brégille*, bordée de casernes, on rentrera en ville.

La rue de Brégille aboutit à la rue de la *Lue* où l'on tourne à dr. ; ensuite par la place de l'*Etat-Major* (fontaine monumentale), à dr., la rue du *Chaleur* et la rue des *Granges* on regagnera l'hôtel.

DE BESANÇON A MOUCHARD

Par Larnad, Le Comice-de-Busy, Chouzelot, Quingey, Pessans, Samson, Paroy et Rennes.

Distance : **39** kil. **100** m. *Côtes :* **2** h. **8** min.
Pavé : **19** min.

Nota. — Entre Besançon et l'auberge du Comice-de-Busy, deux longues côtes de quatre kil. deux cents m. et de treize cents m. Du Comice-de-Busy à Chouzelot, descente douce.

Si l'on doit déjeuner à l'auberge du Comice-de-Busy, on fera bien d'emporter quelques provisions.

De Quingey à Paroy, le trajet est très accidenté ; nombreuses côtes et descentes. Après Paroy, on descend jusqu'à Rennes, puis la montée reprend presque ininterrompue jusqu'à Mouchard.

Au départ de l'hôtel de *Paris*, suivre à g. la rue des *Granges* (Pavé 17'), puis la rue *Moncey*, la première à dr. A l'extrémité de celle-ci, on tourne à g. dans la *Grande-Rue*, ensuite à dr. dans la rue de la *Préfecture*. Arrivé devant la Préfecture, continuer à g. par la rue *Charles-Nodier*, que prolonge hors la ville le fs de *Taragnoz* (**1.1**).

La r. suit le quai du *Doubs*, longeant à g. le pied de l'immense rocher qui porte la citadelle; on franchit le *canal du Rhône au Rhin* à son issue d'un tunnel creusé sous la montagne.

La vallée, resserrée entre le *Mont des Buis*, à l'E., et les *Monts de Chaudanne*, de *Rosemont* et de *Planoise*, à l'O., présente des versants sévères, nus et rocailleux, en partie plantés de vignes; deux côtes (1' et 2'). On laisse à g. (**3.6**) le ch. d'Amancey (25); et un peu plus loin, du même côté (**0.5**), le village de Beure, à l'entrée d'un vallon que dominent les *rochers d'Arguel*.

La r. monte (Côte : 1 h.) et atteint une grande altitude au-dessus de la rivière; elle double un promontoire escarpé, vis-à-vis le village d'Avanne, situé sur la rive dr. à la pointe du *rocher de Planoise*. Beau panorama de la vallée élargie où le Doubs dessine de capricieux circuits autour de pittoresques croupes boisées; vaste horizon. A l'O., les ruines du *château de Montferrand* couronnent le sommet d'un roc.

Après le hameau de Larnod (**1.0** — Côte : 2') et deux passages taillés entre des roches, on s'élève encore (15') sur des plissements de prairies; à dr., on remarque quelques petites excavations naturelles, puis le village de Busy dans le creux d'un vallon. Au sommet de la côte, se trouve à g. l'auberge du *Comice Agricole* (**2.2**), au lieu dit aussi le Comice-de-Busy.

Descente douce; à g., se détache (**0.8**) le ch. de Chenecey (3.2). On passe entre deux bordures de haies avant de découvrir la jolie vallée de la *Loue* dont la rivière lave un vert ruban de prairies, au pied de penchants boisés; à l'angle S. de la vallée, les ruines du *château de Chenecey*.

Au bas de la pente, on rencontre le village de Chouzelot (**8**) et bientôt celui plus important de **Quingey** (**0.6** — Pavé : 2' — Ch.-l. de c. — 868 hab. — Hôt. de la *Poste*), où se détache à dr. le ch. de Byans.

Ce ch. conduit aux *grottes d'Osselle*, en passant par Byans (**4.4**) et le *moulin de Reculot* (**1.8**), sur la rive g. du Doubs. Ici, laissant à dr. le pont de Reculot on suit à g. le ch., bordant la rivière, qui mène au *moulin de la Froidière* (**1.3**) où habite le gardien des grottes (50 c. par personne).

Les grottes d'Osselle, dont l'entrée peu commode s'ouvre sur le versant de la *côte des Buis,* offrent une série de salles avec stalagmites et stalactites. Leur visite demande au moins 1 h. 1/2.

Dans Quingey, après la place de la Mairie, on tourne à g. pour franchir la Loue; à la sortie du village, se détache à g. (**O.4**) le ch. de Courcelles (direction d'Ornans — *V.* page 191).

La r., toute droite, ondule fortement sur les coteaux qui servent de contreforts aux monts plus élevés qui bordent la vallée (Côtes : 12' et 4'); on laisse à g. (**3.3**) le ch. de Levier (33.4). Nouvelle montée (4'), puis descente à Pessans (**1.4**) suivie d'un raidillon (2'). On croise (**1.3**) le ch. de Lombard (4) à Montfort (1.8); une côte dure (5').

Au delà de Samson (**0.6**), on monte encore à deux reprises (1' et 3') pour passer près du village de Paroy (**0.8**), un peu à g., qui possède deux châteaux modernes.

La r. s'adoucit et commence à descendre. A la première bifurcation (**3.9**), négligeant à g. le ch. de Salins (10.6), on continue par la r. de dr.; la pente s'accentue sur l'inclinaison de la plaine. Après Rennes (**1.4**), un raidillon, puis l'on franchit la *Furieuse* dans le voisinage du confluent de cette rivière et de la Loue; le pont sépare le département du Doubs de celui du Jura (**0.3**).

On suit la rive g. de la vallée rétrécie de la Loue, qui bientôt s'éloigne vers l'O. La r. s'élève graduellement à travers un large vallon de culture (Côtes : 3', 1', 1', 1', 1', 3' et 1'), laissant à dr. (**3.2**) le ch. de Port-Lesney.

Le village de **Port-Lesney** (1.5 — Hôt. *Mon-Repos*), dans un site ravissant sur la rive g. de la Loue, est fréquenté comme station estivale : les peintres paysagistes y sont nombreux.

De Port-Lesney, en continuant à descendre le joli vallon, on peut gagner le village de Champagne (5.5). Ici, le ch. contourne un promontoire autour duquel la rivière décrit une boucle prononcée, avant de gagner la large vallée-plaine qui s'étend au delà de Cramans (4) et de Villers-Farlay (3 — *V.* page 20), où l'on rejoint la r. de Mouchard à Dôle.

A g., on aperçoit les ruines du *château de Vaugrenans* qui occupent le sommet arrondi d'une colline boisée (*V.* page 21); notre r. rejoint (**1.5**) celle de Mouchard à Salins.

Tournant à dr., on traverse le pont du ch. de fer pour descendre à **Mouchard** (**0.7** — Hôt. *Girard*).

D'ORNANS A MOUCHARD

Par Maizières, Scey-en-Varais, Epeugney, Furey, Courcelles, Quingey.

Distance : **15** kil. **900** m. *Côtes :* **2** h. **21** min.
Pavé : **5** min.

Nota. — Cet itinéraire, qui offre de ravissants paysages sur la vallée de la Loue, est très accidenté jusqu'à Quingey et au delà; nombreuses côtes.

Si l'on doit déjeuner à l'auberge d'Epeugney, on fera bien d'emporter quelques provisions.

D'Ornans au chemin de Quingey (**2.7** — Pavé : 5' — Côte : 8'), *V.* page 185.

Le ch. de Quingey, laissant à dr. la r. de Besançon, descend à g. pour traverser la *ligne de Lods à l'Hôpital-du-Grosbois* et rejoint les bords pittoresques de la *Loue.* On passe au-dessous de la petite *chapelle de Notre-Dame-du-Chêne* (**1**), puis à Maizières (**1**). Deux côtes (5' et 3'); à g., se dressent les ruines du *château de Scey,* sur un éperon de rocher, à l'angle du vallon de Valbois.

Au delà du village de Scey-en-Varais (**2.3**), nouvelle montée (10') d'où le regard embrasse les pentes adoucies et verdoyantes de la vallée, environnées de beaux entablements rocheux; on descend ensuite à une bifurcation (**1.2**). Ici, négligeant à g. le ch. d'Amancey (7.3), on continuera dans la direction d'Epeugney, à dr.

La r. s'éloigne de la vallée de la Loue, creusée au milieu de ravissants paysages, et remonte longuement vers l'E. un vallon adjacent (Côte : 25') pour gagner le plateau d'Epeugney.

Au centre de ce village (**5.8** — Aub.), abandonnant devant soi le ch. de Besançon (17), on tourne à g. sur celui de Quingey. Descente douce à travers de gracieux vallonnements, bornés par un bel horizon montagneux. Dépassé Rurey (**9.7**), la pente s'accentue dans un ravin boisé qui ramène à la vallée de la Loue.

On franchit la rivière, déjà large, entre de beaux escarpements tapissés de verdure. De l'autre côté du pont (**9.5**), la r., à dr., gravit une pelouse de prairie, puis s'élève (20') sous des hêtraies; belle échappée de vue sur l'une des boucles de la Loue, qui va décrire un long circuit au N. Plus haut, vient s'embrancher à g. (**9**) le ch. de Rouhe (1), puis, sortant des bois, on passe à Courcelles (**0.8**) dont l'église couronne un mamelon isolé, à g.

A l'extrémité du village, suivre le ch. à g. et, après avoir parcouru cent m., abandonnant la direction de Palantine (1.1), on montera le ch. de Quingey, à dr. Celui-ci s'élève (Côtes : 8', 3' et 2') sur un plateau légèrement incliné, parsemé de landes et de taillis; ensuite, sinueux, atteint une ligne de collines, qu'on doit franchir en montant encore sous bois (12'). On gagne ainsi une arête dénudée (**4.3** — Alt. : 432 m.), belvédère naturel d'un océan de forêts limité vers le N.-E. par des monts peu élevés.

Une belle descente rapide, en lacets, longue de trois kil., ramène dans la vallée de la Loue. Au bas, on rejoint la r. de Besançon à Mouchard, à la sortie du gros village de **Quingey** laissé à dr. (**3.5**).

De la sortie de Quingey à **Mouchard** (**16.7** — Côtes : 15'), V. page 189.

Paris. — Imp. MARTIN, 71, rue de Rennes.

www.ingramcontent.com/pod-product-compliance
Lightning Source LLC
Chambersburg PA
CBHW070400090426
42733CB00009B/1478